一本书学会
社会新闻写作

刘建华 主编
吴惠凡 著

人民日报出版社

图书在版编目（CIP）数据

一本书学会社会新闻写作 / 刘建华主编；吴惠凡著 . —北京：人民日报出版社，2016.10
ISBN 978-7-5115-4249-6

Ⅰ . ①一⋯ Ⅱ . ①刘⋯ ②吴⋯ Ⅲ . ①社会新闻—新闻写作
Ⅳ . ① G212.2

中国版本图书馆 CIP 数据核字（2016）第 256067 号

书　　名	一本书学会社会新闻写作
主　　编	刘建华
著　　者	吴惠凡

出 版 人	董　伟
责任编辑	梁雪云
封面设计	春天书装工作室

出版发行	人民日报出版社
社　　址	北京金台西路 2 号
邮政编码	100733
发行热线	（010）65369509　65369527　65369846　65363528
邮购热线	（010）65369530　65363527
编辑热线	（010）65369526
网　　址	www.peopledailypress.com
经　　销	新华书店
印　　刷	大厂回族自治县彩虹印刷有限公司
开　　本	710mm×1000mm　1/16
字　　数	260 千字
印　　张	18.5
版　　次	2016 年 12 月第 1 版　2016 年 12 月第 1 次印刷

书　　号	ISBN 978-7-5115-4249-6
定　　价	36.00 元

一本书学会新闻采写系列丛书编委会

学术顾问：（排名不分先后）

喻国明　周蔚华　张晓明　魏玉山　黄晓新　郝振省　倪　宁
周小普　周德仓　林如鹏　陈力丹　郑保卫　单晓红　郑思礼
钟　新　涂光晋　高　钢　蔡　雯　支庭荣

主　编： 刘建华

编　委：（排名不分先后）

刘　盼　杨青山　闫伟华　申玲玲　李　炜　刘小三　吴惠凡
巩昕頔　许丽华　刘新利　王更喜　王樊一靖　卞丽敏　刘晓雪
刘艳婧　安　平　王　晶　朱静雅　李文竹　卢剑锋　查国伟
李玉洁　李康乐　宋　婧　黄文芝　周树雨　周　皓　周咏缗
杭丽芳　郝天韵　张　勤　胥琳佳　高　岩　马海燕　韩　潇
邸　昂　郑　雷

自媒体时代的全民专业报道（总序）

传播是人类与生俱来的，而媒体却是一个历史性的产物。

当号子、烽火狼烟、鱼肚尺素、鸿雁传书、招幌等古老媒体成为人们美好记忆的时候，当报刊、广播、电视等现代媒体让人颇为倾心的时候，数字技术与网络技术却把人们对新事物的欣喜若狂搅得天翻地覆了。微信、微博、MSN、ICQ、QQ、博客、播客、公民新闻网站等自媒体的层出不穷，大数据、大资源、云计算、物联网、数字宇宙等新概念的梦幻降生，令人们目不暇接。我们不得不说：媒介真的就是信息！

历史上，人们的需求似乎都不是自己真实的需求，正如消费社会，太多的需求是被他人创造和培养出来的一样。其实，人们对媒体的接近权与传播权也是被提醒的权利。在生产力极其低下的时代，人们绝不会想去拥有媒体接近权与传播权的。只有当技术进步、经济水平提高、物质产品丰富、精神需求扩大的情况下，一些政治家与学者们突然告诉人们，"传播权是与生俱来的权利"。于是，对媒体接近权与传播权的奋争，似乎成为人类政治变革中的重要主题，也必然是民主平等应有之义。因此，西方资产阶级民主革命以来，媒体便成为一个重要的武器，不断地变换角色，不断地改弦更张，不断地进退自若，成为极具魔力的法杖，令人们对之心神俱醉。

媒体接近权与传播权，从此，成为一代代人求之不得的梦想！

自媒体时代的到来，终于遏止了这个梦想的无限蔓延。如同中国古人的飞天传说一般，随着嫦娥卫星的成功发射，梦想竟成为现实。

"自媒体"这一概念最早出现在2002年丹·吉尔莫（Dan Gillmor）对其"新闻媒体3.0"概念的定义中，"1.0"指传统媒体或旧媒体（old media），"2.0"指新媒体（new media），"3.0"指自媒体（we media）。2003年7月，谢因波曼与克里斯威理斯对自媒体进行如此界定：We Media是普通大众经由数字科技强化、与全球知识体系相连之后，一种开始理解普通大众如何提供与分享他们本身的事实、他们本身的新闻的途径。美国著名硅谷IT专栏作家丹·吉尔莫的专著《自媒体：草根新闻，源于大众，为了大众》（We the Media: Grassroots Journalism by the People, for the People），充分体现着自媒体的特点：全民新闻报道，全民受众即时接受全民生产者新闻。在自媒体时代，个体提供信息生产、积累、共享、传播内容兼具私密性和公开性的信息传播方式，多元声音来自多元世界，自媒体有别于由专业媒体机构主导的信息传播，它是由普通大众主导的信息传播活动，由传统的"点到面"的传播，转化为"点到点"的一种对等的传播概念。总之，自媒体的特点是平民化、个性化、简易化、快捷性、交互性，人人随时接近媒体，人人随时传播信息。

似乎，这的确是一个最好的时代。

然而，自媒体时代的全民报道与草根新闻也存在明显缺陷与诸多困惑。首先，新闻真实性受到严重挑战。丹·吉尔莫提出"自媒体"概念时，就曾指出，"草根新闻的兴起伴随着严重的道德问题，包括真实性和公然欺骗"。这一方面是大众没有受过专业训练，新闻报道的标准意识不强，随心所欲发布信息，不加甄别；另一方面是技术突破了惯常的新闻监管体系，新闻不论真实与否，只能在事后加以控制；更重要的是接受者成为虚假信息的二手传播者，出于对"腥星性"的热衷，转发信息时丧失了责任意识。其次，媒体可信度较低。由于新闻真实性存疑，加之报道者的草根身份，无法让自媒体在严肃的政治、经济、文化、社会生活信息传播中，成为民众信息获得的依靠与必然选择，因而造成自媒体公信力降低，其成功的商业运作模式也是迄今仍在艰难探索的问题。最后，自媒体会无限放大社会矛盾，激化冲突。由于自媒体完全解放了人们的媒体接近权与传播权，从政党或组织派别争论的平台演变为众声喧哗的油锅。

各色私人小隙被公之于众，加以放大，各种攻讦谩骂，如同热锅里的响油，喧闹不休，影响了人们的正常生活。

似乎，这又是一个最坏的时代。

破坏了人们亲和友善的关系，那种往昔的好时光，令人每每在回忆中，黯然神伤。

《一本书学会新闻采写》系列丛书，正是应时之作，为这个最好的时代与最坏的时代献上一把最有力的抓手，让自媒体时代的草根新闻，变成媒体接近权与传播权大放异彩的全民专业报道。如同喻国明教授的形象比喻：全民DIY应该是专业、标准、科学、有效的DIY。

本丛书是以新闻采写为研究对象，采取旅游全攻略的架构，利用工程技术的思路，兼撷专业新闻理念与业余记者思维精粹，接轨不同行业与类型新闻采写方略，引领非专业人员进入新闻采写的奇峰异洞，细语全民专业报道中的在哪做、做什么、如何做，形塑全民DIY时代非科班出身的合格记者。

我们正在尽力去做，而做的结果却只能任由众人评判。尽管心有余，却力有不逮。但为这个瞬息万变时代的众生，奉上一把有用且高效的抓手，是而且一直将是我们的使命与图腾！

刘建华

于五路居

2016年4月

目 录

第一章 社会新闻是什么 / 1

第一节 社会新闻的概念……3

第二节 社会新闻的功能与价值……6

第二章 社会新闻的基本类型与选题来源 / 9

第一节 "包罗万象"的社会新闻……11

第二节 社会新闻的选题类型……13

第三节 社会新闻的选题技巧……36

第三章 社会新闻的采访技巧 / 41

第一节 采访准备:做到胸有成竹……43

第二节 采访过程:精准搜集信息……45

第三节 追访及回访:补全相关信息……47

第四节 社会新闻采访的特殊性……48

第四章 社会新闻的写作目标与规范 / 57

第一节 社会新闻的写作目标……59

第二节 社会新闻写作的基本原则与规范……62

第三节 社会新闻写作易犯的错误……90

第五章　社会新闻的写作步骤 / 97

第一节　社会新闻的标题……99

第二节　社会新闻的报道角度……110

第三节　社会新闻写作的基本架构……123

第四节　社会新闻的表达方式……147

第六章　常态社会新闻写作 / 169

第一节　常态社会新闻的写作技巧……171

第二节　常态社会新闻写作的创新……192

第七章　突发社会新闻写作 / 201

第一节　突发社会新闻的特点……203

第二节　突发社会新闻的写作要诀……205

第三节　突发社会新闻的写作误区……212

第八章　深度社会新闻写作 / 217

第一节　何谓"深度"社会新闻……219

第二节　社会新闻如何向纵深开掘……221

第九章　社会新闻写作的伦理与道德 / 247

第一节　社会新闻要体现人文关怀……249

第二节　厘清道德与法律的边界……255

第十章　新媒体环境下的社会新闻写作 / 265

第一节　新媒体对社会新闻写作的影响……267

第二节　社会新闻如何"突出重围"……274

后记 / 284

第一章
社会新闻是什么

第一节 社会新闻的概念

一、社会新闻的含义

社会新闻的定义，业界与学界至今未有公认的统一说法。《新闻学大辞典》对社会新闻的解释是："反映社会生活中体现社会伦理道德的事件、社会风气、社会问题、风俗民情以及自然界和社会上的奇闻轶事的新闻。"[①]

《当代新闻文体写作》中指出社会新闻是"以社会学的研究对象为内容的变动的事实的报道……所谓以社会学研究对象为内容就包括社会问题、社会事件和社会生活方面的内容，又多以社会道德伦理为基础反映社会风尚的新闻，它与政治新闻、军事新闻、经济新闻、科技新闻、文化新闻相比，具有社会性、广泛性、生动性，讲究趣味性，富有人情味等特点。"[②]

通过梳理关于社会新闻的各种定义，可以概括出它的大致内涵，即社会新闻是关于社会现象、社会风貌、社会生活、社会动态、社会事件、社会趋向、社会问题等方面的报道，具体包括八个方面的常见题材：1.及时反映社会生活中的新思想、新道德、新风尚；2.抨击现实生活中的假、丑、恶和各种不良社会现象；3.报道有典型意义的恋爱、婚姻、家庭及其他日常生活问题；4.介绍有一定影响的民事、刑事案件；5.报道天灾人祸

[①] 甘惜分主编，《新闻学大辞典》，郑州：河南人民出版社，1993年版，第162页。
[②] 丁柏铨主编，《当代新闻文体写作》，西安：陕西师范大学出版社，1998年版，第209页。

及特殊条件的气象、交通等关于人们出行的资讯；6.反映社会知名人物的活动和相应文化动态；7.介绍具有文化价值的风土人情和地域民俗；8.报道能够增长见识或有一定娱乐价值的珍闻、趣闻等。①

从以上定义可以看出，社会新闻涵盖的内容很广泛，囊括的报道类型也很丰富，既可以是一篇反映百姓生活动向的短消息，也可以是反映社会热点问题的深度调查报道。整体而言，报道主体的社会性是社会新闻的重要特征。

二、社会新闻的要素

社会新闻作为新闻的一种类型，其构成要素同新闻写作的基本要素是一致的，即"5W"+"1H"：谁（Who）、何时（When）、何地（Where）、何事（What）、为何（Why）、结果如何（How），换一种说法就是人物、时间、地点、起因、经过、结果。如果把这六要素串起来，可以用一句通俗易懂的话来概括：某时某地，某人为何原因做了某事，出现了某种结果。这也就是我们平常向他人讲述一件事情的最基本的叙述模式。

在报道社会新闻时，反思读者最想从一篇报道中获取哪些信息，当我们说清楚这些信息的时候，也就将社会新闻的各个要素逐一向读者交代清楚了。

三、社会新闻的特征

1. 社会性：社会新闻是以社会各阶层的人、人际关系和社会现象（包括社会思潮、生活方式等）为报道对象的新闻，选题内容主要来源于广大群众的日常生活，题材丰富，形式多样，具有广泛的社会性。

2. 思想性：优秀的社会新闻作品应当具有较为深刻的思想性，不仅仅

---

① 王润泽,《近代中国社会新闻的演进与价值取向》,《国际新闻界》,2006年第1期。

是对事实的报道，同时应该从一个侧面反映出社会的全貌，产生积极的社会效果。"通过对某些司空见惯的现象和凡人小事的报道反映整个社会面貌，这正是社会新闻的主要特长。善于从平常的事情中发现具有报道价值的不平常的东西，乃是记者的一项重要基本功。"①

3. 人情味：以情感人是社会新闻写作应当掌握的一个重要原则。情感交流是社会新闻区别于其他新闻类型的一个方面，只有把"情"写出来，体现社会生活的人情冷暖，通过人们能够感同身受的情感体验，引发公众对于社会现象和社会问题的关注和反思，才能起到更为广泛和深远的社会效果。

4. 趣味性：同其他新闻相比，社会新闻应当具有更强的趣味性。"为了增强社会新闻的趣味性，除了要注意报道的人情味以外，还需要突出新闻事件的特异性，也就是说，要注意报道社会上不同于一般的人和事。"② 就文风而言，社会新闻应当写得风趣、亲切、自然，又不乏思想性。

5. 服务性：一方面，社会新闻要满足读者的求知心理，答疑解惑，体现较强的知识性，成为社会生活的"百科全书"；另一方面，记者应当抓住同公众的生活、工作直接相关的社会问题加以报道，帮助民众排忧解难，调动社会各方力量共同关注和解决社会问题。

四、社会新闻与民生新闻的异同

社会新闻是按照新闻性质划分出来的不同于时政新闻、经济新闻、体育新闻、娱乐新闻等的一种报道类型，聚焦的是"社会"；民生新闻从广义上说从属于社会新闻，一般是指与市民衣食住行等日常生活形态紧密相关的新闻，聚焦的是"民生"。因此，不能简单地将社会新闻与民生新闻画等号。只有厘清了社会新闻与民生新闻的区别与联系，才能更好地学习和掌握社会新闻的选题与写作技巧。

---

① 黎信，《社会新闻之我见（中）》，《新闻爱好者》，1987年第2期。
② 黎信，《社会新闻之我见（中）》，《新闻爱好者》，1987年第2期。

从选题上看，社会新闻是根据报道题材而划分出来的一种新闻形态，它涵盖的内容比民生新闻更加广泛，凡是"以社会学的研究对象为内容的变动的事实的报道"都可以归入社会新闻的范畴；而民生新闻所涉及的内容，主要是"老百姓广泛关注的涉及公共利益和公共安全的社会新闻"，如"房屋渗水、看病就医、买菜购衣、就业上学、物价上涨、好人好事、服务态度、消费意识"等，它所关注的是社会新闻中的特定对象。可以说，"市民的冷暖痛痒、喜怒哀乐、酸甜苦辣是民生新闻报道的重点，反映市民的意愿、要求和呼声是民生新闻的宗旨。"①

从写作风格上看，由于社会新闻的题材更加广泛，因此它的写作风格也更为多变；而民生新闻则更趋近于一种报道理念，是采用平民化视角关注人民生计的一类新闻，因此在写作中更加突出"民生视野""民生态度"和"民生情怀"。

第二节　社会新闻的功能与价值

一、社会新闻的功能

社会新闻作为一种取材于社会学研究对象的新闻，对社会的发展变化以及百姓的社会生活必然产生一定的影响，如反映社会生活中的新思想、新道德、新风尚，抨击现实生活中的假、恶、丑和各种不良社会现象，揭示消费陷阱，澄清虚假传言，监督官员言行，等等。

概括起来，社会新闻的功能主要有以下几个方面：提供信息、澄清事实、化解矛盾、普及知识、提供服务、舆论监督，具体见本书第四章第一节"社会新闻的写作目标"。

---

① 毛俊连，《民生新闻与社会新闻的联系与区别》，《今日南国》，2009年第1期。

二、社会新闻的价值

新闻价值就是新闻客体的要素、属性、功能等所产生的某些新闻性的影响和作用。有学者从新闻要素的角度指出新闻价值"是指事实所包含的足以构成新闻的种种特殊素质的总和"。[①] 也有学者认为"新闻价值是新闻记者衡量和选择事实是否可以成为新闻的标准"。[②] 还有学者从新闻功能的角度指出"所谓新闻价值,是指新近发生的事实在传播过程中所履行的能满足人们知晓、认识、教育、审美等诸种需要的功能"。[③] 不论何种角度的定义,都强调了新闻客体的影响和作用。

国内学者普遍认同的新闻价值要素包括时新性、接近性、显著性、重要性、趣味性等,这些标准是新闻选择中的重要依据。社会新闻作为一种新闻题材类型,除了具有以上新闻价值,同时因其自身的特殊属性,还具有故事性、知识性、服务性、监督性、导向性等价值要素,具体见第四章第二节"社会新闻写作的基本原则与规范"。

[①] 何梓华主编、成美副主编,《新闻理论教程》,北京:高等教育出版社,1999年版,第39页。
[②] 王泽华,《新闻价值规律与市场经济》,《河北学刊》,1995年第3期。
[③] 雷跃捷,《新闻理论》,北京:北京广播学院出版社(现中国传媒大学出版社),1997年版,第86页。

第二章
社会新闻的基本类型与选题来源

第一节 "包罗万象"的社会新闻

一、社会新闻的出现与发展

根据我国著名新闻传播学者、复旦大学已故教授王中先生考证,在我国,社会新闻作为一个新闻学术语和相对独立的新闻类别,大约始于20世纪20年代前后。①

实际上,社会新闻早在报纸产生之前就有了,那时主要以口头传播等形式存在,在古代的童谣、民间传说,乃至各种稗官野史之中,我们可以找到社会新闻的踪迹。"我国最早的诗歌总集《诗经》,其中很多内容都与我们今天的社会新闻题材很相似。从《世说新语》《聊斋志异》《阅微草堂笔记》中,我们可以找到更成熟、更丰富的社会新闻。"②

我国近代报刊上也有社会新闻的身影。"据查,明朝的'邸报'上曾报道过万历戊戌年间两个盗窃国章的贼摔死在阴沟里的事情。熹宗天启年间出版的一份《京报》上,报道北京一个炸药库爆炸的新闻。到1861年的《上海新报》,社会新闻已占有不少篇幅。"③

19世纪二三十年代,随着"大众化报纸"盛行,社会新闻成为一个相对独立的新闻类别。然而,此时的社会新闻受西方"黄色小报"的影响,更多的是宣扬色情、暴力,用夸张离奇、哗众取宠的手法,迎合一部分人的低

---

① 毛俊连,《民生新闻与社会新闻的联系与区别》,《今日南国》,2009年第1期。
② 毛俊连,《民生新闻与社会新闻的联系与区别》,《今日南国》,2009年第1期。
③ 毛俊连,《民生新闻与社会新闻的联系与区别》,《今日南国》,2009年第1期。

级趣味。后来由于新闻伦理的提倡与新闻报道面的扩大,这一状况有所改变。

新中国成立后,我国的大众传媒承担了党和政府宣传机构的职能,此时社会新闻的选题和报道方式有着较多局限。改革开放以后,特别是1992年邓小平同志视察南方讲话后,随着经济体制、文化体制的逐渐"放开、放活",人们的文化生活日趋丰富,思想观念逐渐解放,都市类媒体开始涌现,由此也迎来了社会新闻的"春天"。

二、都市报与社会新闻的兴起

1995年元旦,《华西都市报》创刊,第一次定义了"都市报"这一称谓,并首次提出"市民生活报""全面走向市场"的办报思路,自此拉开了国内都市报的发展与竞争大幕。

由于是在市场经济和消费文化兴起的背景下出现,因此都市报在办报理念和发展策略上与传统报纸有着不同之处。它的市场性和市民性促使其要选择更能迎合大众口味的新闻来报道,而社会新闻就是这样一种"能满足大众需求,且代表都市报核心品格"的新闻类型,它的趣味性、接近性、服务性等特征能够更好地满足市民的阅读需求,同都市报的读者定位是一致的。因此,以都市报为载体,社会新闻迎来了一个快速发展的时期。

目前,都市报对社会新闻的报道方式主要有两种:一种是朝着"集束式短新闻模式"发展,报道内容多以当地百姓生活为核心,涉及的都是平常人、身边事;一种是设立专版专刊,用专题性报道、调查性报道的形式,聚焦社会热点问题和重大事件,通过深入调查,挖掘事件背后的真相。①

三、新时期社会新闻的拓展

进入新媒体时代,数字技术的发展以及传媒改革的推进使得广大民

---

① 石红霞,《我国都市报社会新闻伦理问题研究》,河北经贸大学硕士学位论文,2012年11月。

众获得了更多的发声渠道，社会新闻的选题来源和报道方式也随之变得更加多样。由于自媒体的应用及发展，普通民众开始成为新闻的发布者，来自普通百姓身边的议题越来越多地进入公众的视野，社会新闻中的负面报道和监督性报道也随之增加。其中，涉及食品安全、社会保障、分配制度、住房建设、医疗卫生、文化教育、环境保护等领域的社会新闻，成为最能引发公众热议的选题类型。

然而，尽管普通民众通过论坛、微博、贴吧等载体贡献了越来越多的社会新闻选题，但是传播媒体对新闻事实的还原和深度开掘，依然是社会新闻报道中的关键环节。同时，由于网络空间的开放性，使得网络言论鱼龙混杂，网络新闻的质量参差不齐，虚假新闻不断出现。因此，提升民众媒介素养，普及新闻写作的基本技能和规范，使每一个通过新媒体平台发布新闻信息的人都能成为合格的"新闻发布者"，是维护良好的网络传播环境乃至整个新闻传播环境的一个重要手段。

第二节　社会新闻的选题类型

一、百姓生活类

平民百姓的生活是社会新闻的主要源泉。社会新闻的报道线索与题材大量散布于社会生活的各个角落，既有引发社会民众共同关注的重大题材，也有日常琐事、家长里短、巷陌逸闻，着重反映人们的生活方式、生活质量、消费观念等。平民化是这类社会新闻的一个显著特征，即"讲述老百姓自己的故事"。

当然，此类社会新闻的关注重点并不是流水账式的百姓衣食起居，更多的是将具有新奇性和特异性的新闻选题纳入报道范围。这类新闻常常具有一定的生活提示乃至警示作用，如2014年10月16日《新京报》A09版的《男童玩激光笔致视力骤降》：

新京报讯（记者廖爱玲 贾世煜）"请让你的孩子远离激光笔。"北京人民医院一位眼科医生近日在微信上发警示称，安徽一10岁男童在把玩激光笔后左眼黄斑区被灼伤，视力猛然降至只有0.1，造成永久性伤害。

对于激光产品，国家质检总局产品质量司指出，激光器里的激光辐射如果功率过高，"会对人体造成光化学伤害和热伤害。"

激光灼伤眼睛黄斑区视力急剧下降

一周前，来自安徽的10岁小男孩陈朋（化名）捡到一支激光笔，把玩时左眼被激光灼伤。"眼前有黑点。"陈朋称。

10月13日，北京大学人民医院眼科主任医师于文贞接诊了陈朋，结果发现，陈朋左眼底黄斑区有疤痕，左眼裸眼视力降至0.1。于文贞称，"黄斑区灼伤是永久性伤害，目前没有办法治疗。"而此前陈朋上学时曾多次检查视力，两眼视力都是正常的。

从安徽辗转到北京，陈朋的妈妈给儿子治疗眼睛的希望再次破灭。年幼的陈朋多次捂起右眼，指着左眼说，"这只眼睛看不清楚。"

这是于文贞第一次面对儿童眼睛被激光笔灼伤的病例。他分析，陈朋的眼睛视网膜上黄斑区的疤痕呈椭圆形，而激光光束照射到眼睛上的印迹应为圆形，因此陈朋的眼睛很可能是被激光多次照射。

于文贞指出，不只是激光笔，只要是能够发出激光的产品，都有可能对人的眼睛造成伤害。

网上激光产品看不到辐射危害等级

激光笔是一种演示类激光产品，带激光器装置，而像儿童激光枪里也有激光器。

在网上，各种激光产品并不少见。记者在销售激光笔的网店看到，有一些店主已经挂出警示，提醒"激光对眼睛有害，请勿对着眼睛直射；非儿童玩具，请不要给儿童玩耍，请远离儿童存放，以免引起意外伤害事故。"但这样的警示并不多。

在淘宝网，可以搜索到激光枪、激光剑、激光灯、激光戒指等各种玩具。但记者在多个网店产品页面上，却看不到对产品标注出具体类别。

质检部门有关人士告诉记者，对激光笔的激光辐射类别，我国目前没有明确要求，只有部分国家规定3B类及以上类别激光产品不可作为演示类民用产品销售。

记者查询到，国家标准中，对激光产品按照危害程度由低到高分为7个等级：1类、1M类、2类、2M类、3R类、3B类、4类，每类产品均要有标记，而玩具中的激光器应满足1类激光辐射功率限值要求。

• **危害**

7成儿童激光枪危害大

对于激光产品，国家质检总局产品质量司指出，激光器里的激光辐射如果功率过高，"会对人体造成光化学伤害和热伤害，特别是尚处于发育阶段的儿童，眼睛和皮肤受激光辐射可能有更严重的后果。"

"当激光光束的焦点落在视网膜上时，有着很大能量的激光就会灼伤眼睛。"于文贞称，视网膜是神经组织，其上不可再生的感光细胞被烧死后，视力便无法恢复。而且此类病例并不少，但因通常情况下只有一只眼睛视力下降，许多孩子很难发现。

质检总局今年曾专门发布过对激光笔、儿童激光枪的质量安全风险警示。他们监测60个批次产品发现，有的激光笔辐射功率最高达1440mW，儿童激光枪更有7成多是较高危害类别的产品。

• **提醒**

激光笔不宜作儿童玩具

激光笔　最好选购激光辐射类别为3R类及以下的产品（也就是激光功率不大于5mW），非专业人员切勿购买3B类及4类大功率激光笔。

不宜为儿童买激光笔作为玩具使用，避免儿童在学校周边摊贩、商店、网络等渠道购买大功率激光笔。

激光玩具　选购时可查看外包装、试用产品或咨询销售人员，确认玩具是否带有激光器。不要为儿童购买带激光射击功能或激光瞄准功能的玩具。若已购买，对超过1类的激光玩具建议立即停止使用。

此前，质检总局也曾提醒消费者称，无激光辐射类别、无品牌型号、无警告说明的激光笔、儿童激光枪应避免购买，使用时也要避免激光照射人体眼睛、皮肤以及衣服，超过1类的激光玩具应停用，切勿购买大功率激光产品。

以上这篇新闻将激光笔这件日常生活中较为常见的用品对儿童视力造成伤害的事件进行了报道，采访了眼科医生和国家质检部门，并调查了相关网店，对激光笔和激光玩具对儿童健康的潜在威胁作出了警示，同时发布了相关的购买和使用提示，是一则比较典型的关于百姓生活的社会新闻。

此外，这类报道有时会涉及普通人在生产、生活中遇到的新奇事，这类事件发生概率较低，通过报道能够引发思考，答疑释惑，促成问题解决，同时起到知识普及的作用，为人们提供生活参考。如2014年10月18日《河南商报》A15版的《在郑州买的盐只能在郑州用？》：

这几天，在新郑市龙湖镇开餐馆的黄先生夫妇有些烦：10月15日上午，他们的热干面馆用了从郑州带回的食盐，被新郑市盐业管理局检查人员认定为"跨区域用盐"，没收部分食盐并处罚款200元。

郑州盐带回新郑用，餐馆老板被罚款

在新郑市龙湖镇开餐馆的黄先生说，新郑盐业部门检查人员从他餐馆查到的食用盐，是他从郑州搬家时带回的。"一个月前，我在郑州十八里河镇开餐馆，后来搬到了新郑市龙湖镇，有半箱盐没舍得扔，就带来了。"黄先生说，这盐都是真盐，也没有过保质期。

而10月15日上午10点，新郑市盐业管理局检查人员发现了这批盐，告知黄先生夫妇"跨区域用盐"，食盐没收，并罚款200元。

新郑市盐业管理局一位郭姓科长说，食盐是国家专营产品，按照我省盐业管理条例规定，该热干面馆的用盐行为属跨区域用盐。

这位郭姓科长说："对盐进行区域性管理，是为了保障老百姓吃上放心盐。有的地方缺碘，就必须供给碘盐；有的地方不缺碘，买卖的就是非碘食盐。"

带外地食盐回家用，也属于跨区域用盐

昨天，郑州市盐业管理局一工作人员表示，新郑市盐业管理局的处罚是对的。根据《河南省盐业管理条例》规定，违反本条例规定的，由盐业行政主管部门责令停止违法行为，没收违法盐产品和违法所得，并处以违法盐产品价值一倍以上三倍以下罚款。

若食盐不做商用，能否从郑州带到其他地方食用？这种行为属于跨区域用盐吗？

郑州市盐业管理局一工作人员解释说，如果严格按照《河南省盐业管理条例》执行，带食盐回异地家中食用其实也是违法的。但在具体操作中，如果带食盐的数量小，又是非营利性食用，一般是不作处罚的。"但必须是真盐，必须小量。"

这个小量怎么界定？郑州市盐业管理局另一位不愿具名的工作人员说，最好不要超过一箱。

上述新闻涉及了"跨区域用盐"这一客观存在却容易被人们忽视的社会现象，对我国盐业采取区域性管理的原因，以及跨区域用盐的处罚规定和操作事宜进行了介绍，既是对百姓所忽略的一些盐业管理规定的知识普及，同时也促成人们对相关规定的具体操作能否更加人性化与合理化进行反思，并进一步探讨加快盐业行业改革，取消盐业专营制度的可能性。

二、道德伦理类

道德伦理在当今社会生活特别是人际交往中无处不在，它主要表现为人们对待恋爱、婚姻、家庭以及妇女、儿童和老人等问题的价值观念。这类社会新闻与普通民众有着较强的接近性，同时因其具有的争议性和话题性，往往能够引发广泛的社会关注和讨论，一些事件可能引发人们对某类社会现象的讨论，进而形成具有一定传播周期的专题报道。

这类新闻主要有两种报道基调，一种是反映社会生活中的良好道德风尚，体现社会"真、善、美"的一面。这是社会主义国家的本质和主流，应该作为社会新闻报道的一个永恒主题。尤其是当人们对道德滑坡、人际关系日趋冷漠等社会问题开始担忧的时候，更应该加强这方面的报道，以弘扬社会"正能量"。如尊老爱幼、见义勇为、扶贫济困等反映中华民族传统美德和社会公德的感人事件，积极、健康的生活态度、邻里关系、人际关系，以及移风易俗的社会新风尚等，都是值得报道的社会新闻。在中国新闻作品的最高奖项——"中国新闻奖"中，历来都不乏这类新闻作品，如《"我要做一个诚信的人"》（第19届报纸通讯类一等奖）、《大学生结梯救人》（第20届报纸系列类一等奖）、《信义兄弟　接力送薪》（第21届报纸系列类一等奖）、《守望精神家园的太行人——红旗渠精神当代传奇》（第22届报纸通讯类一等奖）、《热热的烤地瓜"交易"着暖暖的爱》（第22届报纸系列类一等奖）、《寻找最美乡村教师》（第23届文字系列类一等奖）、《21岁女孩照顾瘫痪养母12年》（第24届文字通讯类二等奖）等，都是这方面的优秀作品。

另一种报道基调是揭露消极的、负面的、不符合道德规范的社会现象，抨击现实生活中"假、恶、丑"的一面，如贪污腐败、假冒伪劣、坑蒙拐骗、卖淫嫖娼、吸毒贩毒等。这类新闻报道同样可见于"中国新闻奖"的历届获奖作品当中，如《山西霍宝干河煤矿矿难记者领"封口费"事件》（第19届报纸系列类一等奖）、《学校大摆"鸿门宴"　家长无奈献礼金——石嘴山市八中如此庆祝教师节》（第22届报纸通讯类二等奖）、《学生午餐费，咋变成老师泡脚盆》（第24届深度报道类二等奖）等，都是这方面的成功之作。

不论是合乎道德伦理，还是有悖道德规范，这类新闻总是占据着报纸、电视、广播的各大版面和各个时段。我们在报道这类新闻的时候，一定要注重媒体的社会引导作用，对积极的、正面的、鼓舞人心的社会现象加以肯定和弘扬，对消极的、负面的、伤风败俗的社会现象进行揭露和鞭挞。

三、奇闻异事类

新奇性是社会新闻的一个重要特征,同时也是新闻选材的一个重要指标。社会新闻报道的丰富性、趣味性与大众的猎奇心理相吻合,往往能够迅速捕获读者"眼球",吸引人们注意,因此关于奇闻异事的报道在各类报纸,尤其是都市类报纸,以及各类网站上总能占据一席之地。如2014年9月12日《华商报》A14版的《20层台阶滚下再滚上 这锻炼方式你可不敢学》、2014年9月19日《星沙时报》A03版的《网购虚拟女友,宅男30天不出门》等。这类新闻题材丰富,涉及面广,报道成本低,市场收效快,一时间成为都市报的宠儿。然而,在这类新闻报道的数量不断上升的同时,要注意避免为了猎奇和博人眼球而低俗化、庸俗化,在报道时要客观冷静,不能为了抢占读者市场而夸大事实,耸人听闻,哗众取宠,甚至宣扬不正确的价值观。

同时,随着媒体竞争的日趋规范,以及读者阅读品位的提升,过去那种单纯追求骇人听闻的报道手段已经不能满足大多数读者的阅读需求,奇闻异事类的社会新闻报道开始更加立足于反映当今社会发展阶段出现的一些特殊现象和典型问题,如2014年10月17日《重庆晨报》第27版的《闪离后,他俩坚持把婚礼"表演"完》:

这是一场体面的结婚仪式。

用参加婚礼的黄女士的话说,"婚礼现场布置很有档次,仪式设计得也很有创意。多热闹的一场婚礼。"午饭后,她还留下来,和相熟的朋友,玩了一下午的麻将。

但是一个月后,她彻彻底底地改变了当初的想法。她用四个字形容自己的遭遇——遇得到哦!台上笑盈盈面对宾客的新人实际上已经离婚……

日前,黄女士向重庆晨报记者讲述了整个事情大致的经过。

婚礼很热闹也很有档次

今年夏天,家住渝中区临江门的黄女士接到了一个朋友送来的结婚请柬，朋友的儿子结婚。8月初，朋友儿子将和新娘举行结婚庆典。对性格外向、爱交朋友的黄女士来说，这样的请柬每年都有十来起。"我爱热闹。参加喜事，就是好事。"

因为婚宴是在周末，孩子也在暑期之中，结婚当天，她去参加了婚礼。"婚礼现场布置很有档次，仪式设计得也很有创意。多热闹的一场婚礼。"午饭后，她还留下来，和相熟的朋友，玩了一下午的麻将。

这是一场前夫和前妻的婚礼

1个月之后，再和当天前往参加结婚典礼的朋友相约吃饭时，黄女士得到了一个很吃惊的消息：老廖的儿子，结婚的时候，实际上已经离婚了。

这样的事情，黄女士是第一次听到，也是第一次遇到。"我们这位朋友，作为父亲，也是一直被蒙在鼓里。他老两口也是后来才知道的。儿子离婚的原因，他们没有多说，我们也不好多问。"黄女士说。

已经离了婚，还要举办婚礼？黄女士表示可以理解。"肯定有难言的隐情。不然一个阳光帅气的小伙子，哪里肯低头？婚都离了，还要牵手，还要像演戏一样走完结婚所有程序。他又不是演员！"

不过，也有朋友表示不理解：明明离婚了，还要举办婚礼。像故意在收礼金敛财一样。

办婚礼是让家长面子过得去

离了婚，为啥还要举办婚礼？记者联系上了新郎小廖。

电话里，他解释了主要还是为了顾及双方父母的面子。因为他和前妻，都是家里的独苗，父母就一个孩子，这结婚看上去是两个年轻人的事情，实际上两边的父母，比他俩还要重视。"房子装修，找酒楼，订婚庆公司，都是父母一手包办的。"

"我俩确实不适合，出了问题。但请柬已经送出去了，到了父母那里，我俩都开不了口。我们年轻人无所谓，但上一辈都爱面子。如期举办婚礼且不留破绽。在这一点上，我俩的意见是一致的。"小廖说。

而离婚一事，他俩也是在举行结婚典礼后半月，主动告知父母的。"事情过去两个多月了，他们倒是通融了，我反而开始躲他们和家里的亲戚了……"

"每年都会遇到举行结婚典礼前离婚的，不过好多都还在筹备中，请柬都没有送出去。坚持婚礼的还是第一次。"——一位资深婚庆人

这则新闻反映了当前年轻人在婚恋中出现的一种特殊现象，这一现象同当前的社会环境和社会风气有一定的联系。写作这类新闻，不仅应该解释现象，更重要的是应该透过现象看本质，要从平民百姓的角度出发进行采访和报道，分析一则新闻背后所反映的社会问题，以及出现此类问题的原因，探讨是否有应对和解决的方式等，这样才能在满足民众猎奇心理的同时，发挥教化和引导的功能。如本则新闻，记者可以进一步采访社会学家和心理学家，分析导致"闪离"现象出现的深层次原因，以及可能引发的社会问题，同时给现在的年轻人在婚恋当中提供一些有益的指导和建议。

四、法制监督类

随着传媒业市场化改革的推进，媒体工作者专业意识的提升，民众法制意识、监督意识和公民意识的增强，以及新媒体技术的应用，使得法制监督类新闻越来越多地占据社会新闻版面。尤其是在深度报道或调查性报道当中，这类新闻选题更是频频出现。在历届中国新闻奖获奖作品中也不乏此类报道，如《甘肃14婴儿同患肾病，疑因喝"三鹿奶粉"所致》（第19届报纸通讯类一等奖）、《中纪委文件刚下发　景德镇市邮政局仍顶风违纪》（第21届报纸通讯类一等奖）等。

这类新闻超出了道德和伦理的范畴，其中许多已经触犯法律，与法制新闻有着明显的交叉性，但又应该避免同法制新闻相混淆。它是未进入法律程序的涉案新闻，并且与百姓生活有着一定的关联性。报道这类新闻，能够普及法律知识，增强读者的法制观念，启迪民众思考，同时发挥媒体的监督作用和服务功能。

近年来，对"官员"乃至"官二代"的监督成为此类新闻的报道热点，

包括官员言行不当、作风不正、以权谋私、徇私舞弊等行为，通常是先由网络曝光，接着传统媒体进行深入调查报道，在此过程中记者需要克服一定的困难和阻力，本书会在后面的章节做具体分析。此外，这类社会新闻中常常出现一些极端恶性议题，如暴力、凶杀等。在报道这类选题的时候，要注意通过事件报道激发人们反思，而不应过度渲染某些社会阴暗面，尤其在细节处理上要多加斟酌。

除此之外，关于食品安全、产品质量、旅游黑幕、网购陷阱、电信诈骗等涉及消费者权益和百姓生活的事件也成为近年来的一大报道热点。对于这类选题，记者的报道需要做到有理有据有节，在采访环节下足功夫，通过明察暗访的手段，获取准确无误的信息，保留采访资料，并尽可能加以多方核实，切不可仅仅通过记者的常识判断就将事件定性。因为这类新闻报道如果出现偏差，不仅会对相关行业造成难以估量的损失，同时也有悖记者的职业操守和职业准则，会对记者的职业生涯产生重大影响。

这类选题可以是一则消息，也可以是一篇调查性报道。如以消息的形式呈现，在写作手法和文章架构上有一套比较固定的模式，如2014年9月9日《新京报》A08版的《火碱泡制"美白猪蹄"流入批发市场》：

> 冷库出来的生猪蹄干瘪瘦小泛黄，为何到了市场上就变得又白又胖，白里透红？近日，新京报记者发现北京朝来万通农贸综合批发市场肉类大厅内，有很多摊点销售这样光鲜白嫩的猪蹄，有商贩称，这类猪蹄是加工点通过"药水"浸泡而来。记者将样品送交第三方机构检测发现，多个摊位的样品残留双氧水和工业火碱。
>
> 中国农大食品质量与安全专业教授王世平称，火碱可使猪蹄吸水增重，而双氧水则可漂白，两种化学物质均有强腐蚀性，食用可严重损害身体健康。
>
> 9月5日，朝阳区食药监局及警方执法人员突击检查送货的两家无证猪蹄加工窝点，现场查出大量工业火碱及双氧水。目前，执法部门已对此立案调查。

以上这则消息只有短短的271字,却很完整地呈现了火碱泡制"美白猪蹄"这一新闻事件。文章分为记者观察、商贩回应、专业检测、专家说法、执法人员查证等几个部分,这也是目前此类报道的通用手法。同时,这类新闻报道的线索多来自群众举报,因此有些报道中会提及这一方面内容,并且记者会在现场采访一些市民,将普通民众对此事的认知程度以及看法体现出来。

此外,这类新闻常常以调查性报道或系列报道的形式呈现,进而产生强烈的社会反响,引发人们对相关行业,乃至整个产业链的反思和考问,甚至引发一个行业的深层次变革,如2008年关于国产奶粉违规添加三聚氰胺事件的报道,就引发了国内乳品行业的一次"大地震"。本书第四章第二节将对引发此次"地震"的一篇重要报道,即第19届中国新闻奖报纸通讯类一等奖获奖作品《甘肃14婴儿同患肾病,疑因喝"三鹿奶粉"所致》进行深入分析。

五、天灾人祸类

天灾人祸是社会新闻的一个重要选题来源,其中天灾主要是指地震、洪灾、旱灾、台风、山体滑坡等危及人民生命财产安全的自然灾害,人祸主要是指由于人为原因导致的灾祸,如车祸、矿难、火灾、爆炸事故、环境污染事件等。

这类新闻由于涉及多方利益,特别是主观故意或过失导致的人祸,在报道过程中常常会遇到许多阻力,记者需要灵活处理。如果瞒报或者拖延报道,不仅有悖新闻准则,也不利于事故的后期处置。特别是在新媒体时代,信息发布和传播渠道多样化,要隐瞒某一灾害事件的难度加大,如果事件经由民众通过自媒体平台发布,当事方再想把握信息发布的主动权就变得非常困难。

因此,面对天灾人祸,记者应该本着人道主义精神和探求真相的目的,及时准确地对事件加以报道。要保持信息渠道畅通,澄清不实传言,发布事实真相,对灾祸发生的原因、死伤情况、救援情况,以及当地气象、交通、卫生条件等进行后续报道，为受灾地区民众的生活、自救、出行等提供资讯和必要帮助。同时，要善于从灾祸中总结经验教训，为民间救助平台的搭建提供讯息，在灾难中发掘人性的闪光点，惩恶扬善，为降低灾害造成的损失，以及避免类似事故发生提供建设性意见。

在历届中国新闻奖获奖作品中，不乏此类新闻作品，如《永远和人民在一起》（第19届报纸通讯类特别奖）、《拉萨发生暴力事件》（第19届报纸消息类一等奖）、《179小时，王家岭见证生命奇迹》（第21届报纸消息类一等奖）、《中国发生特大动车相撞事故 伤亡严重》（第22届国际传播类一等奖）、《致敬！7·21暴雨考验下的中国良心》（第23届网络专题类特别奖）等。

由于天灾人祸往往事发突然，因此报道的时效性就显得尤为重要。特别是在复杂的国际舆论环境下，能否第一时间发出自己的声音，很大程度上决定了日后的舆论导向。上述获奖作品中，《拉萨发生暴力事件》《中国发生特大动车相撞事故 伤亡严重》就充分体现了新闻的时效性。然而，需要注意的是，此类事件往往涉及人员伤亡，因此在报道过程中要充分体现人文关怀，体恤事件当事人特别是遇难者家属的情绪，坚守记者的职业道德，在采访时既要快速获取准确信息，又不应盲目追求时效性，要避免向遇难者家属提出过于尖锐或刺激性的问题，谨慎采用追问方式，在受访对象因情绪波动而中止采访时，应该给予对方一定的情绪抚慰。如非必要，尽量选择从相关部门负责人或者其他信息渠道获取信息。

随着灾祸发生时间的推移，对报道时效性的要求也相对降低。此时，如何从不同角度深入报道事件，挖掘灾祸背后的故事，反思问题，总结经验，成为报道的重点。以2014年台风"威马逊"报道为例，以下两则报道均刊发于台风过后的一周，一篇来自中央媒体网站，一篇来自新闻类周刊，其报道形式、角度、内容、深度等都有较大区别：

台风"威马逊"致海南文昌11人死亡2人失踪

人民网海南视窗海口7月26日电（冯星）7月25日下午，记者从海南省人民政府举行抗击超强台风"威马逊"抢险救灾进展情况新闻发布会获悉：文昌市过半农业人口受灾，因台风导致死亡人数11人，失踪2人，伤员410人（其中重伤4人），房屋倒塌17273间涉及69092人。

此外，房屋掀顶23430间涉及70290人，台风造成的直接经济损失极其惨重。全市农作物受灾面积26.81万亩，成灾面积17.33万亩，绝收面积8.22万亩，因灾减产粮食3.04万吨，畜禽死亡约2000万只，水产养殖受灾面积5.75万亩、损失11.32万吨，农林牧渔业直接经济损失23.3亿元。因灾停产工矿企业187个，公路中断59条次，港口关停1个，供电中断813条次，通讯中断154条次。

据悉，因房屋倒塌和掀顶需要安置139382人，全部安置在1056个安置点上，将积极组织救灾物资，目前群众有衣穿、有饭吃、有干净水喝、有地方住，受灾群众情绪稳定。至24日，已发放救灾物资有大米217万斤、被子12700件、衣服11310件、帐篷3568顶，还有干粮、矿泉水、草席、蜡烛等一批物资，首批下拨救灾款1120万元，收到社会捐赠款966.0351万元。全市物价稳定，文城各农贸市场正常营业，大米、食用油、猪肉、羊肉、鸡肉、蔬菜等货品供应正常，价格在正常范围内有稍微涨幅。同时，冯坡、龙马、湖山等农贸市场因灾完全被损毁，经清理后，已在原址旁边设置部分摊位并开始营业。截至24日，全市因灾损毁房屋总计有40703间，其中完全倒塌的有17273间，房屋掀顶的有23430间。24日着手修复房屋331间，累计着手修复6483间；24日完成修复房屋（以瓦片修复为准）64间，累计已完成修复房屋（以瓦片修复为准）727间。

海南"威马逊"：一场现实的噩梦

狂风肆虐、暴雨倾盆，房倒屋塌、树倒路断……今年第9号超强台风"威马逊"7月18日正面袭击海南，造成直接经济损失119.5亿元，全省超过三分之一人口受灾。这个自1973年以来登陆海南最强的台风，给海南这个美丽之岛带来了一场现实的噩梦。

台风过后满目疮痍

7月18日15时30分，海南省文昌市翁田镇遭遇了40多年来最强的一场台风。作为超强台风"威马逊"的登陆点，那里所能听到的都是狂风暴雨的咆哮声。大风直接将铁皮屋掀翻、木屋瓦房瞬间被吹倒，纸片、塑料片、铁片残骸，漫天飞舞……

台风的影响持续了近10个小时，被狂风摧残后的文昌和省会海口已经满目疮痍。

在海口市区，台风对主要公共设施和建筑造成了严重打击，数以万计的树木、交通标识牌、路灯倒塌，除几条主要道路外，大部分道路难以通行，市区水患严重，积水点难以计数，交通不便和积水严重造成市区恢复供水供电的难度极大。

在文昌市翁田镇，周边乡镇的万间民房倒塌，数十万群众一夜间丧失了自己的家园；澄迈县、昌江县数万亩香蕉被风吹倒，农户血本无归。

据海南省三防办的最新统计，截至7月23日，超强台风"威马逊"已造成海南全省216个乡镇受灾，受灾人口达到325.8万，全省倒塌房屋23163间，直接经济损失119.5亿元，因灾死亡25人、失踪6人。

《瞭望东方周刊》记者在昌江县乌列镇长塘村村民黎吉红的香蕉地里看到，他今年种植的近350亩香蕉树经过洪水、暴雨的袭击，几乎全军覆没。"不止这样，工棚被洪水冲垮了，尾料还有种子等也全部没了，直接经济损失就有近300万元。"黎吉红说，他是长塘村最大的香蕉种植户。"现在光恢复生产起码需要一个月。"

除了农业损失，海南省基础设施受灾情况也很严重。全省被损坏的220kV线路17条，110kV线路53条；一半以上通信基站因断电原因掉站；省养公路累计阻断93条；部分企业厂房受损严重，个别企业甚至需要3个月才能恢复生产。

宾馆酒店一房难求

台风过后，由于供电供水暂未恢复，不少市民百姓的生活受到很大影响。海口市一些宾馆酒店能够自己发电供水，导致订房爆满，商场等公共场所挤满了给手机等电子设备充电的人们。

7月20日，在海口市滨海大道一家酒店前台，记者看到不少市民正在咨询和办理客房入住手续。海口市民蔡小姐告诉记者,她19日就开始在酒店住了。据酒店前台经理刘鑫易介绍,"威马逊"横扫海口后,酒店房间的预订就一直火爆,一房难求。

台风过境,也给居民出行造成了较大困难,在海口市区随处可见被连根拔起的树木,倒在路边。在海口市海秀中路、南海大道等加油站外,前来加油的车辆排成了长龙,根据记者目测,排在中后段的车辆想要完成加油,至少需要半个小时。

在旅行社工作的邱先生告诉《瞭望东方周刊》,台风过后,在市区曾经一度加不到油,总感觉心里慌慌的。最后他无奈开车到数十公里外的海口美兰机场附近的加油站加油。"即使在这么远的加油站,不仅需要排队,每次也只给加200块钱的油,我先后排了三次队,才加满油。"邱先生说。

而生活用品和物资方面,一些物资价格出现小幅提升。本刊记者了解到,台风过后海南全岛蔬菜市场及物资供应均不同程度地受到影响,部分菜价上涨幅度超过30%,部分肉价上涨超过100%。

明月村村委会党支部书记陈泽存告诉《瞭望东方周刊》,绝大多受灾群众家被"威马逊"掀翻,一些人无家可归。在明月村委会食堂存放了大量的方便面、饮用水、被褥、干粮等救灾物资。"由于村里断水断电,村民无法做饭,老百姓吃住问题主要靠外界支援,政府还需做好长期救援的准备。"陈泽存说。

灾后恢复形势严峻

党中央、国务院和国家有关部委对海南的灾后恢复工作极为关切。中央财政紧急安排救灾资金7亿元,用于支持海南、广东、广西等地开展抢险救灾、恢复生产及水毁工程修复。中国红十字会等公益慈善机构的救灾物资和捐款也已经到达。目前,灾区群众情绪稳定,海南省基层干部和灾区群众呼吁政府进一步加大救援力度,解决灾民实际需求。

一是灾民盼望政府解决"近渴",进一步解决安置问题。翁田镇干部符致琼介绍,目前受灾群众情绪稳定,但很多人失去了房屋,暂住在小学、养老院等临时安置点内,下一步应加紧安置这些无家可归的群众。"小学还有一个月就要开学,不能让群众长时间住在学校教室内,政府应该加快运送帐篷、移动板房和可住人的集装箱,让群众尽快有房子安置。"

二是受灾群众盼望政府尽快修复基础设施,恢复群众的正常生产生活。翁田镇镇委书记郑鸿雁表示,现在各村内反馈上来的情况是,缺水缺电。"翁田镇通讯已逐渐恢复,但水电仍没有正常。台风过后气温马上升高,应尽早恢复供水供电,稳定群众情绪。"郑鸿雁建议,宜加紧向受灾的农村运送柴油发电设备,并由消防、民政部门通过运水车将清洁水源运到村内,还亟须卫生部门下发更多消毒杀菌药品和设备,防止灾后疾病、疫病等次生灾害。

三是受灾群众盼望政府补助,完善相关保险制度。澄迈县釜山镇香蕉种植大户黄燕义说,自己种植香蕉近500亩约2.7万株,按照目前市场行情,以100元一株计算,原本可赚近200万元,而现在绝大部分倒伏在地,反而要赔100多万元。"希望政府出台一些补助政策,减少损失。"

文昌市会文镇镇委书记高富通过《瞭望东方周刊》建议,保险行业和保监会等部门亟须尽早研究推出水产养殖业险种,弥补水产养殖户损失。

高富说,水产养殖户养殖基地大多建立在海边或水域附近,在台风灾害面前损失更为惨重。由于没有水产养殖类险种,每次遇到损失都要由养殖户自己承担,或由政府部门给予一定补助,长久下去并不可行。

(《瞭望东方周刊》记者夏冠男 马超 王存福 罗羽 张玉洁 涂超华 李金红/海南海口报道,《瞭望东方周刊》2014年第29期)

以上两篇报道,一篇为短消息,不足700字,着重介绍台风给文昌市造成的人员伤亡和各类损失,以及救灾物资发放和灾民安置情况等,内容以各类统计数据为主;另一篇接近于深度报道,超过2000字,从当地受灾情况以及灾后恢复形势等方面进行深入调查报道,内容除了部分统计数据,还包括记者的实地观察和采访,其中许多具体案例,如邱先生给车加油时的遭遇,更为直观形象地反映出台风对当地百姓生活造成的影响。

值得注意的是，此类新闻除了对事件和现象进行报道，有时也需要在重大灾难中起到鼓舞民心的作用，记者的写作功底以及思想高度在此之中能够得以充分体现，如获第十九届中国新闻奖特别奖的作品《永远和人民在一起》，就是汶川地震发生后《人民日报》刊登的一则长篇通讯，文章气势磅礴，行文流畅，感人至深，将汶川地震中军民一心、抗震救灾的昂扬斗志和满腔热血，以及地震救援中的温情与力量展现得淋漓尽致，起到了鼓舞和凝聚人心的作用（本书第四章第二节将对此文进行深入分析）。

六、休闲娱乐类

休闲娱乐类新闻也是社会新闻中较为常见的一种类型，它通常是关于近期开展的社会文化、休闲娱乐活动的相关报道。这类报道一般篇幅较为短小，笔触较为轻松活泼，有时也会带有一定的知识性或科普性。

基于社会新闻自身所具有的特性，这类报道往往故事性比较强，采用有情节、有细节的故事化写作方式进行报道，以此激发读者的阅读兴趣，收到良好的报道效果。针对一些节庆活动，相关报道也会采取媒体资讯整合的方式，为读者提供全方位、多角度的资讯速览，如2014年10月8日《生活报》18版的《十一黄金周还是那熟悉的节奏》：

·综合新华社电
出游：景区涨价　游客叫苦

虽然预期"黄金周"出游看到最多的依然是"人山人海"，但仍然挡不住人们的热情。中国旅游研究院报告显示，国庆"黄金周"期间有4.8亿人次出行，比去年增加13%；但旅游市场的热点日渐分化：国内游遭遇出境游冲击，知名景点游被冷门景区和乡村生态游分流，旅游结构性变化导致知名景区门票收入出现负增长。1日至7日，全国纳入监测的124个直报景区共接待游客3169.2万人次，同比增长3.8%；门票收入16.04

亿元，同比下降 2.43%。

一方面，国内 5A 级景区门票普遍涨价迈入"百元时代"，让不少网民叫苦"大好河山越来越看不起"；一方面，一些知名景点坚持或开始进军免费行列。杭州西湖因多年坚持不收门票被网友称为"业界良心"，三峡大坝、济南大明湖等景区也免费对游人开放。

关键词："特产"

十一期间，不少游客却发现，一样的竹雕、一样的木梳……千百个景区都在卖同样的"地方特产"，旅游商品同质化、低端化甚至"地摊化"现象严重。

在某景区内，一游客买了块"湘绣"手绢。这名游客无奈表示，一块绣了几朵花的手帕，在南京、苏州叫"苏绣"，到了四川叫"蜀绣"，到了江西成了"赣绣"，花样都相同，就是名字不一样。有的游客则吐槽："朋友去四川给我带来一把梳子，上面竟写着'少林寺纪念'。"更有网友表示："到景区买商品还不如去义乌，那里应有尽有。"

一直以来，包括旅游纪念品在内的文化产品常被诟病缺乏创意。

出行：拥堵依旧　高速塞车

经过多次长假拥堵考验，今年国庆前夕，不少地方交通部门已经出台分流等应急办法，网民们也在网络上分享着各类"避堵、绕行高招"。然而随着公众出游人数增多、自驾游比例上升，不少游客在享受优惠政策的同时，依然难免旅途变"堵途""囧途"的闹心体验。

"景色虽好，可山上人挤人，山下车挤车，几天下来身心俱疲，好心情都没了！"浙江游客周源一家在假日里选择去黄山风景区自驾游，眼瞅要抵达目的地，车辆却在高速下口"龟行"两小时。公路"堵途"风景不断翻新：北京周边高速路持续拥堵，市民无奈遛狗；浙江一对新人高速遇堵，举办"电波婚礼"……

关键词：堵车垃圾带

国庆期间，在堵车过程中，一些游客表现出来的不文明行为让人遗憾。

在沈海高速苏通大桥段道路两侧路面、绿化带丛中，扔满了垃圾。道路两侧散落着各式各样的垃圾，有饮料瓶、烟头、各种食品包装袋，五花八门。

楼市：虽未出游　看房也累

长假前一天，央行、银监会发布《关于进一步做好住房金融服务工作的通知》提出，对拥有1套住房并已结清相应购房贷款的家庭再次申请贷款购买普通商品住房，将执行首套房贷款政策。

记者4日拨打绿城集团部分楼盘电话，销售人员宣称杭州舟山、宁波等地节后"马上调价，看房从速"。

这也让很多市民改变了出门旅行的计划，到处打听新楼盘的价格，忙得不亦乐乎。

中原地产研究总监张大伟认为，一方面大部分依赖信贷的房企资金链仍紧张，而每年黄金周都有楼盘喊出节后涨价的口号，但促销走量依然是下半年楼市尤其是二三线楼市的主流。

关键词："看房团"

一些本来想去自驾游的市民，选择在十一期间组了个"看房团"；未婚的找婚房，已婚的忙改善。

有的中介表示，新政发布，国庆假期来咨询和看房的人明显增多，"这几天，每天都得连看五六个小区都不嫌累，房贷政策放松比限购取消还要有杀伤力。"

七、社会问题类

社会问题是影响社会成员健康生活、妨碍社会协调发展、引起社会大众普遍关注的一种社会失调现象。社会问题类社会新闻从群体角度来看，可分为三类：异常群体类社会新闻、弱势群体类社会新闻和越轨群体类社会新闻。异常群体的社会问题主要包括自杀、精神异常等；弱势群体的社会问题有失业、贫困、残疾、孤寡、老弱、游民等；越轨类社会新闻，像青少年犯罪、白领犯罪、黑社会等因触犯法律，已进入到司法报道范畴，其中属于社会新闻范畴的主要是一般性越轨群体的社会问题，如卖淫嫖娼、赌博、吸毒、拐卖人口、封建迷信等。

  这类新闻往往具有较为突出的社会意义，对当下的社会情状具有警示和镜鉴作用。此类型的新闻作品常常能够发人深省，引起人们对相关社会现象的关注和思考。如2014年9月22日《现代快报》A4版的《限购取消，离婚率会降低吗？》，就揭示了近年来楼市调控政策与离婚率之间的微妙关系：

  "取消限购，不会吧，某人是不是白离婚了？"网友的这句调侃，让大家一笑的同时，也说出了最近3年的一个现象，那就是婚姻自从和房子绑在一起，就开始让无数人为之烦恼。结婚晚、离婚早、闪离又闪复、笑嘻嘻离婚……这些情景在婚姻登记处经常能看到，南京市民政局有关人士告诉现代快报记者，3年来，全市的离婚量年年攀升；单身证明激增，除了买房、贷款的人多了，楼市调控政策也成了一大诱因，2010年前11个月才近5万张，去年一年就开出去17.5万张，开单身证明成为婚姻登记处最大业务。

  当年，一纸限购令，没有让房价真正被遏制，反而让不少夫妻为买房忙着假离婚，单身证明更是火得疯狂。现在取消限购了，但限贷仍然困扰着不少买房人，指望离婚率迅速降低，恐怕有些难。

  假离婚"疯长"，都是为了买房

  如今，婚姻登记处俨然成了楼市的晴雨表，"我们只要一看离婚的多，开单身证明的多，不用看报纸，就知道肯定是楼市又出大政策了。"南京市民政局有关人士回忆说，限贷、国五条……每次政策一出，婚姻登记处就会被挤爆。比如去年3月国五条细则出台的首个工作日，全市近300对夫妻你争我抢，赶着办离婚。有的夫妻，现场边咨询边写离婚协议书；有笑嘻嘻跑来，把婚离的；有的一办完离婚手续，就急吼吼地要开单身证明；还有头发花白的老年夫妻，坐在轮椅上被推来办离婚。

对于这些"反常"现象，婚姻登记员这些年也已经习惯了。"虽然我们没有像上海等地，挂出'楼市有风险，离婚需谨慎'的告示牌，但是我们都会多提醒一句，请他们考虑下后果。"南京市一婚姻登记处负责人说，这种善意的提醒，常常会被对方打断，比如，前几天，她还劝过一对40岁左右的夫妻，结果他们非常性急，说就是为了买房子。离婚协议书上，两套住房全归男方，女方净身出户，"我以单身的身份去买房，等办了再复婚。"女方直接道出了离婚原因，她和老公是"被离婚"的，就为了再买第三套房。

有网友总结说，房价越高，离婚率就越高。现代快报记者调查发现，南京近年来的房价和离婚率总体上确实在一起走高，而在房价回落的2008年和2011年，离婚数量也确实有所减少。近3年来，南京的离婚率年年攀升，比如，2011年，全市离婚19650对。但去年，离婚38199对，是2011年的近2倍。

单身证明火热，3年半开出41万张

随着离婚的增多，复婚的夫妻也在猛增，去年南京9705对离婚夫妻"和好"，占了再婚人数的49.2%，比2012年增加了4588对。为了规避限购限贷，一些买房人选择先离婚再复婚。

结了离，离了结，其实主要是为了一纸证明，那就是单身证明。近3年，开"单身证明"人数呈爆发式增长，2010年，一年大概5万多张吧，但是去年，开出去17.5万张。从2011年到2014年上半年，3年半的时间，南京开出了41万张单身证明。开单身证明的业务量超过了婚姻登记，成为主要业务。南京市民政局有关负责人告诉现代快报记者，在单身证明的用途上，9成写为了买房，比如，在南京要新买房子，必须先开具"新购住房证明"，而一张单身证明则是前提之一。

不过，南京此次政策调整的内容只是取消限购，限贷仍然困扰着不少买房人。有的夫妻中一方有过贷款记录，或者两人各有过一次贷款记录，现在继续贷款购房时，往往仍然需要争取首套贷或贷款资格，这些人群仍然有可能去办理离婚。这么看来，指望离婚率迅速降低，恐怕也不现实。

与单身证明一样，社保证明也很火。因为南京限购令要求，买房人的户籍不在南京，需要提供满一年的社保证明或者纳税证明。据南京市社保中心初步统计，每天有四五百人来开证明。现在，限购取消后，开社保证明的人数应该会迅速下降。

这篇报道通过具体实例和相关数据，对楼市调控政策导致南京市离婚率上升的现象进行了报道和分析，在揭示现象的同时，也引发人们的思考。历届中国新闻奖获奖作品中也不乏此类作品，如《14万考生名单被出卖之后》（第19届通讯类三等奖）、《我国离婚率算高一倍》（第18届消息类二等奖）、《3000小考生"妖魔化"妈妈》（第16届消息类二等奖）等。此外，一些涉及民事、刑事案件的社会新闻，如《拉萨发生暴力事件》（第19届消息类一等奖）、《56名女工状告工厂搜身侵权》（第12届消息类二等奖）、《谁来管技术权益纠纷》（第4届消息类二等奖）等，也是此类新闻报道中的优秀之作。

八、社会风貌类

这类社会新闻的报道范围比较广泛，涉及风土人情、地域民俗、社会生活变迁、社会新奇现象，以及具有知识性、趣味性的自然界奇珍异闻等。这类新闻写作在追求新奇性和趣味性的同时，要注重正确的态度、科学的解释，挖掘其中的思想内涵和社会意义，不能为了夺人眼球而进行故弄玄虚、哗众取宠，甚至是宣扬封建迷信的报道，应当弘扬正确的社会价值观，引领积极向上的社会风气，同时对一些新事物、新现象展开理性的分析和思考，如2014年9月15日新华网登载的《北上广市民热衷郊区当农夫租地种菜让农耕变身服务业》一文：

新华网北京9月15日电（王晓芸、刘羊旸） 红彤彤的番茄、绿油油的小白菜、鲜嫩的玉米和圆圆的茄子……位于北京市顺义区南彩镇九王庄村的月亮湾农场一派丰收景象。专程从北京城里赶来这里的郭先生一边侍弄着地里的菜，一边告诉记者："我在村里包下这块地，就是想带着老人、孩子来体验一下耕种的乐趣，况且自己种的菜吃起来也更放心。"

城里人到乡下租地种菜，在郭先生看来——"说到底是一种有创意的、健康的生活方式。"近年来，像郭先生这样抱着"健身、健心、健康"的意愿来郊区租地种菜的人不在少数。

"租地种菜实际上体现了农业的多功能性，除了基本的提供农产品的功能外，它还有一种文化价值，人们可以锻炼身心，体验农耕文明。"中国科学院农村发展研究所研究员李国祥认为。

随着需求的增加，供城里人租种的各式菜园也应运而生。以北京为例，顺义、通州、平谷、大兴、门头沟等地均有不少以私人租种为主的菜园。这些菜园大致会将整亩的菜地分为20平方米到100平方米不等的小菜田，按照面积大小租种价钱从每年2000元到七八千元不等。农场经营者会为租种者提供种子、肥料、农具等，还可以为租种者代管菜田、收获后送菜上门。

下乡种菜的城市居民逐渐增多，让农家有了一条新的增收渠道。"现在我们主要是靠租地种菜来创收，70多亩地都能租出去，每年大概收入30万元到50万元，足够维持整个农场的正常运营，除去土地、用水、人工等成本，也还有一定的盈利。"月亮湾农场的经营者周女士说。

通过调查记者发现，近几年，除了北京，上海、广州、深圳等地郊区租地种菜项目也不断发展。尽管菜地租金在上涨，但一些经营多年的农场还是能留住不少老客户。除了租地种菜，很多农场还开发出烧烤钓鱼、田园旅游等娱乐项目，使租地种菜业务日益向服务业方向发展，逐渐变成一种融健康、休闲、收获为一体的新型农业产业模式。

食品安全问题也是不少市民选择郊区种菜的重要原因，大家更希望亲自生产，从而得到更加绿色健康的农产品。

专家指出，市民租地种菜体现出传统农耕产业向新型服务业延伸的趋势。"租地种菜正成为'三产化'的农业。"清华大学人文与社会科学学院博士后、具有多年农场经营经验的石嫣告诉记者，农业的一产是种植，二产是加工，三产就是服务，在欧洲，这一形式的农业也被叫做"市民农业"，已经发展得较为普遍。

但专家同时指出，郊区租地种菜业务在日益形成一种产业的同时，也存在不少问题。"其一是缺乏统一的组织管理，这导致了不少农场缺乏相关政策支持，规模小、经营分散；其二是很多农场标榜'有机'，但一些规模较小的农场并不具备有机认证的资格，也缺乏这样的资金和技术；此外还要警惕一些农场变相地搞成了房地产开发。"石嫣说。

"租地种菜业务是现代农业发展的一个重要方向。"李国祥认为，不妨将其引入市场，借助市场的力量加以完善；同时，也要加强政府的规范和引导。

这则新闻不仅对近年来北上广市民热衷到郊区租地种菜的现象进行了报道，同时通过采访有关专家，对这一产业未来的健康、有序发展提出了一系列建议。此类新闻报道中也有一些优秀作品获得中国新闻奖，如介绍风土人情和地域民俗的《张品正带着"奶奶"出嫁25年》（第18届消息类二等奖）、《取下神像挂地图》（第5届消息类二等奖）、《建碑林呼唤环境美》（第4届消息类二等奖）等，或是反映社会新貌及某种社会风气的奇珍异闻，如《上小潭村34年每年举办运动会》（第16届消息类二等奖）、《大一男生背起母亲上大学》（第16届通讯类二等奖）、《医药代表向"老百姓"下跪》（第15届通讯类一等奖）、《交口县委大院竟挖出"升官符"》（第12届消息类二等奖）等。

第三节　社会新闻的选题技巧

一、选题依据：三"要"三"不要"

• 要真实可信、不要故弄玄虚

真实性是新闻的基本要求，也是新闻写作的最重要准则。由于社会新闻的选题来源较为丰富，新闻线索较为复杂，因此对新闻真实性的核实就显得尤为重要。记者需要通过多角度采访，多渠道求证，并结合自身知识储备及社会经验，对新闻的真实性进行认真考量。切忌为了追求速度而放松了对真实性的把关,也不要为了博版面而写作夸大事实、故弄玄虚的新闻。

- **要积极向上,不要低级趣味**

社会新闻的选题要着眼于传递社会正能量,体现积极向上的社会风气。记者需要具备基本的社会责任感和正确的价值判断,不要为了博人眼球而大肆报道庸俗、低级趣味,甚至是色情、淫秽、暴力的新闻,应该严格控制这类新闻的报道尺度和报道比例。同时,要警惕"标题党",特别是社会新闻网站以及新闻客户端的编辑,切忌为了追求点击率而放上耸人听闻、低级趣味的标题。

- **要针砭时弊,不要附庸风雅**

社会新闻的一个重要功能就是抨击现实生活中的假、恶、丑,以及各种社会不良现象。社会新闻记者要成为社会的引航员和舵手,及时发现社会生活中的丑恶现象,以及侵蚀和危害正常社会秩序和社会公序良俗的行为,并加以调查报道,为社会的正常、有序发展助力。要引导民众的正确价值导向,将民众的阅读兴趣引导到对社会问题的关注上,严格控制无病呻吟、哗众取宠、附庸风雅的新闻选题的报道比例。

二、选题标准:三"强调"三"避免"

- **强调新闻价值,避免新闻寻租**

社会新闻的选题要遵循新闻价值原则,根据时新性、接近性、显著性、重要性、趣味性等价值要素选取新闻事件进行报道,切忌为了追求利益而发生新闻寻租的行为,严格把控软文和公关稿的比重。

- **强调独立客观,避免盲目跟风**

社会新闻需要遵循客观、独立的报道准则,在选题时要以专业的角度进行判断,在报道中要注意客观的立场和倾向,不能为了追求关注度而不加选择地跟风报道一些有悖社会伦理和社会道德的新闻事件。

- **强调社会正气,避免社会戾气**

弘扬社会正能量是社会新闻报道的一个重要价值依据。记者在选题时要注重社会风气的引导,增强新闻报道的正向社会意义,避免大众传播媒介成为不良社会情绪的催化剂和发酵场所,导致社会积怨上升为社会戾气。

三、选题来源:三"人"三"线"

- **爆料人**

社会新闻的报道线索很多都是由知情人提供的,通过新闻热线等方式告知编辑部。而在新媒体时代,网络爆料成为新闻选题的一个重要来源,从论坛、贴吧、微博、微信上的群众爆料当中常常能够发掘出一些具有新闻价值的报道线索。

- **当事人**

新闻事件的当事人也是记者获取新闻选题的一个重要来源,通常情况下是由新闻当事人向报社、电台、电视台反映情况,或是通过各类网络平台讲述自身遭遇,引发人们共鸣,引起广泛的社会讨论。

- **有心人**

从事社会新闻报道的记者要学会做一个"有心人",时刻保持高度的新闻敏感,善于观察周遭的人、事、物,从日常生活点滴中寻找新闻线索。此外,新闻同业之间的资源共享和消息互通也是一个重要的新闻线索获取渠道。

- **群众热线**

群众热线是新闻机构获取新闻线索的一种较为传统也是较为普遍的形式。各家新闻媒体的编辑部通常设有24小时群众热线,接收广大民众提供的新闻线索。在此之中,关于社会民生的新闻线索往往占比最大。

- **记者眼线**

报道社会新闻的记者要善于培养并维系自己的新闻"眼线",在一些容易发生新闻事件的地方(如公安局、消防大队、医院等)寻找可靠的"线人",建立自己的资源库,这对于发掘独家报道、揭露性报道和重特大新闻报道尤为重要。

- **网络线索**

在新媒体时代，互联网成为新闻爆料的一个重要来源，来自网络的社会热点议题当中不乏一些具有报道价值的新闻线索，特别是关于权益维护、欺行霸市、贪污腐败等社会乱象的热点议题。记者要保持清醒的头脑和敏锐的判断力，在纷繁复杂的新闻线索中去伪存真，从中发现值得进一步报道的新闻选题。

第三章
社会新闻的采访技巧

第一节　采访准备：做到胸有成竹

一、搜集背景资料——迅速成为该领域"行家"

由于社会新闻涉及的事件类型较为丰富且庞杂，因此记者在采访前的准备工作就显得尤为重要。其中，知识准备是最为关键的一环，也就是要求记者在短时间内搜集有关新闻事件和采访对象的各方面背景资料，以便对需要采访的内容有一个宏观的认识和把握。

这些背景资料一方面可以让记者在采访过程中更加灵活自如，能够更好地把握采访的走向；另一方面这些素材也可以用于之后的新闻写作当中。关于背景资料的整理，主要通过以下三个步骤完成：1. 充分调用记者平时的知识积累；2. 询问周围的人；3. 利用网络广泛搜集资料。

二、明确采访思路——提前思考文章架构

在梳理了事件的背景资料后，记者接着应该规划一下采访的具体思路，提前构思好文章的架构，以便为采访对象和采访问题的拟定做准备。只有保持思路清晰，才能确保采访的高效和顺畅，避免在写作过程中发生缺资料的情况，以此保证新闻写作过程更加流畅，一气呵成。

拟定文章框架时主要应该考虑以下几个方面的内容：1. 文章的体裁；2. 文章的篇幅；3. 行文的结构；4. 所需的素材（特别是相关数据）。

三、确定采访对象——寻找事件关键人物

有了明确的采访思路，记者接着要做的就是确定采访对象。采访对象包括当事人、旁观者、相关部门负责人、有关专家等。如果事件涉及正反两方，为了体现报道的客观性，必须要采访双方当事人，如受害者和施害者。

在确定了采访对象以后，如果时间允许，应该对采访对象的大体情况做一个基本的了解，如性别、年龄、职业、专长、性格、是否健谈、有何忌讳等，以及采访对象与新闻事件的利害关系是否会影响到其对新闻事实的描述和态度等。

四、准备采访问题——读者最关心什么问题

在准备采访问题时，记者需要大致草拟一个报道框架，根据这一框架，针对各个采访对象拟定与之相对应的采访问题。尽管采访过程中会有诸多不可预知的因素，采访问题也可能因为各方因素的影响而发生变化，但事先准备一份问题清单，有助于更好地完成采访任务，获得写作时所需的各项素材。

提问的类型包括开放式、闭合式、反问、追问等。问题清单应该按照读者的关心程度进行排序，同时要注意循序渐进，从容易回答的问题切入，一些较为敏感的问题可以安排在同采访对象相对熟悉、信任以后再发问，这样更容易得到对方的答复。

五、调整采访设备——不要临时"掉链子"

在采访所需的各个"软件"都准备好之后，记者需要调试采访所需的"硬件"设施，包括笔记本、笔、录音笔、名片、介绍信、相机、摄像机等，如果涉及暗访，还需要有暗访专用的录音和拍摄设备。

第二节　采访过程：精准搜集信息

一、迅速搜集关键信息

社会新闻往往具有突发性，其报道又特别注重时效性，因此记者在采访中迅速搜集信息的能力就显得尤为重要。有时候一个新闻现场有多家媒体的记者在采访报道，此时记者如果能够迅速找到关键人物进行采访，及时收集到全面、精准的信息，就能在报道上先人一步，达到先发制人的效果。

值得注意的是，观察也是一种重要的采访手段。记者赶到新闻现场之后，要充分调动眼、耳、口、鼻等多种感官渠道，迅速观察现场状况，用耳闻目睹的方法搜集素材，要善于捕捉细节，寻找新闻点，同时迅速拍照、记录，在新闻写作过程中通过细致的环境描写为读者还原一个真实的新闻现场。

二、适时调整采访计划

采访提纲作为采访时的总体指导框架，并不是一成不变的。在采访过程中，记者可能发现新闻事实和自己的预判不符，或是通过现场观察和受访对象提供的新线索发现新的报道角度，此时记者就需要根据具体情况，灵活调整采访计划，可能是追加采访对象，或是追加采访问题。

有时在突发事件的新闻现场，受访对象并不能预先设定，这就要求记者根据现场情况，抓住关键线索，寻找适合的采访对象；有时新闻现场的局面较为混乱，记者要从中排除干扰，及时发现关键人物，见缝插针地完成采访任务，获得新闻写作所需要的素材；有时受访对象因为种种原因不配合采访，导致采访不得已被迫中断，此时记者需要迅速观察现场情况，寻找是否还有可以替代的采访对象，或是通过其他途径获取第一手资料，实在没有其他办法的情况下，也可以通过向同行打听消息、互通有无的方法获取报道素材。

三、灵活追加采访问题

在采访过程中，受访对象可能提供一些重要的新闻线索，这些线索不在记者事先的预估范围内。尤其是在调查性报道中，这些线索有可能成为发现事件真相的关键突破口。此时记者需要保持高度的新闻敏感，就关键问题发出追问，从重要环节入手，抽丝剥茧，层层击破，突破采访瓶颈，探寻事实真相。具体来说，追问可以是直接发问，也可以通过旁敲侧击的方式，比如在得不到正面回答的时候，转换角度进行提问。此外，有时受访者在记者的层层追问下所呈现出的回避和推诿的态度也是一种回答。

四、应对突发意外状况

由于社会新闻的采访现场往往是事件发生地，通常是一个临时性的采访场所，并且受访对象的身份属性、文化程度和心理状态比较多元化，面对采访时的反应各不相同，因此即使事先做好了充分的准备，采访过程中依然可能出现各类突发状况。记者需要根据现场的具体情况，灵活采取应变措施，以保证采访的顺利进行。

- 采访过程中可能遇到的问题：
- 受访对象过于紧张，无法准确表意
- 受访对象"打太极"，顾左右而言他
- 受访对象情绪失控，拒绝接受采访
- 提问过于敏感，导致现场气氛紧张
- 提问过于笼统，导致受访对象难以作答
- 不同受访对象提供的信息不一致，导致事实不清
- 采访设备出现故障，导致采访难以继续

- 环境因素导致采访难以继续，如余震、泥石流、爆破等

第三节　追访及回访：补全相关信息

一、补全遗漏信息

尽管记者在采访前进行了充分的准备，对报道内容进行了整体构思，但是在具体写作过程中依然可能出现资料不足或缺失的情况，这时候就需要通过二次采访，或是其他方式补全所需的写作素材。此外，记者在写作过程中可能会发现采访获得的资料与事实真相存在出入或是相互矛盾，此时就需要通过追访或是采访其他知情人的方式，辨别资料的真伪，确保素材的准确性。

二、追踪后续发展

有些新闻事件持续的时间较长，或是事实真相需要一段时间的调查才能浮出水面，如天灾人祸、权益纠纷等，记者需要持续关注事件的走向，追踪报道事件的后续发展；有些新闻事件产生的社会影响较为持久，引发的社会讨论较为广泛，记者可以就这样的选题展开一系列的专题报道、深度报道，对这些新闻事件或社会现象进行全面、深入的剖析。

三、维系采访对象

社会新闻的牵涉面较广，在许多领域常常需要维系一些固定的采访对象，如公安、消防、医疗、卫生、安监等领域的新闻发言人或宣传部门负责人，以及一些专家、学者等。由于社会新闻中突发灾难性事件的占比较大，因此有一种形象的说法，就是社会新闻的记者常常跟着消防车跑，消防车开到哪里，记者就跟到哪里进行采访。而许多资深的新闻

记者手里都有一份完备的采访对象名单，涉及多个相关领域，在新闻事件特别是突发事件发生时能够迅速联络到相应的信息源。

第四节　社会新闻采访的特殊性

一、涉及领域多样

不同于政治、经济、教育、科技、体育、娱乐等版面的新闻，社会新闻涉及的报道领域非常广泛，报道口径相对较宽，有时一则报道需要多方搜集素材，对多个领域的相关人员进行采访。这就对报道社会新闻的记者提出了更高的要求，不仅是在知识结构和知识储备上需要更为全面，更为丰富，同时在调配各类资源和处置突发状况方面也需要更加灵活应变。

二、采访对象多元

社会新闻的采访对象非常多元，从普通百姓到政界、商界、学界、文体界等各类群体都可能涉及。受访者可能身居要职，也可能身陷囹圄；可能开朗健谈，也可能拘谨寡言；可能主动配合采访，也可能对采访抱有强烈的抵触情绪。记者要学会同各类人打交道的技巧，根据不同的采访对象，采取不同的采访策略。比如在政治、经济、科教等报道口径相对较窄的领域，记者常常和固定的采访对象打交道，彼此之间较为熟悉，比较了解受访者的个性、谈吐、喜好等，因此在采访过程中切入较快，也更容易将采访向纵深推进；而一些突发社会新闻的采访对象常常是初次接触的陌生人，对方的身份背景也不容易获知，因此对记者在采访现场的应变能力要求就相对较高。

三、事态发展多变

社会新闻的发生一般较为突然，事态的发展走向往往难以预测，这就对记者的专业素养和采访功力提出了更高的要求。有时一个新闻事件发生后，没有赶到现场根本无法准确判断事件的性质，因此记者没法提前做太多准备；有时一个新闻事件发生得十分突然，记者需要迅速赶往现场，因此没有太多时间进行采访准备，此时记者应该充分利用途中的时间，见缝插针地通过网络和其他通信设备进行资料搜集，以使随后的现场采访更加有的放矢、游刃有余。到达新闻现场后，面对复杂多变的事态发展，记者应该保持锲而不舍的韧劲，冲破各种阻力，获取第一手的采访资料。

小贴士

- 提问要有逻辑，有层次，由浅入深，循序渐进
- 提问要具体，不要空泛，避免"你对此有什么感想"这样的问题
- 向受访对象提出其有能力回答的问题，避免对方出现紧张和负面情绪
- 涉及敏感问题时，要尽量避免受访对象的情绪焦躁和波动
- 学会追问，尤其是在调查性报道当中，要针对关键问题环环击破
- 避免与受访对象发生争执，采访不是辩论赛，只是获取写作资料的途径
- 避免被受访对象的情绪所影响，保持中立客观的态度
- 要尊重受访对象的隐私和情感，恪守记者的职业道德
- 要善于观察，用眼睛搜集素材，特别是在受访对象不配合采访时
- 有时对方的沉默和推诿的态度也是一种回答
- 确保素材的准确性，关键信息反复核实，特别是人名和具体数据等
- 验证素材的真实性，通过观察和向不同受访对象多方求证
- 结合背景资料和常识判断受访对象所述内容的真实性，提出合理质疑
- 要吃得了"苦"，扛得住"累"，无论阻力多大都要尽可能深入一线采访

- **采访案例评析**

2007年10月12日,陕西省林业厅发布了由镇坪县农民周正龙拍摄的华南虎照片,并宣布野生华南虎再现大巴山区。这一事件在短时间内引发了巨大的争议,人们对照片的真实性看法不一。2007年12月8日,央视《新闻调查》栏目播出了《虎照疑云》,记者通过实地走访、电话采访等方式,先后采访了周正龙、当地村民、当地林业部门工作人员、镇坪县县长、国家林业局新闻发言人、华南虎饲养员、野生动物专家、法学专家、野生动物摄影师、老虎年画生产商等,对虎照的真实性展开了一系列调查。采访过程中,记者的资料准备十分充分,思路非常清晰,并且多次运用追问、反问等采访技巧,环环相扣地进行发问,力求探究事实真相。以下截取此次节目的部分采访内容进行评析:

对话一: 记者就华南虎照片的拍摄细节采访虎照拍摄者周正龙。

- **关于拍摄距离**

周正龙:当时第一眼看到它,我想怎么这么大。

记者:你当时大概离它有多远?

周正龙:从这儿就到上面那个树。

记者:山崖上那个树吗?

周正龙:可能比那个还远一点。

记者:离咱们这儿。

周正龙:嗯。

记者:这么估计的话,也就是个不到50米吧?**(确认拍摄距离)**

周正龙:那不止的,我往前头爬的时候,它耳朵一下就竖起来了。

记者:隔了这么几十米远,50米之外你能看到老虎的耳朵竖起来吗?**(指出逻辑漏洞)**

周正龙:哎呀,那就讲不清楚了,反正很近了。**(自相矛盾)**

- **关于闪光灯的使用**

周正龙:那个闪光灯我也不清楚是怎么打开的,我也不太会使,反正这么一按,咔嚓一下,当时我把那个机子都甩掉了。

记者:你就没拍了?

周正龙：它听到一响，"嗷"的一声。那个时候你还拍什么？拍石头啊。

记者：但是根据你数码相机的时间记录，你拍闪光灯亮起的时候是你30多张照片当中的第4张。**(指出前后矛盾之处)**

周正龙：第4张？

记者：对。

周正龙：还有20多张是不是？

记者：对，这是相机的记录。

周正龙：现在有点记不清楚了，到底是在这儿闪的，还是在这儿闪的，时间有点长了。**(含糊其辞)**

评析：记者对周正龙的提问主要着眼于细节的反复推敲与核实上，从中发现许多自相矛盾或前后矛盾的地方，如50米开外的距离如何看清老虎耳朵竖起来这一动作；闪光灯到底是开始拍摄时就打开了，还是拍摄第4张照片时打开的。要掌握这种现场质疑的能力和技巧，一方面需要具备严谨的逻辑分析和判断能力，另一方面也需要事先做好充分的采访准备，掌握数码相机中记录的数据。

对话二：记者就2007年7月6日陕西省林业厅组织的关于镇坪存在野生华南虎的专家论证会采访陕西师范大学王廷正教授和中科院动物研究所谢焱教授，其中王廷正教授是专家论证会的组长，谢焱教授此前曾对镇坪县提供的照片做过鉴定。

- **关于论证依据**

记者：7月6号评审会得的这个结论主要的依据是什么？

王廷正：主要的依据就是雪地上行走的系列的脚印，再就是老乡的反映。

画外音：王廷正介绍当时的华南虎论证会就在西安召开，专家并没有到镇坪当地调查，鉴定依据是省华南虎调查队提供的疑似华南虎的脚印、虎爪，以及当地群众的反映。

记者：您觉得当时7月6号依靠这个脚印和它曾经历史上的存在，还有村民的这些说法，能够认定镇坪肯定有华南虎吗？

王廷正：可以初步认定。

画外音：国际上通行的认定物种生存的前提是：一要有活体，二要有尸体，三是要有影像资料，四是有研究者目击及其他证据。而王廷正所说的群众反映并不被国际惯例所认可。那么，当初针对脚印照片所作的判断又是否有充足的依据呢？**（提供背景资料，质疑论证的科学性）**

记者：您当时的判断这个脚印是？

王廷正：我认为是真的。

画外音：但在采访当中我们了解到，镇坪的副县长杨高曾经拿这些动物的脚印找中科院动物研究所的谢焱教授做过鉴定，我们通过电话向谢焱做了核实。

记者：您好，请问是谢焱吗？

谢焱：嗯。

记者：我是中央电视台《新闻调查》的记者，因为我这次采访到他们原来评审组的组长，也就是得出鉴定结论的人，他认定这个脚印是真的，我们想告诉大家说，您关于那个脚印的判断。**（提问直奔主题）**

谢焱：看到的那些照片、那些脚印都是一些灵长类、熊类或者说其他那些动物的脚印。**（推翻唯一证据）**

记者：通过照片就能够辨认吗？**（再次核实确认）**

谢焱：对，我们在东北地区也有很多的这种经验，那么能够非常明确地判断那个确实不是老虎脚印，老虎的脚印基本上是一个圆形的。

记者：那么您看到照片上的脚印不是这样的吗？**（追问）**

谢焱：对。

- **关于研究背景**

记者：您没有发表过关于华南虎这方面的论文是吧？**（质疑）**

王廷正：我没写这个。

记者：您也没有在华南虎的基地做过专项研究？**（追问）**

王廷正：没有。

记者：就是说您是在没有研究过华南虎，也没有实地考察的情况下，做出这个地方有华南虎的判断的？**（进一步追问）**

王廷正：只能是根据我搞动物分类学这个角度上，我认为它应该是华南虎。

记者：您是研究啮齿动物的，刘教授主要是研究金丝猴的，还有一位许教授主要是研究鱼的？**（进一步质疑）**

王廷正：对。

记者：听上去这个跟华南虎差距都挺大的。

王廷正：人家要开鉴定会了，这个省上没有研究这个的，他只能是找动物学工作者。

记者：不管是哪个级别的鉴定吧，比如说假如是一个关于田鼠的鉴定，可是由研究华南虎的专家来做，您觉得合适吗？**（通过类比，进行反问）**

王廷正：好像也不太合适。

评析： 2007年7月6日陕西省林业厅组织的专家论证会得出结论，认为镇坪存在野生华南虎，这一结论是在周正龙拍摄照片的前三个月公布的，这也成为当时许多人判断周正龙照片真实性的一个重要心理依据。记者从这一结论的论证依据入手，逐一排除论据的科学性和有效性，同时对参加论证会的专家背景资料进行了深入细致的调查，从专业背景的角度提出合理质疑，最终动摇了论证结论的权威性和可靠性。

对话三： 记者就专家论证会的科学性和权威性问题采访陕西省林业厅副厅长孙承骞和北京大学法学院教授王锡锌。

记者：您觉得他们做的这个鉴定有公信力吗？

孙承骞：这几位专家，你谈到了他的专业方向是对的，但是首先他是动物学家，比如说王廷正教授，他是我的老师，他搞了一辈子兽类，华南虎能不是兽类吗？这是一个。第二个的话呢，我觉得他们是了解陕西的情况。**（牵强附会）**

记者：他们也许熟悉陕西的山水，可是他们不熟悉华南虎啊。他们怎么做这个鉴定呢？**（指出逻辑漏洞，提出质疑）**

孙承骞：那你认为我应该相信谁呢？**（踢皮球，反问记者）**

记者：在苏州和福建都有华南虎的繁殖基地，有很多人熟悉虎的习性，中科院也有十几位研究大型猫科动物的专家，他们可能权威一些，

你们有没有想过邀请他们？（**以子之矛，攻子之盾**）

孙承骞：我认为陕西的专家可以代表陕西的水平。（**牵强附会**）

画外音：专家论证往往会影响政府决策，如何保证专家论证会的科学性，我们采访了北京大学的行政法学教授王锡锌。

记者：我们采访关于7月6号这次评审会的时候，邀请的专家都是陕西方面的专家，那么这几位专家他们的研究方向，比如说是田鼠或者是鱼，他们没有见过华南虎，也没有研究过华南虎，但是他们得出了镇坪存在华南虎这样一个结论，这样足不足信？

王锡锌：我们既然强调要研究的问题是一个有关华南虎的这样一个专业问题，那么有资格能够对相关的信息进行处理，并且做出判断的，一定是要在这个领域中相关的、有专业知识的专家，你有没有这种专业知识决定了你有没有能力，甚至更极端点说你有没有资格来做这样一个鉴定。（**从专业的角度否定专家论证会的科学性和权威性**）

记者：林业厅给我们的说法是他们邀请这些专家，是因为他们已经是陕西方面最权威的专家了。

王锡锌：这是一个科学分析的问题，科学无国界，你怎么能够去强调省界呢？所以回到问题的起点，专业论证到底要干什么？专业论证是要用专业知识来解决我们所面对的问题，那么如果我们从这样一种理论框架出发和制度要求出发，陕西林业厅所提出的理由至少从我们专业的角度来看是很不充分的。（**从科学的角度否定山西省林业厅的说法和做法**）

评析：关于专家论证会的科学性和权威性，记者选择了主办单位负责人以及法学专家进行采访。通过采访记录可以看出，记者在采访前做了充分的准备工作。当对方试图将难题丢给记者时，记者能够快速反应，调用事先准备好的资料进行有力回复，并顺势发问，让对方陷于被动，同时通过对相关专家的采访，从专业和科学的角度否定了专家论证会的权威性和可靠性。

对话四：记者就虎照的真实性问题采访镇坪县县长吴平和镇坪县林业局局长覃大鹏。

吴平：最终这个照片的真伪需要国家的权威部门来进行鉴定，但是作为我们肯定是确信无疑，镇坪发现了野生华南虎，不仅仅是镇坪的荣耀，同时也是中国的荣耀。

记者：为什么这么说呢？

吴平：我觉得还是一个就是我所说的，盛世出国虎，虎啸振国威。**（偷换概念）**

记者：您不觉得？

吴平：因为华南虎是中国虎，是国虎。

记者：但您不觉得它首先是一个科学问题，而不是一个政治问题。**（指出逻辑错误）**

吴平：当然它首先肯定是科学的问题。**（无力反驳）**

记者：那您不觉得说现在外界对于周正龙照片的真伪，包括镇坪是否存在华南虎这样的结论都存在争议和质疑的情况下，首先应该弄明白真相问题，然后再去寻找它的意义吗？**（乘势追问，回归主题）**

吴平：这个应该是相辅相成的。**（牵强附会）**

记者：这么多的媒体来关注这样一张照片的真伪，您怎么理解？

覃大鹏：我们不想媒体他们到底想什么，其实野生华南虎在镇坪的存在不容置疑。**（搪塞敷衍，回避问题）**

记者：覃局长我们都非常愿意相信华南虎在镇坪存在，只是我们知道在国际上要认定这个虎种的存在的话，需要有几个前提条件，首先是要发现活体，其次是发现尸体，然后是要有影像资料，然后是有研究者的亲眼目击。**（运用背景知识提出质疑）**

覃大鹏：关于你说的这几点我确实还不知道。**（陷入被动）**

记者：我们只是说对于一个重大的发现认定之前，是否在态度上，应该更严肃，更科学，更有所保留，会不会比较好？而不是不容置疑。**（乘势追问）**

覃大鹏：留有一定的余地，保留一点也许好一点，但是我还要说，对镇坪有华南虎我深信不疑。**（强词夺理）**

评析：在这两段采访中，受访者都试图通过偷换概念、搪塞回避的方式敷衍记者，转移采访重点。面对受访者频繁地"打太极"这样一种情况，记者始终抓住问题的关键不放,明确采访主线,不断就关键问题向对方发出正面质询,并通过缜密的逻辑思维以及背景资料的灵活运用,适时地向对方提出质疑,使对方陷入无力反驳的被动境地,也让事实真相逐渐浮出水面。

  除了以上截取的采访片段,记者在调查过程中还采访了当地村民、华南虎饲养员等,从不同角度对照片的真实性发出质疑。此外,记者还旁听并记录了中国摄影师协会组织的鉴定会,通过摄影工作者和图片制作者的现身说法,从老虎体态、光线对比、树叶投影等方面对照片的真实性提出质疑,同时根据网友提供的线索,采访了老虎年画生产商,对照片的拍摄过程和拍摄手段提出进一步假设。

  针对一起舆论争议较大的新闻事件,《新闻调查》栏目记者通过缜密的采访设计和扎实的采访功力,将涉及此事的各方声音进行了真实呈现,让民众对此次事件有了更加全面、清晰的认识。2008年6月29日,陕西省政府召开新闻发布会,宣布镇坪县农民周正龙拍摄的"华南虎"照片是一个用老虎纸画拍摄的假虎照,周正龙因涉嫌诈骗犯罪已被公安机关提请检察机关批准逮捕,此事件涉及的13名相关公务人员受到处理。

第四章
社会新闻的写作目标与规范

第一节 社会新闻的写作目标

一、提供信息

人们阅读新闻的首要目的就是为了获得对自身有价值的信息，通过了解社会动态和周遭变化来指导自己的行为，丰富自己的精神世界。作为新闻媒体，如果不能给民众提供有价值的信息，或者提供的信息是肤浅的、庸俗的，那么该媒体的生命力是有限的，不能在竞争激烈的媒介环境中生存下去。从这一点上来说，各类新闻报道都是依赖"提供信息"而存在的，社会新闻也不例外。面对新媒体环境带来的信息泛滥和读者信息需求的转变，社会新闻报道应该注重加强信息的接近性、知识性、实用性、服务性等，更好地帮助人们观察和了解社会动向，满足广大民众不断增长的信息需求。

二、澄清事实

社会新闻与广大民众的现实生活有着天然的接近性，对于一些关乎百姓日常生活和周围环境的社会问题和社会现象有着答疑解惑、普及知识、揭示真相的作用。特别是在新媒体时代，"把关人"作用逐渐消解，各类未经核实的信息乃至谣言层出不穷，媒体如果能够对社会热点问题进行深入报道、及时澄清事实、揭露真相，将很好地起到消除恐慌、安抚民心、引导社会舆论、维护社会稳定的作用。如2011年日本大地震后，由地震、海啸、核泄漏引发的一连串灾难使得惊恐、焦虑、不安情绪四处蔓延，各类谣言开始迅速传播，我国一些地方发生抢购碘盐的现象。针对这一情况，

《燕赵都市报》及时刊登了《"谣言粉碎机"破解日本地震七大谣言》一文，对此次地震引发的各类谣言进行了澄清，用科学的解释化解了民众的疑问与误解，稳定了社会情绪，避免了更大的骚乱发生。

三、化解矛盾

社会新闻报道常常涉及一些纠纷和矛盾，如邻里纠纷、行政纠纷、权益损害、交通肇事、寻衅滋事等。这些矛盾大体可分为三类，一类是民众之间的矛盾，另一类是民众和机构/机构工作人员之间的矛盾，还有一类是机构之间的矛盾，其中又以前两类矛盾居多。一些争议较大的社会事件，或是涉事双方力量对比较为悬殊的事件，通过记者的调查和报道，往往能够更快地将真相公之于众，从较为客观公正的角度对事件进行还原，给涉事双方一个相对令人信服的解释，使利益受损方获得相应的补偿，最终达到社会矛盾和社会积怨的化解，避免更大的社会争议和社会动荡的出现。

四、普及知识

社会新闻报道有时扮演着社会大百科全书的角色，在知识的传递和普及方面发挥着重要作用。对此，社会新闻记者应该寻找一些能够满足读者求知心理，具有较强的知识性，可以对百姓日常生活中遇到的问题和困扰进行答疑解惑的选题进行报道，特别是一些关于日常生活的小常识和小窍门的介绍，在刊出后常常能收到意想不到的传播效果。

五、提供服务

服务性是社会新闻报道的一个较为突出的特性，也是社会新闻写作中需要注重的一个方面。记者应当保持敏锐的"新闻嗅觉"，关注同百姓生活息息相关的社会热点问题，从中挑选具有广泛社会意义的选题进行报道，调动社会各方力量共同关注和解决社会热点、难点问题，帮助民众排忧解难。此外，要重视新闻热线的作用。民众拨打媒体的新闻热线，一方面是提供新闻线索，另一方面也是向媒体求助。记者应该从中挑选具有报道价值的选题，特别是一些具有典型性和普遍性的选题加以采访报道，体现媒体服务公众的社会属性。

六、舆论引导

媒体对社会舆论的走向具有重要影响，引导舆论不仅是时政新闻的要求，同样也是社会新闻的一大功能属性。如今，随着网络技术和通信技术的不断发展，以互联网为代表的新媒体蓬勃发展，使得传统大众传播媒介构建的舆论环境和舆论格局发生了深刻的变化，媒体的舆论引导也面临着前所未有的挑战。在社会新闻报道当中，媒体应该善于捕捉现实生活中的"真善美"，主动设置媒介议程，多树立道德典型，弘扬积极向上的社会风气，传递社会正能量，抨击低俗、丑陋的社会现象，从而帮助民众树立正确的道德观和价值观，促进社会主义精神文明建设，起到正面引导舆论的作用。

七、舆论监督

权力如果失去监督，就很有可能走向腐败。在当代社会，这种监督除了司法监督、行政监督、党的纪律监督，还有一种重要的监督形式，就是新闻媒介的舆论监督。随着各类新兴媒介应用的推广，民众的发言渠道不断拓宽，媒体的舆论监督也从过去的政治生活、经济生活领域逐渐渗透到社会生活的方方面面，如政府决策、法律制定、市场经济运作、行业乱象、干部腐败、权力寻租、公共安全、环境保护、社会道德、社会秩序等。对此，社会新闻报道在选题上应该更多地关注民众所热议的各类社会现象和社会问题，充分发挥媒体的监督功能。

第二节　社会新闻写作的基本原则与规范

一、真实性

真实性是新闻写作中最基本也是最重要的要求之一，它指的是在新闻报道中的每一个具体事实必须合乎客观实际，反映客观事物的原貌。新华社前社长郭超人曾经这样评价记者："记者笔下有财产万千，记者笔下有毁誉忠奸，记者笔下有是非曲直，记者笔下有人命关天。"因此，作为一名合格的记者，必须严格恪守新闻的真实性要求，保证自己笔下的新闻事实真实准确、不偏不倚。

具体而言，新闻的真实性要求包括以下几个方面：1.新闻报道中的基本要素（时间、地点、人物、起因、经过、结果等）必须真实、准确；2.新闻背景的介绍（包括事物的发展变化及其与其他事物的联系）必须真实，有据可依；3.细节描写（包括具体情节、人物语言、心理活动、思想变化等）必须真实，不能夸张渲染，不能以想象、推测代替事实；4.新闻中引用的各类资料以及引述的具体内容必须准确无误；5.要在单个事实真实准确的基础上做到整体真实，从总体上和发展趋势上把握事物的真实性，不能以偏概全，以点代面；6.新闻的分析和解释要合乎客观事实本身的逻辑，要透过现象揭示本质。

作为对时效性要求较高的新闻报道类型，社会新闻报道同样应该牢牢把握新闻的真实性原则，不能因为"抢新闻"而忽略了对事实的把关。在保证新闻事实准确无误的基础上，还应该做到客观公正，不偏不倚。这既是一种报道立场，也是一种写作规范。因为新闻的真实性不是孤立的，它是主客观的统一，本质上体现的是记者的思想、立场和依据真实所作的分析和判断正确与否。这就要求记者具备良好的逻辑思维和明辨是非的能力，在深入实际采访，获取"第一手资料"的同时，保持一个客观中立的态度，在写作过程中不要过多地加入自己的观点，更不要用想象和推测进行写作。

这种与新闻真实性密切相关的客观性原则在美国不但成为新闻报道的主导原则，而且衍生出一套具体的操作规范：1. 以倒金字塔方式在第一段简述基本事实；2. 以五个 W 报道；3. 以第三人称语气报道；4. 引述当事人的话；5. 强调可以证实的事实；6. 不采取立场；7. 至少表达新闻事实的两面。①

与此同时，新闻真实性的另一个要求就是要具体、精准，不能含混，模棱两可，在涉及具体数量的地方，要尽可能地通过采访获得精准的数字，尽量避免使用像"数日""多人""无数""许多""更多"这样宽泛的词语代替确切的数量词。

小贴士

- 在确定选题和报道角度时要坚持独立思考，避免外在因素的干扰
- 在写作过程中要做到局部真实和整体真实的统一，避免片面性和绝对化
- 在细节描写时要有章可循，有据可依，避免主观臆断和夸大其词
- 遇到争议性事件时要听取多方声音，尽量采访到没有利害关系的第三方
- 不要将自身的爱恶喜好代入报道中，要摒弃固定成见和刻板印象
- 不要用第一人称的视角进行报道，尽量剥离出自身的情感因素
- 要保持是非判断和逻辑推理的能力，不要偏听偏信
- 培养质疑意识，通过多种途径核实采访所获得的资料
- 反复核对采访记录，特别是人名、地名、机构名称、数字等信息
- 尽量使用精确的数字，不要用模棱两可或是笼统宽泛的词语代替
- 引述要有准确出处，要注明具体的消息来源
- 严格遵循记者的职业操守和职业道德，不要为了谋取利益而歪曲事实
- 严格执行稿件送审制度，增强对报道真实性的把关

---

① ［美］迈克尔·埃默里、埃德温·埃默里著，展江、殷文主译，《美国新闻史——大众传播媒介解释史》(第八版)，北京：新华出版社，2001 年版，第 865 页。

二、时效性

新闻报道对时效性的要求很高,因此也常常被称为"易碎品"。时效性可以说是新闻的生命,一个新闻事件发生后如果不及时报道,通常很快就会失去新闻价值,对于社会新闻来说尤其如此。时效一过,即使采访得再全面,报道得再详细,文笔再优美,新闻价值也会大打折扣。

在激烈的市场化竞争中,各家媒体对报道时效性的要求越来越高,抢新闻、抢头条、抢独家已经成为一种普遍现象,快速反应也成为新闻工作者必须具备的基本素质。当一个重大新闻事件发生时,记者能否跑得快、采得准、写得好,关系到一家媒体在宝贵的注意力资源争夺中所处的位置,甚至关系到媒体的生死存亡。特别是在新媒体时代,新闻时效性的重要性被提升到了一个新的高度。

由于各类社会化媒体应用层出不穷,普通民众获得了一些相对便捷的信息发布、获取和传播渠道,越来越多地参与到新闻事件的报道和传播当中。如今,一个新闻事件发生后,处于事发地点周围的民众往往能够通过手机等移动智能设备第一时间将所见所闻发布到网上,传统大众传播媒介的信息发布速度常常赶不上自媒体。由于这些自媒体平台上的信息发布不需要经过传统新闻机构的审核流程,在写作规范上也没有严格要求,经常是通过一句话、一张图片的形式进行上传,因此几乎实现了消息的"零时差"发布。这就对传统媒体的新闻报道提出了重大挑战,如何在时效性和准确性、报道速度和报道深度当中找到平衡点,成为当前每一个新闻工作者必须面对的问题。特别是在涉及国家形象或是对外宣传的重大突发事件上,如果报道速度滞后,还可能会被别有用心的媒体或机构抢占报道先机,从而丧失话语的主动权,在之后的信息发布中变得十分被动,无法达到预期的传播效果,甚至可能导致事件演化为一场舆论风波或危机。

对此,传统大众传播媒介的新闻工作者要直面当前媒介环境的变化,适应互联网的速度,在报道中加强新闻真实性的把关和新闻深度的开掘,扬长避短，以内容取胜。特别是在突发事件发生时，如地震、台风、矿难等重特大自然灾害或人为事故发生后，传统媒体应该提升反应速度，加强报道的精准度，利用自身资源优势，把握信息发布和舆论引导的主动权。一方面动作要快，在突发事件报道中要简化新闻审核流程，改变报道模式，学会运用媒体的微博、微信平台即时发布信息，如四川雅安7.0级地震发生后，微博成为地震相关信息特别是救援信息的重要发布渠道；另一方面，要采取"一事一报"制度，化整为零，将最先采到的消息即时发布出去，要学会写简短的消息，不要拘泥于传统的新闻写作样式或是贪大求全，可以运用滚动报道的方式将新闻事件做一个完整的呈现；此外，要坚持"内容为王"，在事实的准确性和报道深度上下功夫，特别是当各类信息甚嚣尘上，各种声音层出不穷，事件真相还未浮出水面的时候，传统媒体应该充分利用自身的专业优势，加强对新闻事实的追踪调查，为民众提供有思想、有深度的权威报道。

小贴士

- 培养敏锐的新闻嗅觉，增强新闻敏感，提升反应速度
- 维护新闻资源，在新闻事件发生后迅速联系采访对象
- 熟练掌握各类新闻文体的写作要领，特别是消息的写作技巧
- 在采访途中调用各类资源搜集事件的背景资料及相关信息
- 养成打腹稿的习惯，在采访和记录的过程中就开始起草稿件
- 掌握口述新闻的技巧，培养"出口成章"的能力
- 锻炼在各类环境中排除干扰，集中精力写作稿件的能力
- 学会写短新闻，坚持"一事一报"，不要贪大求全
- 突破体裁样式的局限，用滚动报道的方式展现事件全貌
- 将采访获取的素材归类存储，根据报道进展随时调用
- 时刻为手机、电脑及其他采访设备储备好充足的电量
- 随时随地保持网络畅通，多渠道跟进事件最新进展
- 通过微博、微信、客户端等新媒体平台第一时间发布信息

三、接近性

接近性是新闻价值的主要评判标准之一，它包括了地理、心理以及利害关系等方面的接近。一般情况下，离民众越近、关系越密切的事情，就越为他们所关注，新闻价值也就越大。因为人们对新闻信息的关注度，除了受重要性、新奇性、趣味性等因素的影响之外，还会受到一个很重要的心理定式的影响，那就是求近心理。人们普遍更加关心和自身密切相关的新闻，因为这类新闻对自己的生活、工作等诸多方面产生的影响更大，人们可以根据这类信息及时调整自己的行动计划。

具体来说，接近性主要包含两个层次：一是地理上的接近性，即新闻事件的发生地点或牵涉范围同读者在地理位置上较为接近；二是心理上的接近性，即新闻事件同读者的心理联系较为密切，在心理层面上对他们的冲击和影响较大，或是由于对报道对象比较熟悉，同报道对象具有某些相似点，因此产生了较强的情感呼应和共鸣。

基于上述两个方面，要想增强社会新闻的接近性，主要可以通过两种途径：一是选择和读者具有地理或心理接近性的选题进行报道，如本地发生的各类常态或突发社会新闻事件，这类报道在地方性媒体特别是都市类媒体中占比较大；二是在解读新闻事件时加入和本地情况有关联的分析和解释，如报道华北雾霾天气的时候，加入对本市天气状况的介绍，分析是否有雾霾出现的可能性，或是报道某地某种食品出现质量问题的时候，加入对本地此类食品的质量状况调查。这种处理手法在社会新闻报道中经常出现，如2011年6月7日《重庆日报》A9版的《我市发现含塑化剂问题绿茶粉》：

> 本报讯（记者 李珩 张亦筑） 昨日，市食药监局通报称，已发现广东省江门市高迪食品有限公司生产的含塑化剂问题绿茶粉进入我市个别餐饮企业。
>
> 日前，浙粤4家企业的8种产品中首次检出邻苯二甲酸酯类物质，包括广州市美益香料有限公司生产的番石榴香精、广东省江门市高迪食

品有限公司生产的绿茶粉、液态酥油和蛋牛奶香油，江门市展望食品有限公司生产的面包酵素改良剂，杭州溢香源生物科技有限公司生产的桂花香精、绿茶香精、杏仁香精。

对此，我市开展了对餐饮服务单位的专项检查，广东省江门市高迪食品有限公司生产的问题绿茶粉已进入我市渝中、江北等地的餐馆、酒楼、宾馆。对此，市食药监局再次发出紧急通知，要求各餐饮单位要根据国家公布的含邻苯二甲酸酯类物质问题产品名单，立即开展自查，禁止采购使用问题产品。已采购了相关产品的，应立即停止使用，就地封存，报告当地食药监部门进行处置。

这则短消息刊发于2011年台湾塑化剂风波爆发之时，全文只有三百字，是一则典型的涉及食品安全问题的"三段式"报道，第一段开门见山地指出含塑化剂的问题绿茶粉已进入本市，充分体现了报道同本市读者的接近性，能够迅速唤起他们的注意力；紧接着，第二段详细列举了浙江和广东检测出的含有塑化剂的问题原料名称及生产厂家，一方面对相关食品、餐饮行业的自查提供了参照依据，另一方面也让民众对此提高警惕；随后，第三段告知读者已经流入重庆市场的问题产品名称和具体流向，并发布市食药监局对餐饮单位自查和问题产品处理的通知和意见。文章短小精悍，简明扼要，涵盖的信息全面且具体，可为同类报道所借鉴。

接下来，我们来看2008年10月21日《太原晚报》A01版的《传闻柑橘生蛆　植保部门释疑》：

本报讯　"告诉家人和同事朋友暂时不要吃橘子，今年广元的橘子在剥了皮后的白须上发现小蛆状的病虫，四川埋了一大批，还撒了石灰。"近日，很多读者的手机上都收到了类似短信，不少人谈橘色变，秋冬季节大家钟爱的橘子突然没有了市场，很多人疑问：橘子究竟还能不能吃？

昨日，太原市食品药品监督局的一位工作人员说，他前几天也听到了类似的传闻，据说是四川广元地区出现了橘子病虫害，这种病虫的学名叫大实蝇，而且是大面积感染，当地政府已经出资300多万进行了填埋等处理。但是太原市的橘子究竟从哪儿来，是否已经也感染了大实蝇，还能不能食用,如果吃了感染的橘子该怎么办?他也特别想知道。

随后,记者致电太原市农业局执法大队的武队长,他说,农业局也接到不少市民的反映,而且执法大队也将该消息上报了省农业厅,经过调查核实,太原市市场上的橘子也有大实蝇,但是大家不必恐慌,这种病虫只是在树种之间相互传播,就"危害级别"而言,跟桃子、枣等水果里长的虫子差不多,这种病虫不属于全国检疫对象,属于市场补充检疫对象,市民食用时如果发现,扔掉即可,绝没有手机短信里"传说"的那样可怕。

农业局植保站的王站长说,目前太原市市场上的橘子大多来自四川广元等地,所以也有橘子感染了大实蝇,但是由于当地政府已经采取了措施,市场上感染的橘子也很少。

王站长说,大实蝇属柑橘果品寄生虫,但它不同于动物身体里面的寄生虫,所以不会造成人畜共患。同时,这种虫子具有很强隐蔽性,只有一瓣瓣撕开桔肉,才能发现米粒长短的白色蛆虫,所以很容易误食,市民在食用的时候细心点即可。王站长称,目前还没有因此而导致疾病的医学报告,但消费者还是要多加小心,尽量不要食用"蛆柑"。

据了解,对于感染了大食果蝇的橘子树,最好的办法是砍树,砍树后要进行低位嫁接,或者索性改栽其他经济作物。如果选择低位嫁接,必须一年四季加强管理,根据不同季节翻土、修枝、施肥、撒药,连续3年到5年,才能基本保证大实蝇"销声匿迹"。(贺娟芳)

这则消息刊发于2008年四川广元柑橘生蛆事件爆发之后,同样体现了新闻的接近性原则。文章第一段描述了广元柑橘生蛆事件在民众当中产生的影响,并直接抛出读者迫切想要知道的问题:橘子究竟还能不能吃?随后,记者将报道重点直接切入到对本市柑橘市场的调查上来,通过采访太原市农业局执法大队、农业局植保站等相关单位的负责人,对本市柑橘的来源、病虫害防治情况,以及大食果蝇对柑橘的危害等进行了详细介绍,同时对当时广泛传播的一些谣言和误解进行了澄清,在一定程度上能够削弱人们的恐惧心理,打消人们的顾虑,确保本市柑橘市场的稳定。

不同于上一则报道的紧凑节奏，这则报道的行文节奏较为舒缓，文笔也更为活泼，文中出现两处设问，并多次直接引述采访对象的话。这两篇报道体裁相同，选题类型相似，篇幅一短一长，行文风格迥异，但都具有很强的接近性，在具体的新闻写作过程中究竟采用哪种形式，可视版面情况而灵活选择。

四、可读性

社会新闻的阅读对象是广大的普通百姓，他们的文化程度不一，阅读兴趣较为多样化，通常是在纷繁复杂的信息中挑选自己感兴趣、觉得便于阅读、值得阅读的内容进行浏览。因此，增强新闻的可读性就显得尤为重要。

首先，社会新闻的写作要通俗易懂，使用大众化、生活化的语言叙事，文字简洁，条理清晰，行文流畅，避免艰涩、怪僻的词语和抽象、模糊的叙述。在选题、标题和文风上要注重亲和性，尝试运用百姓喜闻乐见的语言表达方式，比如在新媒体环境下出现的各类网络语言，其诙谐幽默、包罗万象、指代多元的特性，不仅丰富了人们的表达手段，同时也越来越贴近人们的阅读心态。记者在写作社会新闻的过程中，可以适当汲取网络语言中的精华，提升报道的亲和力与可读性。关于这一点，主流媒体已经开始进行积极的尝试，如"囧""给力""走起""元芳，你怎么看"等发端于网络的词汇和表达方式开始出现在中央电视台的新闻和评论节目中；《人民日报》头版头条文章《江苏给力"文化强省"》因出现网络热词"给力"而引发民众热议；人民网的评论文章《李卫民竟敢同国法玩"躲猫猫"》《"团结腐败"会不会缔造"猪坚强"？》《"红豆局长"被撤，水污染事件远未结束》等，在标题和正文中均出现了网络高频热词。

其次，社会新闻报道的丰富性、趣味性与普通民众的猎奇心理相符合，加强报道的趣味性也是提升文章可读性的一个重要途径。这种趣味性既包括选题的趣味性，同时也包括语言的趣味性。一方面，在选题时要善于捕捉社会生活中"新、奇、趣"的事件和现象，找到与读者在生活场域和思想情感上的契合点，找到与读者兴趣与需求的交汇点，这样的报道才能激发读者的阅读兴趣，吸引读者的注意力；另一方面，要尝试运用生动活泼、轻松诙谐的语言进行报道，尽量贴近百姓的阅读心理，在分析社会问题、社会现象时尽可能地从普通百姓的视角出发，增强报道的贴近性和生动性。总之，要想使读者可读、愿读，社会新闻需要做到选题新颖，行文生动活泼，要加强对新闻事实的选择，提升文字表达功力，让读者在审美的愉悦中产生兴趣与共鸣。

此外，无论是消息还是通讯写作，都可以通过体现新闻事件的戏剧性和冲突性这一方式增强可读性。在强调戏剧性和冲突性的同时，要始终秉持新闻的真实性原则，切忌过分渲染和哗众取宠，在基本内容保持不变的情况下，可在文章架构上进行灵活处理，如运用"华尔街日报体"等形式增强文章的生动性。除此之外，适当地体现人情味也是增强可读性的一个重要手段。

小贴士

- 尽量使用大众化、生活化的语言叙事
- 避免艰涩、怪僻的词语和抽象、模糊的叙述
- 尝试运用百姓喜闻乐见的语言表达方式，如新兴的网络语言
- 根据读者的阅读兴趣与阅读需求寻找选题
- 抓住与读者在生活场域和思想情感上的契合点
- 分析社会问题、社会现象时要从普通百姓的视角出发
- 文字简洁，条理清晰，行文生动活泼
- 突出新闻事件的戏剧性和冲突性
- 适当体现人情味，增强文章的亲和力

五、故事性

一则新闻要想好看，具有较强的可读性，讲好主人公的故事是关键所在。特别是在社会新闻当中，涉及的人情世故较多，因此讲故事的能

力是对社会新闻记者的一个特殊要求，尤其是在新闻通讯的写作上。

在文章架构方面，"华尔街日报体"是最易于讲故事的一种架构，它通常由四部分组成：第一部分——人性化的开头，即与新闻主题有关的人物故事；第二部分——过渡，即从人物与新闻主题的交叉点切入，将真正的新闻内容呈现在读者眼前；第三部分——展开，即集中而有层次地阐述新闻主题；第四部分——回归人物，即重新将开头的人物引入新闻，交代人物与新闻主题的深层关系。这一架构也被称为"DEE模式"，即Description（描写）、Explanation（解释）、Evaluation（评价）。

这其中，一个非常重要的部分就是对"人物"情感和经历的呈现。"讲故事"归根结底就是讲"人"，有"人"才有"故事"。要增强故事性，报道中就一定要"见人"，要通过"人"让新闻"活"起来。在绝大多数新闻事件特别是在社会新闻事件中，人是最活跃也是最主要的因素，是构成新闻事件的主体。社会新闻说到底，是报道人在社会生活中的各种表现，即人与自然、人与社会、人与人之间各种关系的变化。新闻报道里有了人的语言、动作、情感，就会变得鲜活、生动，容易唤起读者的阅读兴趣；如果只是"见物不见人，讲理不讲情"，就会变得死板、干瘪，读起来味同嚼蜡。

下面就1987年11月12日《人民日报》海外版的长篇通讯《相思正是吐黄时》为例进行讲评，该文曾获"1987年全国好新闻作品"通讯组一等奖。

相思正是吐黄时

到过闽粤沿海的人，一定迷恋那里的绿。多年前我在厦门大学读书，常常越过山坡到海里逐浪。对面朦朦胧胧的小岛是大担。海面像个硕大音箱，风顺时，国民党的广播麻麻地传过来。路边有一丛丛青翠的树，树叶实如鸭舌，光洁如洗，烈日里常在它的疏影下纳凉，或采几簇顶在头上，却一直没留意它的芳名。年前回母校，才听朋友见告：那是台湾相思。

我在香港也见到过很多这样的树。它靠海生长，嫩黄的叶子高高地翘起，在山坡上临风袅娜。西北风吹到南国的时候，才见它吐出一串串的小黄花。一位台籍青年朋友告诉我，它原是台湾之特有。多少年前，东风为媒，把台湾相思树种吹越海峡到了闽南沿海，从此落地生根，随风繁殖。闽台民间在战火离乱的年月，常常托物寄情，互相寄送，誓言相思，生死不忘。

当北国瑞雪初降的时候，香港秋风秋雨。从台海海峡彼岸传来讯号：台湾开放民众赴大陆探亲，将有成群结队的台胞，经香港走上回故乡之路。整整两天，我坐在尖沙咀中旅社的台胞接待室，认识了一副副陌生而又似曾相识的面孔，希望从这些风雨兼程的归乡客身上发现点什么。

$38 \times 365 = ?$

某天夜幕初落，我遇见一位匆匆从启德机场赶来的老人。透过陌生的眼神，我发现他的瞳孔仍像燃烧着一堆火。当他颤颤巍巍的手指取出证件时，我的眼睛一亮：那因多少次折叠而磨损的信纸里，竟然夹着一束相思树叶！

那瞬别40年的相思泪，也曾滴落在这枯黄的树叶上么？

没有人统计过台湾有多少原籍大陆的退伍军人。手头有个资料说：33年来台湾已发出75万张"授田证"给退伍的"荣民"。这数十万人中，部分因老病死，健在的仍占多数。这几年，好些人冒着坐牢的危险，辗转万里回故乡探亲。在岛内，有人穿上写着"想家"大字的衬衣沿街诉说：有人银幕日游大陆河山泪雨涟涟，有人在难以排解的思乡思亲中自尽。

38年的风雨沧桑，天若有情天亦老！往昔少艾，如今垂垂老矣！在香港中旅社这间小小的屋子里，我遇见的乡亲是回乡心情最迫切的一群。

他，张先生，这个湘西吊脚楼出来的人，长得壮壮实实。18岁被抓兵时，母亲正在病中。他一去台湾38载，从军中汰退，没有谋生技能，在小厂里打杂工，在高雄街头为人擦皮鞋，能赚几个台币？至今仍是响当当的光棍汉。想成家吗？年轻的时候没钱，年老了，哪个女子敢把终身托给这样的老兵？

张先生对我说："就算我自己被嫁到台湾去，一嫁就是38年，这回是回娘家。"我赶紧对他说:"你回娘的家。"

或许久居高雄孤冷的逆旅楼头,独对残灯太久太久,他的眼神闪过一丛暖意,我的话竟引来他声泪俱下的叙述。

小时候家里很穷。他命里不好。在家乡的农舍里,母亲紧抱着眼眶溃烂的婴儿,整夜啼哭令她不安。看不起医生,邻人告诉她用盐水或许能治好。母亲不忍心用家里仅有的粗布去擦拭孩子嫩弱的皮肤,就用舌尖一分分舔治婴儿的眼眶。孩子终于睁开了明亮的双眼,母亲张着久被盐水与脓血腐蚀而溃疡的口腔,咿呀着一个个向邻居倾吐着自己的喜悦!这情景,也就成了漂泊游子永久的记忆。

泪水从他苍老的眼眶里渗出来。我不忍心再问下去。中国的母亲,伟大的母性!可知你们各自怎样度过这么多年月? 38个中秋夜,张先生都在自己简陋的居所备上小菜独酌,桌面上为母亲留下一双空碗和筷子,对皎皎空中孤月轮,一寸相思一寸灰!

他自言识字不多,从衣袋里摸出一支笔,伸开粗糙的左手歪歪斜斜写出个式子让我看:

$38 \times 365 = ?$

朋友,你可知道这个式子的含义?在张先生的内心深处,家,从来就是渺不可及的幻想,如今,一下子变得近在咫尺了。

两位出家人

前来办手续的台湾同胞,表情各异,各想各的心事。有的早已跟亲人商量好重逢的日子,有的要回去看望正做手术的儿子,但彼此牵动的是同一根情弦:赶快回家!

没想到在这里遇见一位身披袈裟的僧人。他50多岁的年纪,一口粗重的东北口音,穿一双布巾鞋,在这衣香鬓影的人群中很引人注目。

他不苟言笑。一番对答,我始知他法号慧真,是台湾一家寺庙的和尚。他也曾是阿兵哥,后来遁入空门,一心念经,不问世事,台湾要开放大陆探亲了,寺里住持决定派人协助,慧真主动要求到香港来,协助那些平时极少出寺门的"难兄难弟",为他们带带路,跑跑腿。他熟门熟路,已是这里的常客了。

不久又进来一位年轻僧人，风尘仆仆。一开口，才知是个尼姑。她帮助一位老人办手续，一僧一尼两个出家人随便交谈起来，彼此询问是台湾哪个庙的。原来他们互不相识，为了"普度众生"，竟在香港不期而遇。

尼姑的健谈出乎我意料。一问，知她是台湾大学的毕业生。出家十几年了。她那个庙在台湾是个大庙，有1000多出家人，全世界好几个地方有分庙，平常联络用的是电传机。

我正想问她台湾何以出家人这么多，却听她侃侃说道："我们出家人也不愿当井底蛙。大陆寺庙和佛学院的情况我们知道很多师兄弟有去过峨眉山和厦门南普陀的。大陆那么多名山大川、天下名刹叫我们好羡慕。我们中学第一节地理课，老师就叫我们填大陆地图，可是大陆是什么样子呢？至今不清楚。"

何不去亲眼看看？她说等帮完99个人归乡，一定去。

看来，出家人也并非不食人间烟火。也许，他们每人都有人生的重大变故和伤心旧事，但并非万念俱灰。两岸亲人隔绝几十年，这亘古未遇的尘世悲剧，感动得连庙里和尚尼姑都下山来！

梦中大陆

50多岁的方先生带着他的年轻妻子一进门槛，我首先留意到他那头白的头发。他，山西人，妻子是台湾出生。从装束看，颇有点像"夫妻双双把家还"。

"我现在还无亲可探，我来只是想打听一下，能否找到失散40年的叔叔。"

他是个商人，这几年生意虽好，却有一桩未了的心愿：找叔叔，这是他在大陆唯一的亲人。当周围人一个个为找到失散亲人雀跃时，方先生心里益发焦虑。

"请问没有找到叔叔前，你会到大陆观光吗？"

"我完全有条件去，但是找到亲人前我不会去。光到故乡旅游有什么意思？我要探亲。"

他的妻子每日都跟着他。她，喝台湾的泉水长大，从来不知道遥远的大陆是什么样子。当她决定嫁给一个举目无亲的外省人时，父母曾经反对。她祖上是从漳州去台，但丈夫的源头在哪里？那一脉相承的归宗观念已是根深蒂固。随着儿女的出生，她担心下一代要断了根，台湾人看重的族谱，不知要如何书写。

他父母早逝。唯一的资料是老家山西临汾城外东门，叔叔曾任国民党军医，1949年南京一别，各奔东西。

我建议他给当地政府写信询问，并答应为他在内地报刊登一个启事。他欣慰了。

两岸都是家

九龙机场的候机室里，天天挤满匆匆赶路的人。有的飞内地，有的回台湾，38年物事变化，感受因人而异。

王先生的一段心路历程：

"像我这样年龄的人，还能看到白发皤然的老母是幸运，今生今世不能够留下来奉养她，又不能接走她，流一场眼泪再回台湾也心甘！"

"回到家乡，每天都有很多人来问候，30多年不见，大家好像是一下子老了几十岁。临走时那个难忘的夜晚，兄弟们聊天到三点。躺在床上怎么也睡不着。约莫过了一个钟头，起床上洗手间，经过厨房时听到里头有动静，一靠近声音就没有了。再回睡房似乎又听到了响声。迷迷糊糊睡着了，第二天起来才发现，桌上有一盘热腾腾的饺子。原来我妹妹和弟姐们为了让我吃得饱饱的上路，好不容易等我们弟兄们上床后，才偷偷到厨房里剁馅、包饺子，一直忙到天亮。一边儿赶着弄，一边担心吵醒我，怕我知道了会阻止她们。近40年的乡愁换回这些细心的动作，已经够了。"

于微深处发现的真情，真是千金难买！在张先生的心中，则产生一种超越一切的力量：

"在这有生之年，只要我的腿还跑得动，我要不停地来去，因为海峡两岸都是我的家，假如跑断了腿是我此生的命运，我也认了，也总比做一辈子孤魂野鬼好些！"

当我随几位归乡客过罗湖到深圳去时，列车奔驰在风景如画的九龙半岛上，我又看见了那一丛丛临风婀娜的相思树。台湾相思，多美的名字！一张张新认识的面孔和熟悉的相思树，在我脑中交相在印。地球上的植物当初衍生繁殖时，本无名字，人类把自己悲欢离合的故事赋予它，才使草木有情。斜风细雨打在它的树杆枝叶上，我想起了一个古老而又年轻的字眼——亲情。亲情是什么呢？当你们在一起的时候，它是欢乐；当你们分离的时候，它是辗转，是梦，是泪，是杜鹃啼血！它是"多么熟悉的声音"，它"从来不需要想起"，但"永远也不会忘记！"

远方的亲人，你听到了么？

本文的写作背景是1987年10月14日国民党中常会通过有关探亲的决议案，允许台湾民众一年赴大陆探亲一次。为展现这个重大历史转折所带来的变化，抒写台湾同胞那份深藏心中、岁月无法抹灭的浓浓乡愁，作者通过在尖沙咀台胞接待室为期两天的观察和采访，记录了几位赴大陆探亲以及前来咨询的台湾同胞的曲折故事和心路历程。

文章主题鲜明，感情炽热饱满，作者将台湾同胞的思乡之情转化为几个具体事例，通过对张先生、方先生、王先生和两位出家人的不同人生经历的讲述，生动真切地展示出台湾同胞对祖国和故乡的深深思念，将不同的人物命运紧紧串联在一起。在每一个故事当中，作者都围绕一个"情"字选材炼意，将人、事、景、理、情自然地融合在一起，引起读者的情感共鸣，感人至深。在写作手法上，作者运用托物寄情的散文笔法烘托气氛，起笔自然，行文流畅，文字优美，意蕴含蓄而深远。

文中的每一处细节，每一段描写，无不紧扣"血浓于水，两岸一家"的骨肉亲情展开，时时处处体现出强烈的人情味。在作者笔下，故乡的呼唤让一个个垂垂老者再也按捺不住内心澎湃汹涌的思乡心绪，他们或喜极而泣、老泪纵横，或语重心长、思绪万千。文章画面感十足，在作者的描述中，读者仿佛看到了一个个感人至深的回乡场景，体会到归乡人内心深处那份难以名状的家国情怀。

在讲故事的同时，作者始终不忘文章主旨，时时处处巧妙点题。为了呼应文章标题"相思正是吐黄时"，文中的开头和结尾部分多处出现"台湾相思""台湾相思树""相思树"等字眼，以"相思"开篇，以"相思"结尾，首尾呼应，由物及人，借物寄情，通过象征和隐喻巧妙地烘托情感，升华主题，可谓寓"真善美"于言外，熔"人情景"于一炉。

六、服务性

社会新闻是以百姓身边人身边事为报道对象的一类报道，其报道内容与市民生活有着天然的贴近性。因此，社会新闻报道常常承载着服务百姓生活、答疑解惑、传递知识、排忧解难的功能。一方面，社会新闻报道中有相当一部分内容是有关各类生活资讯的，可以为广大民众提供多方面的生活参考；另一方面，社会新闻报道常常将关注点落在同百姓生活息息相关的社会热点问题，特别是一些具有普遍性、典型性和广泛社会意义的热点问题上，通过报道引发社会关注，以此调动各方力量促成问题的解决，帮助民众排忧解难；此外，社会新闻报道还常常扮演着"社会大百科全书"的角色，在答疑解惑、知识普及方面发挥着重要作用。

对此，报道社会新闻的记者在选题上除了要保持对社会热点问题的敏感性，把握日常生活资讯在报道上的质与量的平衡，还要重视新闻热线的作用，从民众提供的新闻线索，特别是一些求助性线索中选取具有报道价值的选题进行报道，充分体现媒体服务公众的社会属性。此外，记者应该寻找一些能够满足读者求知心理，具有较强知识性的选题进行报道，在对百姓日常生活中遇到的问题和困扰进行答疑解惑的同时，介绍一些关于日常生活的小常识和小窍门。

另外，在当前的媒介环境下，信息传播的渠道增多，速度加快，常常会出现一些社会流言乃至谣言，甚至严重影响正常的社会秩序。对此，新闻媒体有必要及时进行澄清，化解疑惑，稳定社会情绪。在此类报道中，对于真实性和准确性的把握是至关重要的一环，在做到内容真实可信的基础上，还应适当兼顾生动性和趣味性。下面以2011年3月20日《燕赵都市报》第8版的《"谣言粉碎机"破解日本地震七大谣言》一文为例，看一看社会新闻在传递知识、破解谣言的过程中应该如何在真实性和生动性之间做到兼顾和平衡。

2008+5+12=2011+3+11，所以汶川地震＝日本地震？日本地震是"超级月亮"引起的结果？碘酒、碘盐、海带可以防核辐射？核泄漏会导致海水污染，以后的海盐不能吃了，而剩余的安全食盐有限？

9级地震、海啸、核泄漏……日本的一连串灾难引发全球关注，各种各样的流言开始传播。与此同时，惊悚、恐惧、焦虑和不安的情绪四处蔓延，我国一些地方发生抢购碘盐的现象。针对风传的各种谣言，"谣言粉碎机"网站迅速组织了"地震特辑"，对于典型的谣言进行分析和破解。

"谣言粉碎机"是泛科技主题网站果壳网的一个主题网站，它的口号是"捍卫真相与细节，一切谣言将在这里被终结"。网站的背后是一个高学历的专业团队，专职编辑秋秋是伊利诺伊大学化学方向博士后，参与"地震特辑"谣言破解的专家包括凝聚态理论方向博士生、分子生物学博士等。秋秋说，"我怀着紧迫的心情，希望尽快澄清谣言。"

2008+5+12=2011+3+11，所以汶川地震＝日本地震？

流言：2008+5+12=2011+3+11，所以汶川地震＝日本地震。

真相：2011年3月11日下午，日本发生了9.0级大地震。有网友立即联想起2008年5月12日发生在中国汶川的大地震，并发现了一个有趣的巧合：2011+3+11恰好等于2008+5+12。

其实这一点也不奇怪。要想用心制造一个巧合，简直是易如反掌。如果年月日之和不相等，月和日之和没准是相等的；如果月日之和也不相等，加上时分秒之类的或许就相等了。万一这还编不出巧合，还可以拿2011年3月11日跟玉树地震的日期比一比，或者跟唐山大地震的日期比一比……

你别说，要花工夫多试一试，还真能把几个日期都联系在一起。唐山大地震是1976年7月28日，1976+7+28=2011，是否就表明2011年大地震将会卷土重来呢？看来，制造一个阴谋论并不难。把其他几个日期也在纸上写写画画，没准也有惊人的结果。人的创意是无穷的，而数字翻过去翻过来也就只有那么几个。凑不出一个"巧合"来，反而奇怪了。事实上，人类的"证实思维"也总能让你发现各种巧合。

结论：2008+5+12=2011+3+11 并不奇怪。数字运算的方式很多，备选的地震日期也不止一个，想要制造一个"巧合"并不是难事。

日本地震是"超级月亮"引起的结果？

流言：2011年3月19日出现"超级月亮"。这一轮满月比以往要大而亮，因为它是19年来最接近地球的一次。月球的引力增大会使得地球的板块受到影响，从而诱发大规模的地震、火山、海啸等自然灾害。日本地震就是这次"超级月亮"作用的结果。

真相："超级月亮"这个术语最初由美国占星师理诺勒发明。他在自己的网站上发表了一系列文章，指出2011年3月19日的满月正处"近日点"上。那天的月亮不仅会比平时的更大、更亮，而且会引发严重的地震、火山或者其它自然灾害。

关于此次"超级月亮"引发大灾难的说法，英国《每日邮报》在其3月8日的报道中已经进行了批驳。报道援引国际射电天文学中心科学家惠勒的话称："不会有地震或是火山喷发，除非它本来就会发生。届时，地球只会经历幅度稍微偏大一点的潮汐，没什么值得兴奋的。"

相关流言最初传播并不广，经过媒体的批驳，自然也就渐渐湮没无闻了。不过，3月11日"日本大地震"发生之后，"超级月亮"引发超级地震的说法再度抬头。

结论：流言破解。"超级月亮"带来超级地震的说法没有科学依据。地月距离变化带来的引力差异，可能会给地球上带来一些诸如潮汐变化之类的影响，但目前没有任何可靠证据显示，它足以引发地震。从统计数据来看，这两者之间也没有任何关联可循。

……

碘酒碘盐海带可以防核辐射？

问题："吃碘盐"，"吃海带"，或者像某些很不负责任的人说的那样

"喝碘酒",这些方法到底能够防辐射吗?

真相:简单来说,人体吸收的碘有一半左右都储存在甲状腺里。如果人体吸收了含有放射性的碘,在甲状腺里积累,就有可能引发甲状腺癌。而事先一次性摄入大量普通碘,"占据"了甲状腺和人体其它器官,那么放射性的碘就不能被吸收,很快被人体排出去。

根据美国疾病预防控制中心的指导,这种用于防辐射的碘化钾片的使用方法是:成人一次性摄入碘化钾130毫克,儿童、婴儿等依体型大小等因素而依次减半。24小时之内不可以服用第二剂。

当然,这样高剂量的碘摄入是可能会引发伤害的,只是和辐射带来的伤害比起来,两害相权取其轻而已。因此碘片该不该吃、吃多长时间,都必须在医生指导下进行。

谣言粉碎机调查员计算了一下,按照前面说的,减轻辐射所需剂量应该是24小时内一次性服用130毫克碘化钾,相当于99.4毫克的碘元素。加碘盐的含碘量就按最大值30毫克每千克盐来计算,也就是相当于3.3千克盐。这就是说,要达到和服用碘片同样的效果,一个成人必须一次性至少吃下3.3千克盐,也就是六斤六两(儿童减半)。

更重要的是,盐吃多了也会致命!一个体重为70千克的成人,短时间内摄入70克食盐就可能出现生命危险。所以靠吃加碘盐来防辐射,压根是不可能的!

比吃加碘盐更不靠谱的说法是吃海带。根据测量,每千克鲜海带含碘最高量是2.4毫克。用上面提供的数据可以算出:要达到和吃130毫克碘片同样的效果,一个成人必须一次吃下41千克海带。这要是不撑死,也得吃得累死!

另一种说法——喝点儿碘酒来补充碘,那就是在拿生命开玩笑!口服碘单质会引起中毒,成人的致死量只有2-3克。因此,口服100毫升,也就是半杯碘酒,其中的碘单质已经足以致人死亡。

碘酒是外用的。它只在皮肤表面起消毒作用,通过皮肤吸收到体内的量很少。即便这样,它也不能用的时间太长,因为过长时间会对皮肤形成伤害。同时,请大家千万不要口服碘酒!(后略)

这篇报道刊发于日本"3·11"地震发生之后，当时关于此次地震的各类流言四起，惊恐、焦虑和不安的情绪四处蔓延，我国一些地方出现了抢购碘盐的现象，严重影响了正常的社会秩序。文章的主要内容由燕赵都市报驻京记者栗占勇编辑整理自果壳网"谣言粉碎机"栏目推出的"地震特辑"。文章结构清晰，脉络分明，基本围绕"流言/事件/问题—真相—结论"三个部分展开，通过大量事实依据和科学数据做支撑，依靠严谨的逻辑分析和推理，有的放矢地击破了当时甚嚣尘上的七大谣言。

文章内容深入浅出，语言生动诙谐，摒弃了一板一眼的"说教式"表达，运用网络语言等新兴表达方式，摆事实，讲道理，让谣言不攻自破。在"伪科"流言日渐增多且传播速度日渐加快的背景下，这种"新科普"的方式更加贴合现代人的接受心理，对于科学真相和细节的捍卫起到了重要作用，其有理有据、诙谐幽默的表达方式在知识传播的过程中收到了良好的效果，真正做到了运用科学的力量"在焦虑中澄清真伪，在混沌中明晰实质，在迷茫中指明方向"。

七、监督性

随着我国政治民主化进程的不断推进，新闻媒介的舆论监督逐渐从过去的政治、经济领域渗透到社会生活的方方面面，对社会的健康有序发展发挥出越来越重要的作用。涉及食品安全、社会保障、分配制度、住房建设、医疗卫生、文化教育、环境保护等领域的民生事件，开始逐渐成为大众传媒所关注的话题。一些侵权案件、贪腐案件、交通肇事案件等涉及百姓利益和国计民生的议题，也都被吸纳进以主流媒介为代表的大众传播体系。

随着都市类报纸的出现以及地方电视台的开播，各类媒体抢占本地读者、观众的大幕逐渐拉开。由于发行和播出区域的限制，这些媒体纷纷提出"民间性、贴近性"的办报、办刊、办台方针，由此导致大量民间议题的出现。在此之中，媒体关于食品安全、产品质量、旅游黑幕、网购陷阱、电信诈骗等涉及消费者权益和百姓生活的报道成为最能引发公众热议的事件类型。2001年中秋节前夕，中央电视台《新闻30分》对南京冠生园"陈馅月饼事件"的报道播出之后，瞬间引发了巨大的舆论反响，最终导致2002年3月南京冠生园食品有限公司正式向南京市中级人民法院申请破产，并且给整个月饼行业带来了一场危机。

此后，从食品到家具家电，再到汽车、电子产品等，关于各类消费黑幕和产品质量问题的报道纷纷成为民众关注的焦点。从"染色馒头"到"瘦肉精"事件，从"塑化剂"风波到"地沟油"事件，从达芬奇家具"造假门"到苏泊尔炊具"质量门"，短短几年时间内，这一领域就出现了数十起高强度的舆论热点事件。而有关往食品中违规添加三聚氰胺、苏丹红、福尔马林、硫黄、石蜡、增白剂等各类添加剂的事件一经曝光，往往都能引发人们的强烈关注。

对此，作为社会新闻记者，在选题上应该更多地关注民众所热议的各类社会现象和社会问题，充分发挥媒体的监督功能。这类新闻报道的线索一方面来自群众举报，另一方面来自记者的日常观察与思考，其中许多报道刊发后产生了较大的社会影响，引发人们对相关行业乃至整个产业链的反思与拷问，促成某一领域的深层次改革，比如2008年关于奶粉违规添加三聚氰胺事件的报道。以下就第19届中国新闻奖报纸通讯类一等奖获奖作品《甘肃14婴儿同患肾病，疑因喝"三鹿奶粉"所致》一文为例进行讲评（2008年9月11日《东方早报》A20版）：

9月8日，位于甘肃省兰州市的中国人民解放军第一医院泌尿科又接收了一名8个月大，来自该省岷县的患有"双肾多发性结石"和"输尿管结石"病症的婴儿，这是该院三个多月来接受的第14名患有同样疾病病例。

到目前为止，对于婴儿患病的原因还没有调查清楚，但是这些家长们反映孩子们出生后一直都在吃名为"三鹿"牌的奶粉。患病婴儿的家长们怀疑说："或许和当年安徽阜阳的空壳奶粉致婴儿成为大头娃娃一样，这次的罪魁祸首也可能是奶粉。"

记者昨日还了解到，10天前湖北省同济医院小儿科也接收了三名患有肾病的婴儿。这三名分别来自河南、江西和湖北的患儿家长也反映婴儿食用的是"三鹿"牌奶粉。

目前尚不知患儿所使用的奶粉是否为假冒伪劣产品。河北三鹿集团传媒部对早报记者表示，已派出工作人员赴甘肃调查，当地质检部门对该集团奶粉的检验显示没有质量问题。

不排除出院还有后遗症

解放军第一医院泌尿科已经接受了14名患肾结石的婴儿，到昨日为止，有6名在手术后康复出院，其余8名仍在医院治疗。

该院泌尿科首席医生李文辉介绍说，该科是在6月28日收到第一例婴儿患"肾结石"的病例。在3个月时间里，陆续共有14名婴儿因患同样的疾病住院。

据了解，这些婴儿进院时病症基本上都到了中晚期，有的甚至有生命危险。他们共同的病理特征表现为都是一岁以内的婴儿，且症状表现为双肾多发性结石，刚来的时候都是急性肾衰竭。

经紧急治疗后，目前8名婴儿已经脱离了危险，但是仍需住院两到三周进行观察治疗。至于婴儿出院后会不会有后遗症？李文辉说，目前时间比较短还不能排除这种可能，要经过以后的随访和两三个月复查后才能确定。

罪魁指向"三鹿"奶粉

据李文辉介绍，经过检查后发现，这14名婴儿中有90%以上为尿酸铵结石，这种情况在结石中非常少见，一般是因为营养不良造成，多见于儿童和老人的膀胱结石。而经过进一步检测，医院推测这14名婴儿是由于摄入的脂肪和蛋白含量比例失调，引起体内嘌呤碱代谢异常，继而产生尿酸和尿酸盐结晶，在上尿路梗阻后形成肾结石，导致肾衰竭。

医生们注意到，这些患病婴儿在没有母乳之后，都使用了品牌为"三鹿"的奶粉。李文辉分析说，因为这些婴儿最主要的食品来源就是奶粉，且都是长时间使用同一品牌的奶粉，"因此不排除与奶粉有直接的关系。"

小李8个月大的儿子也是患婴之一。小李说，儿子自从出生后因为没有母乳就一直吃"三鹿"奶粉，每 400 克一包卖 18 元，但奶粉具体什么品种记不得了。孩子七八个月时每 4 天就要吃一包。"一直这么吃，也没有想到会出问题，最近一段时间就发现孩子尿不出来。"据小李介绍，在他家附近也有几名婴儿和他儿子患同样的病。

目前有 7 名患儿的父母联名写下了申请书，上书甘肃省卫生厅，要求彻查病因。

"正规超市买的老牌奶粉"

昨日，记者从甘肃省卫生厅及该省食品药品卫生监督局了解到，前一段时间他们就已接到相关情况的汇报，正在联合多个部门调查。9 日下午，由卫生厅牵头的调查人员曾到解放军第一医院泌尿科了解情况。

甘肃卫生厅办公室的杨敬科主任介绍，卫生厅已把病理及病因样本送到国家相关的鉴定中心进行检验。鉴定结果尚未出来。

杨敬科认为，这次甘肃婴儿患病的情况根本没有当年安徽阜阳空壳奶粉严重，但因为媒体经常询问，所以决定 11 日上午召开新闻发布会向外界说明调查的进展。

南京市儿童医院泌尿外科日前也接诊了 5 名吃同一品牌奶粉患上肾病的患儿。病情严重的已转至上海治疗。其中一患儿母亲说："这个牌子（奶粉）是在正规超市里买的，价廉物美，牌子也比较老了，吃了放心。"

此前，还有山东、甘肃、安徽、湖南等地的家长告诉湖北的记者，称自己孩子也吃该品牌奶粉，出现类似症状。

厂方回应　无证据证明婴儿因吃三鹿奶粉致病

对于患病婴儿使用的都是同一品牌的奶粉，且婴儿最主要的食品也是奶粉，因此家长及医生们都怀疑婴儿肾病的罪魁祸首是奶粉。

昨日下午，记者和河北省三鹿集团取得了联系。该集团传媒部的工作人员杨爱称已经获悉甘肃有婴儿患病的情况，并且已经派出工作人员对此事进行了解。

杨爱向记者介绍，三鹿是奶粉行业品牌产品，有很多年的历史。目前还没有证据证明患病婴儿是因为吃了三鹿奶粉而致病。如果真的有这样的问题,相信质检部门会查个水落石出。

此后,杨爱又致电早报记者称,已经委托了甘肃当地权威质检部门对三鹿奶粉进行了检验,结果显示质量是合格的。

这篇报道缘起于2008年9月初,《东方早报》记者获悉甘肃、湖北等地有数名婴儿患肾病的消息后,意识到这可能是一起非常严重的食品安全事故,于是立即介入调查。通过对患儿家属、医院、省卫生厅和厂商等多个相关方的严密求证和认真采访,首次在报道中披露导致众多婴儿同患肾结石的原因可能为"三鹿"奶粉。9月11日,稿件见报后迅速地被国内外各大媒体大量转载,揭开了国内乳品行业违规添加"三聚氰胺"的黑幕,引发了一场前所未有的质量问责风暴,众多高官及企业负责人因此引咎辞职,并被追究刑事责任,该问题的曝光也推动了国内一系列法律法规的修改完善。

报道全文只有1800字,21个自然段,一共分为五个部分,第一部分为新闻事件的背景导入;第二部分介绍婴儿患病的具体情况;第三部分直接点名指出"三鹿"奶粉可能为此次婴儿患病的罪魁祸首,并引入对医生和家长的采访;第四部分引入对甘肃省卫生厅的采访,并介绍国内其他地区的相关情况;第五部分是厂商回应。全文无渲染,少铺陈,采用客观叙述的方式,摆事实,讲证据,注重多方平衡。

对于这样一篇可能引发社会轰动,同时也可能面临巨大风险的新闻通讯,记者做到了采访深入,叙述严谨。在调查过程中,记者全程录音,通过深入一线的直接采访、电话采访和借助媒介寻找线索等手段,对兰州患病婴儿家长、三鹿集团传媒部工作人员、解放军第一医院泌尿科医生、甘肃省卫生厅办公室主任、南京患儿母亲、湖北省同济医院小儿科的相关人员等进行了采访。在扎实的调查走访基础上,审慎得出"三鹿"奶粉疑为致病原的初步推测及判断。

在写作过程中,记者十分注重报道的客观与平衡,全程不直接发言,而是大量采用直接引语,通过患儿家长和医生的表述将怀疑的矛头指向"三鹿"奶粉,同时不把话说绝,使用"怀疑"、"可能"等词汇,运用"不排除与奶粉有直接的关系"这样谨慎的话语进行表述,并指出"目前尚不知患儿所使用的奶粉是否为假冒伪劣产品"。

通观这篇通讯,作者很少使用形容词和副词,几乎没有掺杂任何情感表达或是发表评价性意见,而是将采访到的事实进行客观陈述,并且没有给出盖棺定论式的最终结论。在报道过程中,记者做到了证据翔实,事实清楚,同时兼顾患儿家长、医院、三鹿集团等三方面的平衡,既报道了患儿家长和医生方面提出的质疑,又给了厂商发声的机会,这种客观和全面是社会新闻报道特别是重大社会新闻报道中需要特别注意的。

值得称道的是,该报道打破了"某奶粉"的媒体报道潜规则,顶住公关压力,公开点名报道,显现了其在监测环境方面坚守职业道德的勇气,凸显了大众传媒和记者对于社会监督的责任意识,还原了传媒的公共价值和监督角色,体现了媒体和新闻工作者的诚实、责任和勇气,弘扬了社会正气,彰显了新闻正义。报道刊出后,迅速引发了一场中国乳品行业的地震,间接挽救了无数婴幼儿的生命健康。该报道调查严谨细致,行文客观平衡,用词严格缜密,真正做到了用事实说话,是此类新闻报道的优秀范例。

八、导向性

媒体肩负着舆论引导的重要作用,其中社会新闻对社会风气的引导作用尤为突出。因此,在报道社会新闻的过程中要始终秉持正确的言论导向,善于捕捉现实生活中的"真善美",主动设置媒介议程,树立道德典型,弘扬积极向上的社会风气,传递社会正能量,抨击低俗、丑陋的社会现象,帮助民众树立正确的道德观念,增强社会凝聚力和向心力,促进社会主义精神文明建设。

如今,网络媒体迅速发展,人们的发言渠道越来越多元化,各类言论层出不穷,甚至出现审"丑"不审"美",过度渲染社会阴暗面的情况,一些社会新闻版面充斥着饱含负面情绪、低级趣味、混淆视听的虚假新闻。对此,媒体工作者应该始终保持强烈的社会责任意识,善于发掘具有社会正能量的新闻点加以报道，如爱心救助、扶贫帮困、见义勇为、舍己为人等事件，以此起到弘扬社会主旋律，凝聚和鼓舞人心的作用。如 2014 年 9 月 22 日《钱江晚报》A7 版的《出租车雨夜坠河，四轮朝天；九壮汉来不及脱衣，跳河救人》、《他患肾病 5 年却坚持卖菜捐助福利院儿童》，《重庆晨报》第 13 版的《男童头卡防盗网　老人托举 10 分钟》等，就是典型的关于见义勇为、爱心救助的选题。这类报道出现在社会新闻版面，能够很好地凸显社会正气，弘扬崇高的社会主义道德风尚。

除了对承载正能量的社会事件进行报道，有时媒体也可以在某个负面事件发生后，主动用一些正面事件和正面议题对民众的讨论和关注点进行引导。如在佛山"小悦悦"事件发生后，面对民众关于道德滑坡现象的激烈讨论，以及由此衍生出的对"扶不起的老人"现象的深刻反思，一些主流媒体开始自设议程，主动发掘一些普通民众挺身救人的典型事迹，如"退伍军人跳入珠江救人牺牲"、"女孩为救他人以身挡车右腿被撞"等，并开通编读往来，引导民众发现并说出身边的好人好事。通过这样的议程设置，起到了弘扬社会正气、稳定安抚民心、缓解社会矛盾的作用。

此外，在一些天灾人祸当中，社会新闻报道也要充分体现人文关怀，要本着以人为本的精神，在灾难中发掘人性的闪光点以及社会大家庭的温暖，在黑暗中寻找前行的动力，鼓舞民心，汇聚民力。在这样的报道中，记者的文字水平、写作功底以及思想高度能够得到淋漓尽致的展现，如第十九届中国新闻奖特别奖的获奖作品《永远和人民在一起》(2008 年 5 月 31 日《人民日报》第 01 版）就是这样一篇佳作，以下节选该通讯的部分内容进行评析：

历史将永远牢记这个时刻——
2008 年 5 月 12 日 14 时 28 分。一场强震撼动中国、震惊世界，数万生命顷刻陨落。
历史将永远铭记这个坐标——
北纬 31 度，东经 103.4 度。四川汶川，血泪之地，生民之痛，家国之难。
山崩、地裂、残垣、断壁……

危急关头，困境绝地，中国共产党人挺身而出——

他们中有干部，军人，警察，医生，教师，工人，农民，学生……

永远和人民在一起。中国共产党人带着阳光般的心，用旗帜般的双手筑起伟大的精神长城，托举起一个个生命的希望……

总有一种责任冲锋在前总有一种使命义无反顾——

和时间赛跑，困难重重却从来没有羁绊共产党人感天动地大驰援

与死神抗争，风险种种却丝毫不能阻挡共产党人气壮山河大营救

天摇！地动！山崩！

楼塌！桥断！路裂！

短短80秒，特大地震突如其来，数百万生命置于生死边缘。

这是新中国成立以来破坏性最强、波及范围最大的一次地震，人员伤亡多、抢救难度大，抗震救灾任务艰巨。

此时此刻，共产党人和人民心心相连——

胡锦涛总书记立即作出重要指示："尽快抢救伤员，确保灾区人民群众生命安全。"

震后仅仅两小时，温家宝总理急赴地震灾区，余震未消便在现场指挥抗震救灾工作。

中共中央政治局常务委员会连夜召开会议，全面部署抗震救灾工作……

灾情就是命令！时间就是生命！生命高于一切！

中共中央组织部急电要求：充分发挥各级党委的领导核心作用；充分发挥基层党组织的战斗堡垒作用；充分发挥领导干部的带头表率作用；充分发挥共产党员的先锋模范作用。

奋起在抗震一线，冲锋在救灾一线。共产党人坚决听从党的指挥和人民的召唤，筑起震不垮、压不塌的坚强堡垒。

——在成都，四川省委、省政府立即启动应急预案，迅速形成抗震救灾指挥系统，确保整个抗震救灾工作高效、有序运行。

——在绵阳，北川县委、县政府在办公楼完全损毁情况下，当即在县城旁边空地处成立应急救援指挥小组，震后第四天受灾群众初步安置

后，才搬进临时搭建的帐篷。

——在德阳，什邡市动员各级党组织成立"党员团员志愿者服务队"，近800名"党员团员志愿者"在救助服务站，接待、安置受灾群众。

——在阿坝，汶川县萝卜寨村党支部，带领全村党员用肩膀扛、双手抬、手指刨，成功解救60余名受困群众。

——在雅安，受灾地区党组织，迅速组派100多个党员突击队、抢险队、救灾队、巡逻队，投入抗震救灾一线。

——在彭州，龙门山镇宝山村党委在灾后不到1小时，立即成立抗震救灾指挥部，分设抢险突击队和群众安置、后勤保障两个工作组。

——在理县，杂谷脑镇200多名党员在地震30分钟后，自发集结在镇党委，4小时内救出26名受灾群众，12小时内将受灾群众安全转移。

1小时、1分钟、1秒钟……

和时间赛跑，共产党人紧急行动！紧急开进！

与死神抗争，共产党人紧急奔袭！紧急救援！

面对特大地震灾害，共产党人奋不顾身，临危不惧，迅速行动，以坚定的信念、无畏的气概、刚毅的品格、钢铁的纪律，成为抗震救灾的"先锋队"、灾区人民的"主心骨"、受灾群众的"贴心人"——

他们从瓦砾中爬出来，推倒残垣断壁，擦去血泪，不顾疲劳翻越狭窄河道、泥石堆和山梁，火速报告灾情。

他们在震后废墟上，不等包扎伤口，便振臂而呼，动员组织群众搏斗灾难，在风雨中挺起坚强脊梁，为灾区群众带来信心和希望。

他们主动承担起最艰苦的工作，冒雨深入村组、农户，安抚群众、搜集灾情、排查隐患，送去党和政府的关怀和温暖。

他们在亲人和群众之间、小家与大家之间，毅然选择后者，用自己最朴素、最无华的生命，诠释入党誓言。

他们把生死置之度外，在余震中搜救，在瓦砾中寻找，用爱心扫描生命的信号，抚慰生离死别的悲情。

他们穿行在倾盆大雨里，全无吃饭、喝水的念头，浑身泥水，声音沙哑，冒着生命危险打通一个个"灾区孤岛"。

他们视灾区群众为亲人，送来水米充饥、拿来衣被御寒、捧来爱心送暖，确保群众有饭吃、有衣穿、有干净水喝、有临时住处。(后略)

这篇刊登在《人民日报》头版的几千字长篇通讯由新华社记者李亚杰和人民日报记者董宏君共同完成。全文大气磅礴，事实丰富，感人至深，其中大量排比句式的运用，起到了很好的烘托气氛、渲染情绪的作用，将全文昂扬向上的主基调一次次推向高潮。

文章以情动人，却不止于抒情。记者通过深入实地的观察与采访，获取了大量真实感人的事例，并运用其出色的文笔，将地震灾区的真实状况展现在读者眼前。文中一个个鲜活生动的人物，一个个令人动容的场景，一个个扣人心弦的事件，一组组震撼人心的数字，将汶川地震发生后全国上下许许多多优秀共产党员无私无畏的奉献精神和舍身忘我的英勇行为展现得淋漓尽致，这对于灾后凝聚人心，鼓舞群众抗灾自救，体现社会温暖良善，凸显灾难无情人有情的伟大情怀，以及弘扬社会主义正能量都起到了积极作用。

第三节　社会新闻写作易犯的错误

一、事实不清

新闻是对"新近发生的事实的报道"[①]，因此事实的清晰准确是新闻报道的重中之重，也就是要注重报道的真实性。可以说，真实性是新闻的灵魂与生命，是新闻职业道德的第一准则。作为新闻工作者在新闻业务活动中要时刻以坚持新闻真实性为准绳，从采访到写作环节都要对新闻事实中的每一个细节严格把关，对写作素材进行多方核实与考证，保证新闻报道的真实、客观与全面。

---

① 陆定一，《陆定一新闻文选》，北京：新华出版社，1987年版，第2页。

随着媒介环境的变化以及媒介竞争的加剧,一些新闻从业人员为了追求市场效益,一味地求"新"求"快",意欲博人眼球,在新闻采写以及编辑、转载过程中忽视了对新闻真实性的把关,断章取义甚至故意捏造新闻,让一些不实报道见诸版面。更有甚者,一些人经不起经济利益的诱惑,导致虚假新闻、有偿新闻在媒体中频频出现,甚至出现集体报道或转发未经核实的虚假新闻的情况。

具体而言,新闻失实的主要形式有:无中生有,捏造事实;文过饰非,夸大事实;报道片面,只见树木不见森林;恶意炒作,制造新闻"卖点";未经核实转载转发;部分报道内容不准确(细节失实、数据失实、张冠李戴)等。纵观这类新闻产生的原因,主要有媒体舍本逐末,过于追求经济利益与市场效益;媒体监管机制与惩罚机制不够完善;部分媒体从业人员业务素质低下,新闻职业道德和职业操守缺失等。

在社会新闻版面,这种事实不清乃至严重失实的新闻出现的可能性往往更高。首先,社会新闻常常具有突发性,对新闻的时效性要求特别高,记者的采访准备时间比较仓促,在"抢新闻"的过程中对一些细节的核实与把控容易出现疏忽,导致报道内容与事实出现一定的偏差,特别是在网络时代,一些媒体为了"抢新闻",常常不经核实就直接转发其他网站的稿件,导致虚假新闻在短时间内快速传播。其次,社会新闻的采访对象比较多元化,他们的文化程度、表达能力、思想认知水平不一,对同一事件的观察角度和观点立场也可能大相径庭,记者从中获取的信息往往鱼龙混杂,在筛选、处理的过程中如果不能做到多方求证,就有可能让一些与事实有出入的内容见诸笔端。此外,社会新闻往往是进行中的事件,事实真相需要随着时间的推移一步步浮出水面,记者在报道过程中如果把关不严,很有可能出现过程性失实。

失实新闻的出现,不仅削弱了媒体的公信力,也严重扰乱了读者的认知和判断。在社会新闻领域,这类事实不清的新闻报道如果大范围传播,不仅会扰乱社会风气,还可能对社会秩序造成一定的影响。如《警察鸣枪八次镇住百人群殴》《新疆籍艾滋病人通过滴血食物传播病毒》《炒蒜高手掷千万买走百斤金条》《"最美钟点工"舍己救人》《武汉大三女生求职时被割肾》《一女生世博排队被强奸怀孕》《纸做的包子》等虚假新闻，有些是记者故意捏造，有些是记者把关不严，它们的共同特点就是同百姓生活有着较强的接近性，因此容易导致以讹传讹，造成不必要的恐慌，影响正常的社会秩序。

对此，记者在稿件的采访与写作过程中，要对事实性信息进行反复核实，对于关键的细节和数据要进行多方求证，对同行记者提供的资料要做进一步比对，避免偏听偏信，被一家之言所蒙蔽。编辑在审稿的过程中也要保持高度的新闻敏感，对于稿件中的可疑之处要进行反复询问与核实，避免出现事实不清乃至严重失实的情况。

二、空洞无物

社会新闻写作切忌空洞，泛泛而谈，要针对具体问题、具体现象进行报道，要言之有物，不要一味追求大而全，唱高调。因为人们阅读社会新闻主要是想关心社会上发生了哪些事情，会给自己的生活带来怎样的影响。因此，记者在采写过程中要对每一个细节进行反复斟酌，问一问自己：报道的这些内容对人们有没有帮助？人们阅读过后能够获得怎样的讯息？是否能够解开他们的疑惑？是否能够让他们了解事件的真相？是否会对他们的现实生活产生影响？要对写下的每一句话进行推敲，尽量挤出报道中那些华而不实、没有信息承载量的"水分"。

具体而言，新闻写作出现空洞无物主要有以下几种情况：

第一，报道不够具体。长期报道社会新闻的记者在写作时常常会陷入一种套路，对于特定新闻采用特定的写作架构和笔法进行谋篇布局，在报道中过多地使用套话、套句，如"在……的影响下，……已经出现了……的迹象"、"通过……活动，极大地鼓舞了……"、"在……部门的高度重视下，……正在得到有效解决"、"……深受广大群众欢迎/拥护"、"有关部门表示……"等。这种千篇一律的表达方式一方面容易让人阅读起来味同嚼蜡，另一方面容易使报道陷入空洞，缺乏具体的描述，无法给人们提供足够的信息量。

第二，辞藻过于华丽。新闻报道的主要目的是给人们提供事实信息，如果大量使用形容词、副词以及夸张等修辞手法，就容易使报道言而无物，内容空洞，失去了新闻本来的价值。新闻写作不是文学创作，不苛求文笔的优美，辞藻的华丽。一篇优秀的社会新闻报道是能够及时有效地提供真实准确的信息，对社会事件进行客观呈现，对社会中的丑恶现象进行及时披露，对可能出现的潜在风险进行预警，为人们的正常生活保驾护航，为社会的良性运转产生积极影响。社会新闻写作必须源于事实，不夸张，不虚构，杜绝"假大空"。例如描述一个欢庆的场面，如果只是大而化之地描写现场张灯结彩、热闹非凡、场面壮观，人们载歌载舞、欢呼雀跃，这样的表述文笔看似优美，语言看似流畅，但却给人一种笼统的感觉，无法让人对现场有具象的认知。如果通过采访其中的某些参与者，发掘出具有代表性和特点的人物和事件进行报道，从具体个例着墨，无须多余的辞藻，即可让读者真切地感知到现场的情况，给人以身临其境的感受。

第三，议论感慨颇多。新闻是以承载信息为主的文本形式，追求真实、客观。不同于议论文、抒情散文等文体，它主要以叙述事实为目的，不宜加入过多的议论和感慨，否则容易使报道带有主观色彩，对事实的表述不够客观公正。在采编过程中，要从已经获得的采访素材入手，合理取舍，用事实说话，或是借用采访对象的直接引语说话，让读者从事实当中领会作者的用意，得出自己的观点。切记不要在报道中直接对事件进行评论，不要把新闻报道写成新闻述评。在灾难报道中，不要一味地抒情感慨、歌功颂德，要知道人们在灾难发生的第一时间，最想知道的是有关事故原因、伤亡情况、救援情况等方面的讯息，而不是反复听到领导多么重视，现场指挥多么到位，或是一些大而空的口号。

第四，语言含糊笼统。在新闻报道中，涉及数字的内容一定要尽量给出确数，不要用"许多""无数""数人""数日""越来越多"这样笼统的表达方式代替。对于事实判断有帮助的时间、地点、人物，也要尽量明确交代，不要使用"前不久""几天前""连日来""附近""周围"这样模糊的字眼，也尽量不要使用诸如"有关部门""知情人"这样带有模糊性质的主体表述。

三、低级趣味

社会新闻取材广泛，在写作上追求大众化、平民化、通俗化。但通俗不等于庸俗，不能为了追求"眼球效应"，千方百计猎奇、猎艳，步入低级趣味与媚俗的误区。近年来，社会新闻报道出现了过度追求所谓"卖点"，过分追求经济效益，忽视社会效益的趋势。打开一份都市类报纸的社会新闻版面，或是浏览门户网站上的社会新闻栏目，常常能看到一些耸人听闻、格调低下的内容，在字里行间透露出血腥、暴力、色情的意味。

一些媒体从业人员将追求刺激、煽情效果作为社会新闻选题的出发点，热衷于报道男女私情以及凶杀、事故、车祸等负面新闻，甚至大肆报道社会生活中有悖公序良俗的离奇事件和畸形的人际关系，导致社会新闻版面充斥着偷盗扒窃、绑架勒索、卖淫嫖娼以及婚外恋、一夜情等内容，读者触目所及的不是血淋淋的车祸现场，就是触目惊心的凶杀案，抑或是不堪入目的男女畸恋。似乎一个事件越离奇，就越能受到社会新闻版面的青睐。这种对社会新闻选题的错误理解和选择，导致社会新闻日益低俗化、庸俗化、媚俗化。

除了刻意渲染血腥、暴力、色情场面以博取读者的眼球，社会新闻低俗化的另一个表现就是故弄玄虚、耸人听闻。新闻报道提倡以小见大，窥一斑而知全豹，从小事中挖掘深刻的社会意义，彰显新闻深度。但并不是所有的小事都值得报道，一些琐碎浅薄、鸡毛蒜皮的小事并不具有典型性、代表性，有时还会导致社会新闻过度娱乐化，诸如此类的新闻应该减少报道比重。此外，在一些奇闻异事的报道上，记者要进行严格筛选，不要重复报道一些无聊、无趣、无益的选题。对于涉及个人隐私以及权益侵害的新闻，特别是涉及未成年人犯罪或是权益侵害的新闻，记者在采访与写作的过程中要充分体现以人为本的精神，恪守道德和法律底线，树立社会责任意识，从人文关怀的角度报道事件，而不是一味追求"眼球效应"，将已经造成的伤害扩大化。

媒体作为"社会公器"，不能盲目地迎合大众的阅读需要，而应当引导人们树立正确的审美和阅读品味。不要让"满足读者需求"成为低级庸俗、哗众取宠的借口，不要为了追求"社会轰动"而降低选题的标准，不要为了增加点击率而报道、转载低级趣味的新闻。要关注对社会进步具有积极意义的新闻事件和新闻人物，报道真正具有新闻价值和社会价值的选题，充分发挥自身的舆论导向功能，强化内省精神和批判意识，提升媒体的品位和公信力，肩负起守望、监测、预警的社会责任，为营造良好的社会风气发挥积极作用。

四、媒介审判

"媒介审判"（trial by media）是指新闻媒介超越正常的司法程序对被报道对象所作的一种先在性的"审判预设"。关于"媒介审判"这一概念，学者陈力丹曾经给出这样的定义："所谓'媒介审判'，是指传媒超越司法程序抢先对案件涉案人做出定性、定罪、定量刑以及胜诉或败诉等结论，以煽情的语言激起公众对当事人憎恨或同情，诸多传媒联手单向度地宣传，有意无意地压制相反意见。"[①]

简单来讲，媒介审判是媒体的一种越权行为。由于社会新闻中包含许多涉警、涉案报道，这类报道常常具有非常广泛的社会影响力，能够迅速成为公众关注和热议的焦点，因此记者在报道此类新闻的过程中要特别注意自己的职业身份，尽量保持中立的态度，慎重把握语言的分寸和信息披露的尺度，合理掌握报道的客观与平衡，给涉事双方一个平等发言的机会，在满足公众知情权的同时，严格恪守法律程序，保证当事人的合法权利，不要对还未作出判决的案件进行提前预判，也不要对事件进行过分的情绪渲染。

由于司法具有独立性，在重特大案件发生时，不是每个公民都能亲临现场旁听案件审判，此时作为信息通道的媒体就有义务也有条件将案件的基本情况以及审理过程告知公众，公众也有通过媒体渠道获知最新消息的愿望。然而，一些媒体及其工作人员抓住了受众对此类报道的好

---

① 陈力丹，《2004年新闻传播学研究的十二个新鲜话题》，《新闻界》，2005年第1期。

奇心理，对一些不宜提前披露的案件细节进行公开，通过对涉案人员或是被害人的亲友及其他相关人员的采访大肆渲染情绪，在民众当中形成一边倒式的舆论气候，从而导致传媒超越司法程序对案件进行预判，甚至出现干扰司法判决、侵犯当事人权益的行为。比如部分媒体为了获取公众的注意力和关注度，将对涉案人员隐私的揭露作为博取大众眼球的"卖点"，采用"刨根问底"或"人肉搜索"的方式将涉案人员的过往经历逐一扒出，或是将其亲朋好友的相关信息公之于众，这种做法不仅可能对当事人造成不必要的伤害和困扰，同时还可能影响控辩双方的法庭辩论，干扰案件的正常审理和判决。

对此，最高人民法院在2009年12月印发的《关于人民法院接受新闻媒体舆论监督的若干规定》中，明确要求人民法院应当主动接受新闻媒体的舆论监督，同时指出新闻媒体如果对正在审理的案件报道严重失实或者恶意进行倾向性报道，损害司法权威，违反法律规定的，应当依法追究相应责任。

具体来说，媒介审判行为的表现有以下几种：（1）对案件作煽情式报道，刻意夸大、渲染某些事实；（2）报道过于片面，只呈现一方当事人对事件经过的表述和评价性观点，写作过程中只选取支持记者预判的素材；（3）在法院判决发出前即为被告人定罪，对涉案双方作出胜败诉及定量刑的推测；（4）在报道中用第一人称说话，发表带有主观色彩的导向性言论；（5）肆意煽动舆论，给审判造成压力等等。

以上几个方面是媒体在报道涉警、涉案类新闻中容易出现的涉及"媒介审判"的失当行为，除此之外，媒体在此类报道中不宜对犯罪细节进行过于详细的介绍，特别是一些可供模仿的关键性步骤，因为这些细节介绍有可能为一些不法分子所利用，成为他们实施类似犯罪的参照。这样一来，此类报道不仅没有起到打击、震慑犯罪的作用，反而会误导民众，让别有用心的人从中获得作案技巧，甚至可能导致类似犯罪的发生率在报道刊出后出现一个明显升高的情况。例如在报道超市爆炸案的过程中，记者应该把报道重点放在案件的侦破中，而不应该毫无保留地介绍有关炸弹制作、放置以及引爆等细节性信息，否则就可能为意欲实施此类犯罪行为的人提供参考。

第五章
社会新闻的写作步骤

第一节　社会新闻的标题

一、开门见山型

开门见山型标题是社会新闻中最为常见的一种标题形式，它是直接点明新闻主要内容、包含新闻核心信息的一类标题。此类标题的特点是简洁明了、信息量大、针对性强，让读者在浏览报纸和网页的时候能够对新闻报道所要传递的信息一目了然，从而选择其感兴趣的内容做进一步深入阅读，这是在"快餐式"的阅读方式下抓住读者眼球的一种方法。

从结构上看，此类标题主要分为单式题和复式题。单式题一般由一个主题构成，通过最精练的文字将新闻中最重要、最新鲜的内容提示给读者。这个主题的排版可以是一行，也可以是两行，如《儿童体检都缺锌　只为卖你保健品》（2000年8月9日《中国商报》）、《农民办张结婚证　竟被收费千余元》（新华社济南1995年12月1日电）、《雷州市渔民出海遇难　水产局领导见死不救》（1996年8月5日《南方日报》）等。

复式题一般由两个或两个以上新闻标题按一定的规律组合而成，常见的有四种组合形式：1.引题与主题的组合式；2.主题与副题的组合式；3.引题、主题与副题的组合式；4.引题、主题、副题与边题（或尾题）的组合式。此类标题不但简明扼要地介绍新闻内容，而且能够帮助读者理解新闻的背景和意义。从内在的逻辑关系上来看，引题说理，宜虚不宜实；主题叙事，宜实不宜虚；副题是对主题的解释、说明和阐述，通常也是宜实不宜虚。

这种复式题通常以多行题的形式呈现,其中最为常见的是主题加副题的组合式,例如:

南京受虐男童父母力挺养母(主题)
称其管教孩子系"无心之失" 状告男童受虐照片最初发帖人侵犯名誉隐私权(副题)

(2015年8月13日《东方早报》)

另一种比较常见的复式题是引题、主题加副题的组合式,例如:

新版"土豪金"百元大钞发行在即,验钞机还认得出来吗?(引题)
占全国市场半壁江山 温州产验钞机要全面升级(主题)
新版钞票带动千亿元市场,一大波投资机会你瞧准了吗(副题)

(2015年8月13日《钱江晚报》A12版)

此外,一些调查性报道为了吸引读者注意,会直接将调查获得的核心数据和结论作为标题,用醒目的字体标注出来,例如:

62.8%受访者对网络社交的依赖程度较强(主题)
59.7%受访者认为人们在网上"围观"时间多、交往时间少(副题)

(2015年8月20日《中国青年报》)

钱报联合浙江省质量技术监督局抽检,30个批次的结果让人大跌眼镜(引题)
近九成防晒服几无防晒功能
24.9元和1190元的,都不靠谱(主题)
大多数防晒服的效果,不如一件普通T恤(副题)

(2015年8月12日《钱江晚报》)

这种以多行题形式呈现的复式题,层次分明地交代了新闻的背景、内容和意义,承载的信息量比单式题大。在快节奏的阅读方式下,读者只需阅读标题，就能掌握新闻的核心内容。然而需要注意的是，有些报纸为了抢占市场，将标题越拟越长，甚至将报道中的主旨句完完整整地用作于新闻标题，并且用特别加粗加大的字体表示，这种不加凝练的标题形式，信息量虽然够了，却失去了新闻标题应有的概括性，在社会新闻写作中应当尽量避免。

二、问题导向型

问题导向型标题是将新闻报道的主要内容通过带有疑问的方式进行呈现的一类标题形式，它的最大特点就是能够激发读者的好奇心，意欲通过进一步的阅读获得答案。此类标题通常适用于带有调查、求证性质的报道，大多以疑问句的形式呈现，包含"是否"、"会不会"、"能不能"、"如何"、"为何"等带有疑问意味的词语。在社会新闻报道特别是生活服务类报道中，经常出现这样的标题，它们给出了问题，却没有给出答案，让人们急切地想通过阅读文章的具体内容解开心中的问号，如《中小学生是否要打这针甲肝疫苗》（1997年11月13日《光明日报》）、《北京酱油为啥脱销》（1979年12月15日《市场报》）、《深圳特区还能"特"下去吗？》（1995年7月2日《经济日报》）、《侵略者战舰摆上玩具柜台该不该？行不行？》（1996年1月4日《中国青年报》）、《读者你猜：他的职称是……》（1990年5月29日《羊城晚报》）等。

除了直接以疑问句的形式呈现，有些问题导向型标题乍一看并不是直接发问，但内容却包含了追问的意味，带有很强的悬念感，能够吊起读者的"胃口"，激发人们的阅读兴趣。例如《史小六，你不要命了》（1999年8月14日《北京晚报》），看到这个标题，人们并不知道发生了什么，但是"不要命了"这样的字眼却让人不禁为这个名为"史小六"的人捏一把汗，迫切地想知道他究竟怎么了。通过进一步的阅读，才发现原来这是一篇医院发出的"寻人启事"，一位名为"史小六"的病人为了逃脱手术费，竟然在左臂伤口带着引流条的情况下就自行离开医院，情况十分令人担忧。通过这样的标题，可以吸引更多人阅读报道的文字内容，调动更大范围的力量帮助医院寻找"走失"的病人。

又如1983年全国好新闻奖获奖作品《化肥追踪记》（1983年7月26日《农民日报》），这篇报道缘起于河南开封的一些农民来信，他们反映国家奖售给他们的化肥到不了自己手里，而集市上却有大量的高价化肥出售。对此，记者通过深入实地的走访调查，从上到下，顺藤摸瓜，揭开了国家供应的优质化肥的去向之谜，揭示出这些化肥是如何成为部分人利用手中的权力谋取私利的一种手段，向读者展示了藏在高价化肥背后的一整套利益链条。该报道刊出后，被《人民日报》等20多家报刊全文转载，新华社也播发了通稿。从标题来看，"追踪记"这三个字虽然简单，却形象生动地表现出记者的调查态度和事件的复杂程度，让读者忍不住顺着报道的节奏"追踪"下去。

当然，此类标题虽然在唤起人们的阅读兴趣方面有着特殊的效果，但如果运用不当，就难免有故弄玄虚、小题大做之嫌，使报道显得浮夸造作、华而不实。因此，在选择问题导向型标题时，一定要想清楚所选的问题是否具有报道价值，是否是整篇文章的核心内容所在。

三、华丽修辞型

华丽修辞型标题是运用比喻、拟人、夸张、反讽、借代、引用、对比、对偶、排比、双关、设问等修辞手法呈现的一类标题形式，它的最大特点就是形象生动，活泼有趣，富有文采。在当前的媒介环境下，人们的阅读呈现"快餐式"的特点，因此编辑制作标题，不仅要注意通过标题向读者介绍核心新闻事实，而且要善于运用生动活泼的形式去吸引读者阅读新闻。

以下介绍几种在新闻标题中较为常见的修辞手法：

1. 比喻：比喻是最常被运用在新闻标题中的一种修辞手法，它是用具体的、浅显的、熟知的事物去说明和描绘抽象的、深奥的、生疏的事物，具有化抽象为具体，变枯燥为生动的功能。具体来说，比喻包含明喻、暗喻和借喻三种，其中借喻是隐去本体、单述喻体的一种比喻方式，在新闻标题中最为常见，如《黄河上游水电站建设进入新阶段　胜利截流腰斩"黄龙"》（1980年1月1日《人民日报》），其中"黄龙"是黄河的喻体，但在标题后半句中并没有提到黄河，因此是隐去本体的借喻手法。这一标题用"黄龙"比喻黄河，展现出一种雄壮的气势，而"腰斩黄龙"的说法则饱含了一股豪迈之情。

2. 拟人：拟人也是在新闻标题中较常见到的一种修辞手法，通常是以物拟人，将本来不具备人性的事物变成和人一样具有动作和感情。这一修辞手法能够使标题变得鲜活灵动起来，如《"北京白鸡"在全国28个省市区"落户"》（1985年11月25日《北京日报》）、《中国实验动物"处优养尊"》（2002年5月8日《文汇报》）、《数亿只农药瓶无"家"可归》（1987年8月8日《健康报》）、《新生还没报到　行李"提前入学"》（2015年8月25日《厦门日报》）等新闻标题，将"北京白鸡"、"实验动物"、"农药瓶"以及"行李"比拟成人，用"落户"、"处优养尊"、"无家可归"、"提前入学"这样拟人化的字眼进行表述，使它们的形象立刻变得栩栩如生，赋予它们以人类一样的生命力和鲜活感。

3. 排比：排比是将三个或三个以上内容相关、结构相似、语气一致的短语或句子排列在一起的修辞手法，运用在新闻标题中能给人以整齐均衡的美感和韵律感，形成一种节奏和气势。例如：《股丰！股风！股疯？》（2007年4月17日《杭州日报》），三个"股feng"用带有强烈感情色彩的叹号和问号连接，读起来很有气势和韵律感，生动地展现了当时股市大涨、百姓纷纷投身其中的火热景象。又如：《用情筑愿　用爱筑家　用心筑就——中新苏州工业园区置地有限公司发展纪实》（2009年4月17日《人民日报海外版》），引题中使用了三个排比的词组，层层递进，一气呵成，富有感染力和表现力，对中新苏州工业园区置地有限公司的成功作了精辟的概括。

4. 对偶：对偶是把字数相等、结构相同、意义相关的两个句子或短语对称排列在一起，表示相反、相关或者相连意思的修辞手法，它同排比一样具有形式整齐、节奏分明、韵律和谐的特点，但最大的区别就在于只有两个相互对应的句子或短语。在新闻标题的制作中，对偶因其整齐的韵律、和谐的美感而深受读者欢迎，也深得记者青睐。一般来说，新闻标题中的对偶不需要像诗词当中的对偶那样保持严格的平仄对应，但也需要保证一定的节奏感和韵律感，读起来能够朗朗上口，如《李家大队户户用沼气　一年四季家家有余柴》(1981年10月12日《文汇报》)、《求奢不足介怀　共俭碍难同富》(2007年4月23日《经济观察报》)等新闻标题，在文采和韵律上就做到了较好的平衡。

5. **设问**：设问是指胸中早有主见或者定论，却明知故问，自问自答的一种修辞手法，运用于新闻标题当中，常常是为了强调某部分内容，突出新闻重点，引人注意，启发思考，让人们带着寻求答案的心理去阅读新闻。例如：《公平秤能否真姓"公"？要看校秤员是不是胳膊朝"理"弯》(1983年10月10日《新民晚报》)，这一标题同时运用了双关和设问两种修辞手法，通过自问自答的方式点明主题，同时又显得生动形象。又如：《美汞污染源自中国？环保总局：毫无根据》(2006年4月13日《第一财经日报》)，这一设问形式不仅点明了新闻主题，同时强调了基本事实。

6. **双关**：双关是指在一定的语言环境中，利用词的多义或同音的条件，有意使语句具有双重意义，言在此而意在彼。它能使新闻标题变得诙谐幽默，形象生动，一般分为谐音双关和语义双关两种形式。其中，谐音双关出现的频率较高，如《催促付款非要"半夜鸡叫"？》(2005年6月23日《新民晚报》)，报道的是通信公司半夜呼叫消费者以提醒其卡内余额的新闻，标题中的"鸡"与"机"同音，一语双关，读者看后不免会心一笑；又如《"钱"景诱人，招生"致富"？》(2006年7月11日《人民日报》)，报道内容是江西部分民办高校采用金钱奖励的方式，鼓励学生停课外出拉生源，用"钱景"替代"前景"，极具讽刺意味，吸引读者注意的同时，也能引起人们的思考。除了谐音双关，语义双关的标题同样也能给人眼前一亮的感觉，如《伏明霞"跳进"爱情海》(2002年3月26日《参考消息》)，报道的是"跳水皇后"伏明霞和时任香港财政司司长的梁锦松喜结连理的新闻，这则标题同时运用了谐音双关和语义双关两种"双关"形式，其中"跳进"是语义双关，既指代伏明霞的前跳水运动员身份，同时也形象地展现出一种坠入爱河的姿态，另外，"爱情海"同"爱琴海"是谐音双关，既生动形象，又诙谐幽默；又如《夜探"虎"穴》（1997年11月20日《福州晚报》），讲的是记者夜访有奖电子游戏机娱乐场所的所见所闻，其中的"虎"既指代"老虎机"，同时也暗含另一层含义，即赌博猛于"虎"。

7. 借代： 借代是不直接说出事物的名称，而是借用与它有密切关系的事物来代替的一种修辞手法。它与借喻的最大区别就在于借喻的本体和喻体之间具有相似性，而借代的本体和借体之间具有相关性。借代的特点是能够使事物形象化，用简洁、生动的语言唤起读者的联想。例如：《美国宇航局专访：愿中国嫦娥奔月成功》（2007年10月20日《青年参考》），借用家喻户晓的"嫦娥奔月"故事中的神话人物"嫦娥"来代替中国第一颗绕月探测卫星"嫦娥一号"，寓意深刻，引人遐想。又如：《"老鼠会"盯上了保健品——京城非法传销目击记》（1996年8月28日《健康报》），用"老鼠会"指代非法传销组织，既形象又贴切。

8. 顶真： 顶真是指用前一句的结尾词语做下一句的开头，使前后语句头尾蝉联，递接紧凑，风趣畅达。在新闻标题中偶尔能够见到这一修辞手法，并且通常是运用在引题当中，如《越穷越不买书，越不买书越没文化，越没文化越不买书，越不买书越穷 文化消费何时走出怪圈？》（2000年2月8日《信息日报》），口语化的标题回环往复，一气呵成，既揭示了事物之间的联系，又发人深省。又如《雪落金城生春风 风入山野壮豪情——省地矿局局属单位传达贯彻全局工作会议精神》（2007年1月17日《甘肃地质矿产报》），一个"风"字，恰到好处地起到了承上启下的作用，读起来酣畅淋漓，语意连贯，情感充沛，巧妙地揭示出新闻事件的意义。

除了以上介绍的几种修辞手法，在新闻标题中还可以见到许多其他的修辞手法。正是由于这些修辞手法的运用，使得新闻标题变得生动活泼，丰富多彩，引人入胜。可以说，一个好的新闻标题，不仅能够对新闻报道起到画龙点睛的作用，同时能够迅速抓住读者眼球，使读者对新闻报道形成深刻的印象。当然，在新闻标题中运用修辞手法要力求做到贴切得当，否则，如果一味刻意地追求华丽的辞藻，就可能陷入画蛇添足、故弄玄虚的写作误区，甚至可能产生歧义，收到负面的报道效果。

四、引经据典型

引经据典型标题是引用或仿拟诗词歌赋、名言佳句、历史典故、民间谚语等语言形式，借以烘托氛围，凸显优雅与灵动的一类标题形式。中国是一个诗歌大国，从古至今，人们留下了许多饱含意蕴、情感和哲理的诗词歌赋、名言警句，积累了大量的文学瑰宝。在制作新闻标题时，如果能够巧妙地套用一些古典诗词、歌赋、成语、谚语、名言、典故等，就能营造出一种特殊的意境，达到引人入胜、浮想联翩的效果。

当然，引经据典的方法如果运用得当，能够给人以赏心悦目的感觉，但倘若生搬硬套、随意拼凑，反而会弄巧成拙，令人费解，这当中的尺度拿捏，有赖于记者的文字功底和文学修养。要想制作出简洁醒目、富有文采，能够吸引读者注意的新闻标题，就必须注重平时的积累，要大量阅读古典文学作品，增强自身的文学修养；翻阅新闻业务书籍，勤于动笔善于用脑，努力在实际写作中提升标题制作水平；经常浏览各类新闻标题，博采众长，大胆创新，不断突破。

以下摘录并评析一些妙用诗词、巧取珠玉的新闻标题：

例1：今日轻舟再过小三峡　又闻两岸猿声啼不住

（新华社成都1986年8月22日电）

这篇新华社播发的短消息，介绍了小三峡的生态环境在遭受破坏后，经过一段时间的动植物资源保护，重现猿猴成群、动植物繁衍生息的美好景象。标题中借用李白的诗句"两岸猿声啼不住，轻舟已过万重山"，并对其进行加工改写，恰到好处地表达了报道的核心内容，同时又显得生动形象，给读者以鲜活的画面感，妙趣横生，浑然天成。

例2：滚滚长江东逝水　浊浪令人心忧

（2002年2月4日《楚天都市报》）

这是一则关于生态环境遭到破坏的新闻，标题中借用了明代文学家杨慎所作《廿一史弹词》第三段《临江仙·说秦汉》的开场词"滚滚长江东逝水"，在读者眼前展现出一幅万里长江波涛汹涌的雄壮画面，然而同长江之水波澜壮阔、滚滚东去的画风形成鲜明对比的是，如今的长江已是浊浪一片，令人心忧。通过古典诗词的映照，反映古今变化之大，让人形成一种巨大的心理反差，不禁为长江的生态环境所遭到的严重破坏感到担忧。

例3：春风熏得远客醉　直把店家当自家
　　　镇江饮食店热情待客真个名不虚传

（1982年12月10日《文汇报》）

此例中的主题，采用了仿拟的手法，仿造宋代诗人林升《题临安邸》一诗中的"暖风熏得游人醉，直把杭州当汴州"进行创作，描绘了镇江饮食店热情待客的情形。这种将诗词格律巧妙融入新闻标题的手法，既形象生动地阐述了新闻事实，突出了新闻的主题思想，又巧借古典诗词的情景意蕴，为标题增添诗情画意，给读者带来美好的审美感受，让人印象深刻。

例4：问渠那得清如许　为有钱塘活水来
　　　今日西湖一天可得活水十万吨

（1981年5月9日《光明日报》）

这则标题的主题仿拟了南宋文人朱熹《观书有感》一诗中的"问渠哪得清如许，为有源头活水来"，贴切且形象地展现出西湖被注入活水后波光粼粼、天水一色的美妙景象，语调抑扬顿挫，读来朗朗上口。通过诗词歌赋的仿拟，这一标题在形式和意境上都带给人美好的感受，让人感觉西湖美景仿佛浮现眼前，余味无穷。

例 5：垃圾山，垃圾山，害得居民苦不堪，不知几时搬？
　　　　臭水流，臭水流，流到大街小巷头，行人个个愁！
（2001 年 2 月 21 日《长江日报》）

该标题仿拟唐代诗人白居易《长相思》一诗中的"汴水流，泗水流，流到瓜洲古渡头，吴山点点愁。思悠悠，恨悠悠，恨到归时方始休，月明人倚楼"，生动形象地展现出垃圾无人治理令当地居民愁苦不堪的情形。题中反复和押韵的使用，既增强了的语气，又突出了主题。

例 6：知否，知否，绿消红瘦
　　　　连阴绵雨使杭州名花展上部分花卉受损
（1999 年 3 月 11 日《钱江晚报》）

该标题的巧妙之处在于仿拟了宋代女词人李清照《如梦令》中的"知否？知否？应是绿肥红瘦"，将名花展上的花朵被雨淋湿后花蔫叶卷的可怜之态诉诸笔端，既契合文意，又颇具新意。通过仿写诗词佳句，利用古典文学中的情景交融之法，为标题营造出一种特殊的意境，新意顿出，兴味陡增。

例 7：惊涛拍岸扬帆过　勇立潮头竞风流
　　　　全面快速发展的甘肃洛坝有色金属集团有限公司
（2006 年 12 月 27 日《甘肃地质矿产报》）

这则标题多处用典，其中"惊涛拍岸"来自苏轼的《念奴娇·赤壁怀古》，"扬帆过"来自刘禹锡的"沉舟侧畔千帆过，病树前头万木春"。这一引经据典的方式增添了标题的文化底蕴，增强了标题的吸引力，使得原本平实的主题变得兴味盎然。在引题当中巧妙地运用这种情景交融的写作手法，能够很好地烘托报道基调。

例8：兰佩紫　菊簪黄　千金觅红装　谁为新人做嫁裳

（1995年6月2日《中国青年报》）

这则新闻报道的主题是现代的新婚俗，即新娘的红装玉服不再需要自己穿针引线、熬更守夜地缝制，而是用"千金"购买即可。标题中巧用诗词，仿拟晚唐诗人秦韬玉《贫女》一诗中的"苦恨年年压金线，为他人作嫁衣裳"等名言佳句，令标题音韵优美，百味俱生，含蓄写意。

例9：春风得意"马蹄轻"，壮志未酬"身先去"

（1994年7月21日《长春日报》）

这则标题仿拟唐代诗人孟郊《登科后》中的"春风得意马蹄疾"和杜甫《蜀相》中的"出师未捷身先死"，报道了第十五届"世界杯"中罗马里奥等人胜利后轻松晋级，马拉多纳等人落败后打道回府的消息。古典诗词的引用使标题变得鲜活灵动，读起来朗朗上口，富有节奏感和韵律美。

例10：春蚕到死丝未尽（1995年6月9日《四川日报》）

这篇新闻报道的主要内容是我国蛹蛋白长纤维技术取得首创性研究突破，使得从蚕蛹中提取蛋白成为可能，为我国纺织工业提供了新的材料来源。标题中仿拟了唐代诗人李商隐的"春蚕到死丝方尽"，仅仅一字的改动，既贴合主题，又形象生动。

引用、仿拟诗词佳句以及历史典故的新闻标题还有很多，它们的共同特点就是通过仿造人们熟知的语言材料创作新的语句，使语言变得生动活泼、优雅灵动、形象贴切、诙谐幽默，如《本溪知何去？茫茫烟尘蔽！》(1988年8月9日《经济日报》)、《春风吹绿太湖水》(2005年8月26日《安阳日报》)、《听取"娃"声一片》(2007年9月1日《教育信息报》)、《猪以稀为贵》(2007年8月23日《南方周末》)、《如何避免"血到用时方恨少"》(2015年5月29日《中国青年报》)、《B超诊所"超"出"男儿国"》(2000年8月8日《中国妇女报》)等,皆通过对古典名句和文学典故的改写,达到让人眼前一亮的效果。

俗话说"秧好半年禾,题好一半文",这种饱含诗情画意的新闻标题,可以拨动读者的心弦,激起读者的阅读兴趣,同时也在一定程度上增强了文章的可读性和艺术感染力。反过来看,一个表意不清、欠缺文采的标题,很有可能会使一条极有新闻价值的报道从读者眼皮底下溜走。因此,在新闻写作的初始阶段,构思一个形象贴切、抓人眼球的标题,是写好一篇报道的第一要诀。

第二节　社会新闻的报道角度

一、以"快"取胜

社会新闻的发生往往具有突发性,因此采访报道的时效性就显得十分重要。尤其是在全媒体时代,互联网上自媒体资讯的快速传播,更是对社会新闻报道的迅速和准确提出了更高要求。从"快"这一角度切入,是社会新闻出奇制胜的一个重要手段。特别是在一些突发性社会新闻,以及信息被封锁的新闻事件中,如果能够率先找到报道的突破口,联系到合适的采访对象,第一时间获取独家的一手资料,快人一步发出报道,势必能够收到良好的效果。

具体而言,在报道中要想做到"快"且"准",需要注意以下几个方面:

1. 培养敏锐的新闻嗅觉,增强新闻敏感,在新闻事件发生后迅速奔赴现场进行采访,争取以最快的速度发出第一手报道。

2. 掌握各类新闻资源,在新闻采访遇到瓶颈和当事方封锁消息的情况下,能够迅速找到可以提供准确信息的信源。

3. 养成在采访途中构思稿件、搜集资料的习惯,学会"打腹稿",在各类嘈杂的环境中学会集中精力快速写作,采访后迅速成稿,缩短报道刊出时间。

4.熟练掌握消息写作技巧，熟悉各类社会新闻在写作中需要用到的基本要素和整体框架，提高采访效率，做到精确采访，以最快的速度搜集新闻写作所需的资料。

5.学会写短消息，坚持"一事一报"，将采访到的素材分批次报道，不要过于贪大求全，如果不能一次性获得关于事件的所有信息，可以随着事件的进展不断补充后续报道。

6.将采访获取的素材归类存储，暂时未用到的资料不要删除，并保留印象，以便根据报道进展随时调用。

7.时刻为手机、电脑以及其他采访设备储备好充足的电量，尽可能保持网络畅通，及时搜集、查阅相关资料，多渠道跟进事件最新进展，学会通过微博、微信、客户端等新媒体平台第一时间发布信息。

8.编辑在审稿过程中要在确保信息真实准确的基础上，提升审稿效率，在特殊情况下可以适当精简审稿流程，特事特办，让最新消息第一时间同读者见面，抢占舆论"制高点"。

小贴士

"一事一报"已经成为国内许多媒体报道专题新闻的常用方法。这种报道模式一方面可以使文章结构清晰、主体内容突出，便于读者获取核心信息；另一方面在很大程度上满足了"快"的要求，让采访所得的资讯能够以最快的速度见诸报端。

二、以"独"见长

在新闻同质化竞争日趋加剧的今天，寻找全新的报道选题和报道角度，争取独家新闻成为各个媒体在竞争中的制胜法宝。如何发掘"独家"，主要有以下几种方法：以旧见新、以小见大、虚中觅实、逆向思维、发散思维、统摄思维、全局高度等。

具体而言，在报道当中可以尝试打破固有的报道模式，寻找一些新的报道角度，挖掘一些新的写作手法和谋篇布局的方式。比如，可以从小切口切入，深入开掘，或是从平常中发掘不平常；对于司空见惯的事情可以进行逆向思维，或是提出合理质疑，看看是否能够找到新的报道角度；跳出对现象本身的思考分析，从更发散、更宏观的角度看待问题，看看是否能引申出新的内容。当然，要想发现"独家"，最重要的是要加强综合素养，学会做一个社会的"观察家"和"思想者"，从日常的生活点滴中洞悉出具有报道价值和开掘潜力的选题。

如2015年5月31日《北京青年报》A05版的《京城沙县小吃 半数"来路不明"》一文，就对人们平日里司空见惯的各类小吃店展开了深入调查，从中发现这一行业存在的诸多问题，并通过对相关负责人和业内人士的采访，对行业的健康有序发展给出理性分析及合理建议。以下是这篇报道的具体内容：

观察动机：沙县小吃、重庆小面、巫山烤鱼、万州烤鱼……京城街头巷尾，这些小馆的名字让人耳熟能详。空间逼仄、卫生脏差、价格便宜……是人们对这些餐馆大体的印象。其实，这些小馆以及所谓"地方特色"，基本无人能说清"来路"。近日，福建沙县小吃办公室负责人接受北京青年报记者采访时，更透露了令人大跌眼镜的说法：据调查，全北京估计约有1500家"沙县小吃"，约一半都是"来路不明"，真正来自沙县的"小馆子"不足800家。

沙县小吃办：经过授权才能使用我们的商标

以政府的名义成立一个"小吃办公室"，并且算一个独立的机构编制，这在全国也算是奇葩一朵——昔日名不见经传的福建沙县想靠小吃的"杠杆"撬起经济的天平。

十几年前，在县政府的鼓励下，这个资源匮乏的小县城的13个乡镇200多名干部带头创办"沙县小吃示范店"，到目前有近6万沙县农民（约占全县总人口23%）在中国各地开了约2万家沙县小吃店。以京城为例，遍布街头巷尾的黄色圆形带绿边的logo很多人都不会陌生。据沙县小吃办公室主任张鑫昨天接受北青报记者采访时介绍，2014年，沙县小吃全国年营业额超60亿元。

张鑫介绍，沙县小吃店以自主经营为主，管理模式为同业公会会员店管理，业主自愿加入协会，得到允许后才能申请使用注册商标。成为会员的小吃业主在外出经营前，可以得到政府免费职业技能培训和信息服务。张鑫说，据调查，当下北京打着沙县小吃旗号的馆子约莫有1500家左右，纳入同业公会会员制管理范围的仅有七八百户，剩下的大约一半都是"来路不明"的，至少根本不是沙县人自营的，更没有取得过注册商标使用权。

张鑫说，其实正宗的沙县人店里最常做的是"老四样"，即扁肉、拌面、炖罐、蒸饺。米、面、芋、豆腐原料独具地方特色。但目前大多数地方都打着沙县小吃的旗号把菜品本地化了，最典型的就是京城比较受欢迎的盖浇饭，其实早已经没有半点"沙县"的影子。

北青报记者昨天走进双井桥南一家沙县小吃店内，七八张桌椅摆在局促店内，只留下一个人容身的小过道，红底白字的灯箱菜单密密麻麻写着三四十种馄饨、汤面、卤味和炒饭。店内不时有苍蝇飞过，一位年轻人正在津津有味地啃着鸭头。在北青报记者采访的20分钟里，陆续有两三拨年轻人进来点餐，米饭、肉菜都已在锅里做好，来了客人只需下单，一分钟饭菜就能端上桌。

在当地无注册商标、行业标准　京城"巫山烤鱼"酷似一场乌龙阵

像沙县小吃铺天盖地一样，"万州烤鱼"和"巫山烤鱼"的招牌在京城也比比皆是。在大众点评网［微博］上，北青报记者搜索发现"巫山烤鱼"食单下有634多条商户信息，"万州烤鱼"的信息也多达近80条．那么这些"烤鱼"到底有没有来历？又是怎么从当地传入京城的呢？

北青报记者前天致电巫山县人民政府以及工商局注册登记科，接听电话的工作人员的回答让人多少有些"吃惊"，其实巫山的烤鱼根本没有那么火！这位工作人员介绍，当地虽然有一些餐馆做烤鱼，但市场并没有特别红火。他们没有考证和研究过烤鱼的历史出处，当地没有巫山烤鱼的相关商标注册，更没有行业标准。由此看来，北京大街小巷的"巫山烤鱼"倒真像是一场"乌龙阵"了。

北青报记者从万州旅游局获悉，万州烤鱼倒确实是重庆及四川的汉族传统名菜。据万州旅游局相关负责人介绍，从上世纪90年代起，烤鱼店开始在万州出现，甚至出现了烤鱼一条街。而随着三峡大坝的建设，数以万计的万州人远走他乡打拼。大多数的万州烤鱼店采用夫妻店经营，由于其成本低、操作简单，经营模式灵活，成为当时的创业选择。万州区旅游局还曾把万州烤鱼作为最具特色产品纳入三峡精品游线路中。2006年，重庆的"独一味万州烤鱼"落户北京簋街，随后"独一家万州烤鱼"、"第一家万州烤鱼"等等名号纷至沓来。据说，重庆"巫山烤鱼"也就是在这个时候混杂其中被带火的。

价格廉　成本低　易复制　呈现草根式快速成长

除了上述抢占市场的沙县小吃、万州烤鱼外，"黄焖鸡米饭"、"重庆小面"等外地中式快餐近期也迅速兴起，试图以廉价博得街头市场一杯羹。

北青报记者在采访中发现，这些小吃总的发展模式用一句话概括就是，"一家一店易复制，然后再草根式快速成长"。北青报记者在百度地图上搜索海淀区的"黄焖鸡米饭"，共显示了数十家店铺位置，其中大部分靠近写字楼、购物广场及大学等年轻人聚集地。其菜品从6元到十几元不等，一顿饭顶多花20多元就能吃饱。

然而在历经低成本扩张阶段后，行业标准和管理的问题逐渐显现。小业主本钱有限，租的店面小，环境卫生也不会太注意，街头遍地开花的沙县小吃在都市人眼里一直难以摆脱"家庭作坊"、"低档次"的标签。

其实，价格廉、成本低本不是坏事，问题的关键是滥用品牌极易导致"自毁长城"。除了上述的沙县小吃，"以万州烤鱼为例，这个草根品牌目前就是处于品牌滥用之中。"一位餐饮界业内人士一针见血地说，"现在凡是烤鱼都打出万州烤鱼的招牌，但开店的根本对万州及其餐饮一无所知，很容易把整个万州烤鱼的招牌砸掉。"

重庆小面也是类似情况。据了解，目前北京市场仅有一小部分重庆小面是注册商标的品牌加盟，更多的都没有加盟，随便谁都能开一家。大部分重庆小面只有一个单打独斗的"小门脸"，规模效益根本无从谈起。

专家观点　地方特色食品小馆缺乏资本的力量整合

"当下这些地方性特色食品小馆,主要是没有集约化的使用品牌,而是处于'小、同、散'的状态,虽然沙县当地政府成立了机构进行引导,但是市场上仍缺乏一种资本的力量进行整合。事实上,这是一种商机,也是拯救这些地方名小吃的一个出路。"中国烹饪协会会长姜俊贤表示,未来快餐业的发展,必将突出消费的便利性、安全性和营养性,同时着力打造属于自己的特色。他认为,北京的这些地方小吃混乱的、井喷式的发展现状终将面临洗牌。(来源:北京青年报　本组文/本报记者　李佳)

这篇报道层次分明,内容环环相扣,从沙县小吃到巫山烤鱼,再到其他小吃门类,层层深入地将京城小吃行业背后隐藏的诸多问题抽丝剥茧地揭露出来,指出目前这种粗放无序的发展模式存在的隐患,以及对行业发展和规模扩张可能产生的制约和影响,通过采访业内权威人士得出结论,认为京城这些地方小吃混乱的、井喷式的发展现状终将面临洗牌,未来快餐业的发展必将突出消费的便利性、安全性和营养性,着力打造属于自己的特色。

除了在调查上下功夫,记者观察社会的独到角度成为这篇报道得以问世的关键所在。作为报道社会新闻的记者,不能仅仅局限于报道事件性新闻,还需要对社会中的各类事物和现象保持高度的敏感性,要乐于并且善于观察和思考社会问题,只有这样,才能写出"人无我有、人有我优"的报道。

比如这篇报道,我们平时在街边也常常看见沙县小吃、重庆小面、巫山烤鱼等小吃店,但你有没有深入地思考过:这些店有行业准入吗?有正规加盟吗?需要统一培训吗?卫生是否达标?管理是否规范?只有带着这样的观察与思考,才能在寻常之中发现问题,发掘出别人看不见的好选题。

三、以"近"切入

社会新闻同百姓生活有着天然的接近性,因此在报道中如果能够在接近性上进行开掘，可以收到很好的报道效果。特别是在一些重大新闻事件发生后，本地媒体应该充分利用自身在地理上的接近性优势，争取快人一步，发出独家报道，这也是一些地方媒体在激烈的媒介竞争中脱颖而出的一个机会。

然而，尽管存在着地理接近的天然优势，许多地方媒体由于受到本地各类因素的影响和制约，顾虑重重，阻力大于行动，反而在一些重大事件报道，特别是负面报道和调查性报道中失声，没有利用好"接近"这一优势，有些媒体不作为的表现甚至为媒体同行和广大民众所诟病。如在"8·12天津滨海新区爆炸事故"发生后，天津的一些媒体并没有迅速反应，介入事件的调查和报道当中，不仅错失了在重大事件中抢占话语权、脱颖而出的机会，而且对媒体自身的专业性和公信力也会产生一定影响。

除了地理上的接近，还有另一个层面的接近，就是心理上的接近，这也是报道的一个很好的切入点。记者可以通过采访事件当事人、目击者等对象，最大限度地还原新闻现场。同时，应该在报道中体现同理心，可以采访有过同报道中的事件相类似的经历的人。此外，地方媒体应该在一个社会事件发生后，尽量从中挖掘出和本地读者有关联的地方，或是分析事件对本地民众日常生活以及社会秩序可能造成的影响。当然，要想实现在心理层面上的接近，最重要的是要挖掘事件中普通人物的真实故事和心路历程，用人类共通的情感拉近报道同读者之间的心理距离，晓之以理，动之以情。如2015年8月22日《中国青年报》第1版的《牺牲》一文：

侯永芳在零点之前接到了一个电话，屏幕显示是儿子的号码。她对着电话喊了半天，那头始终没人说话，只有一片嘈杂。连呼吸声都听不到。

第二天她的世界就塌了。

8月12日晚，她的儿子甄宇航在天津一处危险化学品仓库的爆炸中牺牲，距离22岁生日只有一周。

甄宇航当了4年消防兵，每次出警返回，习惯给母亲报个平安。现在，哭成泪人的侯永芳知道,那个沉默的深夜来电,用尽了儿子最后的力气。

截至8月21日,这场"特别重大火灾爆炸事故"已造成116人遇难、60人失联,其中多数是最早被派去灭火的消防员。国务院专门派出了事故调查组。天津市委代理书记、市长黄兴国表示自己负有"不可推卸的责任"。对侯永芳来说,世界已经炸成了废墟。

"航航,妈妈想死你了!"在阴沉的天空下,在殡仪馆的墙角,为儿子点亮生日蜡烛,这位在河北老家摆摊卖袜子、卖腰带为生的母亲一遍又一遍地说。

……

回家

这天晚上7点多钟,张大鹏在路边草坪上见到了他的多年战友、天津消防开发支队副支队长王吉良。

44岁的王吉良已经没有生命迹象,从后面被一个铁架压住。战友们根据衣服和头发认出了他。他是事发当晚的指挥长,也是牺牲者中职务最高的指挥员。他的战斗服与别人不同,且有一点谢顶,这使他不难辨认。

所有战士都哭了起来。他们的弟兄,一位老兵,牺牲了。

被送到医院时,王吉良的双手紧紧攥着泥土和碎草。同事们痛苦地猜测,爆炸发生时他没有立即牺牲,而是被砸成重伤,经过了痛苦的挣扎。

8月12日晚的灾难太过突然。王吉良战斗服的扣子还没系好就出了门。根据推测,他到现场后首先应该走下指挥车,进行现场观察,然后发出号令,遇上了爆炸。

出事前不久,当了25年消防兵的王吉良对同事王跃说,再过几个月自己服役期就满了,打算自主择业,感到有点累了。

爆炸将这些人或远或近的人生计划炸得粉碎。出事3天前,24岁的战士王琪给母亲打了个电话,叮嘱她把自己的旧衣服和书籍找出来,抽空要捐给贫困地区的小学。

他的父亲王义元咬着牙说:"中年丧子是人生最痛苦的事。我没有办法。"

张大鹏形容自己的心情："就是死，也得给他背出来，给家属们交代。生要见人，死要见尸。这叫带弟兄们回家。"

很难说闷爆声不断的现场有真正安全的地方。瑞海公司的办公楼只剩下框架和裸露的钢筋，很多"没有车样儿"的消防车停在附近，这也是找到生还者可能性最大的地方。

在这座危楼前，张大鹏询问和他在一起的中队长侯超："进不进？怕不怕？"

侯超回答："怕，我就不来了！"

他们决定让战士们先撤出来，自己先进去。两人开玩笑说："咱俩要是牺牲了，下辈子还做兄弟啊！"

一个红帽子和一个黄帽子，走到了这座危楼里。

在楼边，他们发现了一位战士的遗体，烧焦了。只能用衣服、用床单裹起来，"不能让他碎"。

从一辆烧毁的水罐车里，搜救者找到了两名战士的残骸，保留着爆炸时的姿势。

所有的死者或伤者，会被小心翼翼地用担架抬出，交给等候已久的急救车或殡葬车。要么是医院，要么是殡仪馆。生和死只有两辆车的距离。

19岁的消防员周倜是一个奇迹。他在事发后30多小时后的清晨被发现，喉咙在动。为免二次伤害，搜救者报告了指挥部，等到急救车到来后才敢行动。

周倜当时光着腿，穿着背心、短裤。张大鹏问他是哪个支队的，他以微弱的声音回答"开发的"。生命的回应引起了战友们七嘴八舌的惊叹："有意识，有意识！""坚持住兄弟！""别害怕，别害怕啊！"

"别跟他说话了！"有人提醒。

从周倜所在的位置到救护车，要走六七百米。这段路格外漫长，抬担架的战士换了两拨。在场的所有10个人都在护送他。他是所有失联者中第一个获救的。直到次日，北京卫戍区防化团又救出了一名50多岁的中年人。这是仅有的令人精神一振的消息了。

目送

"遗体辨认对我来说是打击最大的。"开发支队防火处监督科副科长张建辉说。

他的职责之一，就是随时出发，把战友接回来，或者认出来。他害怕接到殡仪馆的电话。

电话使他的心情格外沉重。拉开冷柜那一刻，他不太敢看，害怕真的是战友。"战友这份感情有时候比亲兄弟还要亲。见到之前，总是抱有幻想和希望"。

而一旦认出战友，感觉"幻想的肥皂泡"破灭了。

辨认消防员遗体的任务是由其战友完成的。一些服役时间较长的战士被抽调做这件事。有些家属会提供儿子的身体特征，比如身上的某颗痣。但是为免刺激家属，并不会直接请他们去辨认。

火场中的遇难者往往被烧至毁容，而这一次，有的遗体被现场的水和其他物质所腐蚀，有的出现了浮肿。其中一位被找到时腹部已经胀起。

一位战士，遗体的两个部分分别被找到后，送往了两个不同的殡仪馆，最终依靠DNA比对才对上。

张建辉说，如果面部无法识别，会根据体型、牙齿等来判断。消防战斗服耐火性好，遗体上残留的纤维或标记，也是辨认的依据。当然，最终还要靠DNA鉴定。

先找到的遗体都被送到了距离现场较近的泰达医院，后来有的直接被送到了7个安置点，包括天津市区及周边的殡仪馆。

在泰达医院一楼的创伤急救间里，遗体会先得到一些清整。负责这项工作的基本都是从各个殡仪馆赶来的志愿者。怀着对烈士的尊敬，这些志愿者在现有条件下进行清洗，比如用湿毛巾擦脸等。"让他们安心干净地走。"张建辉说。

除了心理上的安慰，这种清理有其必要性。一些遗体需要"规整"，才能装入太平间的冷柜中。

37岁的开发支队特勤五队指导员江泽国的遗体被运回时，殡仪馆工作人员想要立即拉走。两位情绪激动的战士万分舍不得，拦住了殡葬车。

协商的结果是，这两位战士一路护送指导员的遗体到了殡仪馆，亲眼看到他到了一个"好的安置地方"才放心。

烈士火化时，消防队会举行最隆重的仪式，脱帽敬礼。政府工作人员及各界群众也会赶来送行。

告别仪式上，烈士的遗体已经经过"最好的美容师"的化妆。化妆方案由消防支队和家属共同研究决定。

很多家属的要求特别简单。21岁的烈士宁子墨的父母只提了一个愿望：孩子生前喜欢手枪，希望能用纸扎两把逼真的手枪和一些子弹给儿子带走。

开发支队八大街中队指导员李洪喜的母亲说，如果搜救儿子的过程中会有危险，宁可不要搜救。她对部队领导说，儿子说过，如果在家人和弟兄们之间选择，会选择弟兄。

"我们每个战士清醒来之后都会问，第一，火灭了没有？第二，战友都出来了吗？这是一种本能的反应。"张建辉说。

因此，事故中负伤的消防员出院后，会千方百计请求要去前线，去寻找自己的战友。伤亡惨重的开发支队，陆续迎来了十几位退役的老兵——他们自发在人手较紧的中队站岗执勤，或是到医院陪床。

张建辉对记者说，从前有人劝他转业，他或许会考虑。但是现在绝不考虑。"战友们牺牲了，我们要上去，我们不能打退堂鼓"。

眼下，睡觉对张建辉来说是一件"可怕"的事情。闭上眼，他就会见到那些牺牲的战友，不是死去的模样，而是生前的点滴。他睡觉也不会关灯，"希望有一点光"。

江泽国遇难当天，两人还在支队见过面。他们十几年前在武警学院上学时就认识。8月12日下午，见面时张建辉还拿对方的头发开玩笑，说"脑门儿又亮了"。同期的几位老兵几年前就约好要一起吃饭，江泽国要请客，现在，要请客的人永远失约了。

就像甄宇航的22岁，永不再来。

"这是新中国成立以来，消防官兵伤亡最为惨重的事件。"公安部消防局副局长杜兰萍说。

本报天津8月21日电

灾难无情人有情，无论何时，人类的亲情、友情、爱情以及真诚、悲悯、思念等情感，都是最能拨动人们心弦的东西。《中国青年报》的这篇特稿通过发掘"8·12天津滨海新区爆炸事故"中令人动容的人物故事，将事故的无情与人间的真情进行对比，在灾难的映衬下凸显人性的光辉。

　　不同于文学创作，新闻强调真实客观。在《牺牲》一文中，记者通过扎实的采访，对事实进行客观陈述，文笔细腻，情感真挚，其中大量的细节描写，生动地还原了在此次事故中英勇牺牲的消防队员背后的真实人生和情感经历。正是这些有血有肉的细节描写，对读者的心理产生了巨大的冲击。

　　文中直接引述了大量的人物对话，展现出浓厚的亲情、友情、兄弟情，同时也更加拉近了同读者的心理距离。报道以消防员母亲侯永芳失去儿子甄宇航的故事开头，介绍他每次出警返回，都习惯给母亲报个平安。简单的叙述，平凡的举动，让一个富有孝心、有情有义的年轻消防员的形象跃然纸上，也更加让人对一个鲜活生命的逝去感到悲恸。"我们每个战士清醒来之后都会问，第一，火灭了没有？第二，战友都出来了吗？这是一种本能的反应。"通过消防员的表述，人们看到了一种责任感。这样的叙述贯穿文章始终，真实还原了消防队员的生活点滴，让读者对爆炸事故中牺牲的消防队员的认识由抽象变得具象。

　　在新闻价值学说中，"接近性"是指要寻找所报道的事实与读者在时间、地点、心理或者利益上的接近点。接近的因素越强，读者阅读的愿望也就越大。从读者的关切点上找角度，回答读者普遍关心的问题，提供读者欲知而未知的资讯，这就是最佳的新闻角度。《牺牲》这篇报道透过普通人的视角进行写作，落笔于平凡小事，却展现出不平凡的大爱，一方面为报道增添了人情味，另一方面也凸显了接近性原则，让读者产生强烈的情感共鸣。

四、以"深"开掘

　　社会新闻报道要想与众不同，除了选择独特的报道角度，还可以在深度上进行开掘。同样一个事件，有时候读者更喜欢看到有深度的报道，在了解事件起因和经过的同时，也知道事件的背景和影响。即使是突发性报道，读者在获知事件的最新资讯后，也常常会希望知道更多事件背后的故事，看一些关于事件的调查和分析。调查性报道和解释性报道是体现新闻深度的最为典型的报道形式，这类报道比较考验记者的采访功力，以及对社会现象的观察和认知程度。对同样一件事情的报道，用点到为止的方式交代新闻要素，还是层层剥茧式地发掘新闻背后的故事，这两种不同的报道方式产生的报道效果也不尽相同。下面以《新京报》2015年1月2日对上海外滩踩踏事故的报道为例：

当天《新京报》从A03版到A07版共五个专版报道此次事故，其中A03版是消息《上海外滩踩踏36人遇难47人伤》，采用的是"一事一报"的方式，分为"现场：人流对冲有人摔倒导致踩踏"、"救治：13人重伤多人仍在昏迷"、"救援：警方调动1200人应对踩踏事件"、"应对：上海取消所有跨年庆祝活动"四部分内容，分别介绍了事故发生的原因、伤亡情况，以及救援、处置措施等。通常情况下，这样一则消息即可告知读者关于此次事故的基本讯息，也是此类新闻报道的基本形式。

然而，为了更为深入地展现此次事故所造成的影响，让读者对此次事故有更为直观和具体的感受，同时也对事故进行调查反思，《新京报》又追加了四个版面，以专题的形式全面报道了此次事故。其中A04—A05版是一则四千多字的长篇通讯《跨不过的新年》，通过对跨年活动亲历者以及事故救援人员的采访，为人们还原了事发当晚事故现场的具体情形。大量的细节描写以及人物口述，让读者仿佛有身临其境之感，同时也为一个个年轻生命的逝去感到悲伤和惋惜。一则消息一则通讯，写作手法不同，承载的信息量也不尽相同，在很大程度上满足了读者探究事实真相的阅读需求。

在前两篇报道的基础上，《新京报》又加入了一篇对事故进行深度反思和追问的文章《十问外滩踩踏》，贯穿整个A06版和A07版。这篇报道对此次事故中人们质疑最为集中的十个方面展开追问，有质疑，有调查，有对比，有解释，有建议，具体内容包括：1.外滩客流：事发时外滩人流量多大？ 2. 信息公开：灯光秀转场是否及时通知？ 3. 交通管制：交通为何没有管制限流？ 4. 事故诱因：踩踏是否由"撒钱"引发？ 5. 警力部署：外滩警力配置是否得当？ 6. 应急举措：应急控制措施是否及时？ 7. 伤亡情况：为什么遇难者多是女性？ 8. 事故善后：伤亡人员如何救治赔偿？ 9. 事故追责：此次踩踏事故如何追责？ 10. 城市管理：特大城市缘何出现踩踏？

以第十问为例，记者提出了人们普遍关心的问题，即一线城市的管理水平应该比较先进，为何会出现如此重大的人员伤亡？文中对比了2004年北京密云迎春灯展上发生的严重踩踏事故，通过采访有关专家，分析造成这一现象的原因，同时也给出了改善和解决方案，指出应该在教育、媒体传播中加强安全教育宣传，让社会大众了解可能遇到的危机和灾难，知道如何应对及处理，在必要条件下还应该展开相关的培训和演练。

通过以上三篇稿件、五个版面的内容，《新京报》的上海外滩踩踏事故专版全方位、多角度地展现了此次事故的前因后果、来龙去脉。这种系统反映重大新闻事件和社会问题，深入挖掘和阐明事件的因果关系以揭示其实质和意义，追踪和探索其发展趋向的报道方式，满足了读者对于深度阅读的需求，使读者对事件的背景、原因和影响等有了更为深入的了解，"知其然"且"知其所以然"。这种向深度开掘的报道方式也成为当前许多媒体寻找报道突破口，彰显专业实力的最佳选择。

第三节　社会新闻写作的基本架构

一、倒金字塔结构

倒金字塔结构，又称"倒三角"结构，起源于美国南北战争和电报的运用，是消息写作中最常用的一种结构方式，多用于事件性新闻。它遵循先重要后次要的结构顺序，即倒叙的方式，首先在标题中体现新闻的核心事实信息，接着用导语概括新闻事实或体现最重要的新闻要素，然后按事实的重要性程度或读者的关心程度依次递减的顺序进行新闻主体的写作，通常一个自然段只陈述一个事实，犹如倒置的金字塔或倒置的三角形，这一结构因此而得名。

倒金字塔结构的优点在于：1.便于快速成文，能够将不同的素材组合在一篇报道当中，不需要考虑起承转合；2.便于根据版面进行编辑和删减，从后往前删除某一段落，不会影响全文的连贯性；3.便于快速浏览，可以通过跳读的方式搜寻欲知的信息，无须逐字逐句阅读。当然，这一结构也存在着一些缺点，比如形式单一，缺乏文采，缺少变化，不够生动活泼，无法充分体现记者的文字功底和文学修养等。

在社会新闻中，这一结构主要运用于消息写作，特别是在追求时效性的事件性新闻中运用较多。这类稿件事实清晰，重点突出，记者可以将采访到的素材依重要程度依次排列，而不需要过多地考虑文章架构和过渡衔接，便于迅速发稿。

倒金字塔结构的具体图示如下：

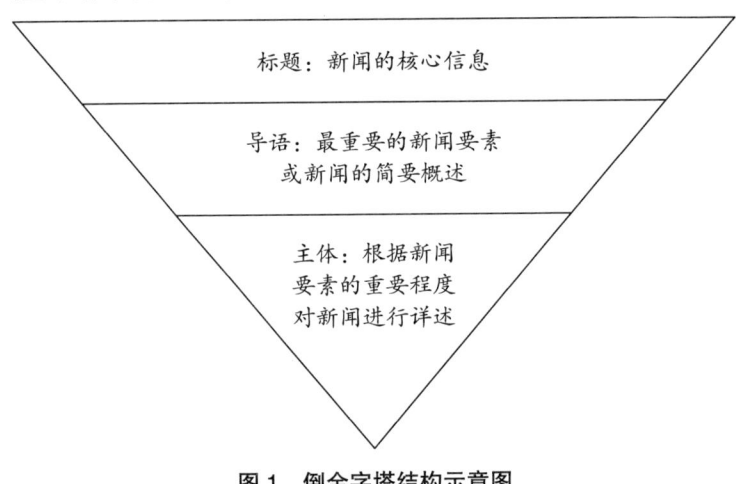

图1 倒金字塔结构示意图

- 倒金字塔结构稿件范例：

天津港爆炸事故：仍有13人失联 现场废物及污染场地清理修复方案确定

新华网天津9月3日电（记者刘林 付光宇） 3日，天津港爆炸事故进入第 23 天。记者从事故现场新闻中心获悉，截至 3 日下午 3 时，共发现遇难者人数 160 人，仍有 13 人失联，285 人住院治疗，现场废物及污染场地清理修复工作方案确定。

遇难者中，公安消防人员 23 人，天津港消防人员 73 人，民警 11 人，其他人员 53 人。

失联人员中，公安消防人员 1 人，天津港消防人员 7 人，其他人员 5 人。

住院治疗人员中，其中危重症 4 人，重症 9 人；累计出院 513 人。

已确定的事故现场遗留废物及污染场地清理修复工作方案，对清理废物及污染场地的调查评估区域、清理废物种类、清理处置步骤与方法、各类废物的去向及场地评估调查修复的步骤都做出了明确规定，对相关执行单位在清理修复过程中的安全措施、环境标准都提出了具体要求。

根据该方案，中新生态城环保有限公司承担遗留废物及污染场地清理修复的具体工作，滨海新区政府组织各区域、各部门予以协同配合。天津市环保局将协同有关区县环保部门对实施过程实施严格的环境监管，并组织专家对修复项目指导及评审。

环境监测方面，9 月 2 日 0 点至 24 点期间事故特征大气污染物监测结果显示，部分点位检出氰化氢、硫化氢、氨、甲苯、挥发性有机物等污染物，但均未超标。

空气质量常规污染物监测结果方面，事故区域周边 5 个环境空气质量自动监测站数据显示，空气质量处于一级优水平。

水质监测结果显示，9 月 2 日 0 点至 24 点期间，共现场采集水样 54 个，累计共有 27 个点位检出氰化物，4 个点位氰化物浓度超标，全部属于警戒区内污水点位，超标浓度为 0.742-2.50mg/L，超标倍数为 0.48-4 倍。事故周边区域地下水 1 个监测点位中氰化物浓度为 0.010mg/L，未超过《地下水质量标准》（GB/T14848-93）中Ⅲ类水质标准。海水 6 个点位有 5 个氰化物未检出，检出点位浓度为 0.001mg/L，达到《海水水质标准》（GB 3097-1997）中Ⅰ类水质标准。

重点区域特征大气污染物监测结果显示，24 个监测点位中 17 个点位检出挥发性有机物，浓度值均达标；各点位均未检出氰化氢、氨、硫化氢。

这篇报道是较为典型的倒金字塔结构，从标题到导语，再到主体，分三步呈递进式展开叙述，又称"三度反复"。其中，标题概括了新闻的核心事实信息，即此次爆炸事故"仍有13人失联"，以及"现场废物及污染场地清理修复方案确定"；导语对这一新闻事实进行了再次强调和补充；主体部分根据新闻要素的重要程度展开详述，依次介绍了遇难人员、失联人员、住院治疗人员的具体情况，事故现场遗留废物及污染场地清理修复工作方案的具体内容，以及事故特征大气污染物监测、空气质量常规污染物监测、水质监测、重点区域特征大气污染物监测的结果。

二、金字塔结构

金字塔结构，又称时间顺序结构，或"编年体"结构，多用于单一事件消息或事件发展进程的报道。这一结构不一定有单独的导语，通常是以细节、片段描述开头，接着按照时间顺序或者事件的发生发展顺序展开，报道的结尾往往是事件的高潮部分。

这一新闻写作架构条理清晰，现场感强，适用于故事性强、以情节取胜，且事件发展过程比较清晰明了的新闻报道，尤其适合写作现场目击记以及其他过程性报道。当然，这种写法也存在一些缺点，如文章开头往往较为平淡，难以迅速吸引读者的注意，正文部分的叙述较为平实，报道的精华部分可能被淹没于长篇的叙述之中。

在社会新闻中，金字塔结构常常被用于报道灾难和事故救援工作，通过时间轴的推进，事件的进展得以清晰、完整地呈现。采用这一结构报道新闻事件，记者在采访时思路通常较为清晰，对需要获得的写作素材有着较为明确的预判，在写作稿件时也省去了谋篇布局的功夫，可以将采访到的素材迅速拼接排序，组成一篇连贯流畅的稿件，做到了快采、快写、快发。

金字塔结构的具体图示如下：

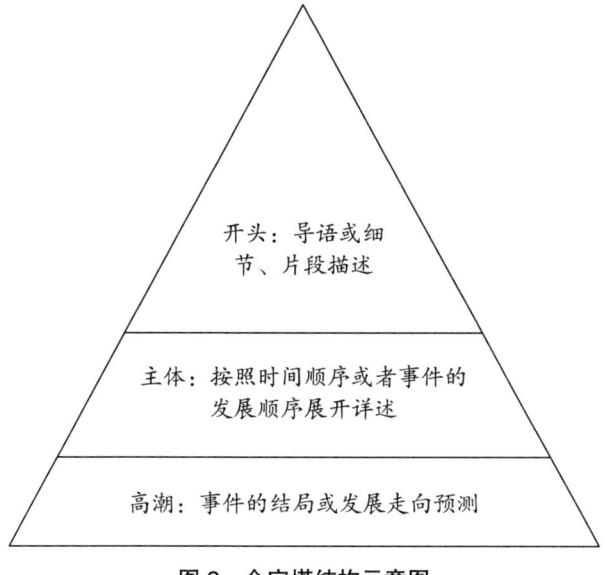

图 2　金字塔结构示意图

• 金字塔结构稿件范例：

为了被困矿工，救援和时间赛跑

8月19日3时58分，淮南市谢家集区东方煤矿发生井下爆炸事故，初步核实事故地点位于-520米C13采掘工作面，当班入井人数39人。事故发生后，12人安全升井，27名矿工被困。省委书记张宝顺要求全力以赴抢救井下被困人员。省长王学军、副省长杨振超等赶赴现场指导救援工作。

时间：上午7时20分矿业救护大队先下井

昨天上午7时20分，记者在东方煤矿看到，矿内已停了许多救护车、消防车和淮南矿业救护大队的车。"我现在只能等待，希望井下被困的工人们都能安全上来。"120急救中心的贺医生告诉记者，"刚才从井下救上来一名矿工，生命体征正常，自己可以行走，只是双手被严重烧伤"。随后，贺医生将这名矿工送到医院，又迅速返回矿内待命。

记者了解到，事故发生时，有12名矿工在距离通道下面200-300米的地方，了解到井底发生爆炸后，迅速从井口撤离。"目前已经救出12人，井下还有27人失去联系。"淮南市谢家集区安监局副局长吴智勇说。

记者注意到，东方煤矿的井口上方井架约有20米高，待命的消防战士在井架西侧站成一排。"矿业救护大队的人已经先下去了，他们救援更加专业。"一名消防人员说，他们在井上做保障，随时准备增援。

时间：上午9时40分下井救援人数要记录

上午9时40分，近10名矿工来到矿灯房，登记领取矿灯。"下面的救援工具不够用，我们要送下去。"一名矿工戴好矿灯后说。不多时，升降机从井下升上来，几名矿工扛着成捆的锹把与锹头，乘坐升降机下井救援。井口处，一名男子在本子上，仔细把下井人数记录下来。

记者注意到，井口有两名腰间佩枪的民警守候。刚才下去救援的人中，有一名是矿上的工程师，"他是我们暂时控制的人，我们要在这儿等他上来。"民警说。

时间：上午10时36分友矿工人也来支援

上午10时36分，守在井口的记者看见，一批身穿橘红色救援服的救援人员从井下上来，人人脸上都沾着煤灰。他们把身上的救援装备卸下后，坐在一块空地的石堆上休息，猛喝着矿泉水。几名救援人员显得很疲惫。在煤矿办公楼前，一名技术人员拿着图纸，指导着3名救护人员如何科学施救。随后，又一批救援人员下井救援。

时间已是中午，许多被困矿工的亲属仍在矿门口守候着，希望能迟早看到亲人。

下午1时，26名矿工来到井口对面的屋子里待命，他们来自当地另外一家煤矿，随时听候命令下井增援救人。

时间：下午5时35分距被困矿工越来越近

下午4时06分，一辆货车拉来许多风带，十多名矿工把风带运到井口。"风带是给井下通风用的。"一名矿工说。

下午 5 时 35 分，事故现场一名救援指挥人员说，由于瓦斯爆炸导致坑道塌方，救援人员从上午开始分批连续下井工作。由于矿井整个风机点的风机因坍塌导致停电，给救援带来较大影响。最新的监测数据显示，目前井下的瓦斯浓度稳定，检测数值 0.6%（1.5% 以下属于安全）。救援人员正争取尽快打通救援通道，截至昨晚 9 时 10 分，已经打通到 -504 米处。

……

(2014 年 8 月 20 日《新安晚报》A04 版)

这篇稿件主要报道了谢家集区东方煤矿井下爆炸事故救援工作的进展情况，按照时间顺序对救援过程进行详细介绍，是较为典型的金字塔结构。报道以四个重要的时间节点作为小标题对文章进行分隔，通过细致入微的描写，以及几乎每个段落开头都会出现的表示时间节点的词语，展现出紧锣密鼓的现场救援情况，透露出一种时间上的紧迫感。由于截稿时救援工作并未取得实质性进展，因此文章最后并没有出现一个诸如被困人员被成功解救的高潮部分，而是指出救援通道"已经打通到 -504 米处"，接着用一定篇幅介绍了此次事故的基本情况，包括爆炸时间、爆炸位置、爆炸原因、救援方案等。

三、沙漏式结构

沙漏式结构与倒金字塔结构有着一定的相似之处，它们通常都是在报道的开头以导语或是概述的形式展示核心新闻信息，不同的是之后倒金字塔结构是按照新闻价值递减的原则安排写作素材，而沙漏式结构则是按照时间顺序或事件发展顺序展开报道。因此，它也可以被称作倒金字塔结构和金字塔结构的结合体。

沙漏式结构既能在导语中简洁醒目地介绍或描述最关键的新闻要素，起到吸引读者注意的目的，同时又能按照人们的认知顺序将新闻事件进行具体、生动的展现。它主要运用于事件性新闻报道，尤其是在消息中使用较多。通常新闻事件要具有戏剧性的情节，并且这些情节可以按照时间顺序叙述出来。这一结构的优点在于按照时间顺序或事件发展顺序叙述的内容增加了文章的故事性，弥补了倒金字塔结构形式单一、缺乏变化等不足。当然，这一结构也存在着一些缺点，如正文中展开详述的内容可能会重复文章开头提到过的关键信息，若处理不当，可能会使文章显得冗长、累赘。因此，在处理这部分因时间进程重合而二次出现的内容时，应该适当地转变表达方式，尽量补充一些之前没有展示的细节性信息，让叙述变得新鲜、生动。

在社会新闻中，这一结构常常被运用于犯罪或灾难新闻的报道，在带有调查性质的社会新闻中，也经常可以见到这种报道形式。在这类报道的写作过程中，通常是在第一自然段先将案件的结果或是灾难的后果进行概述，引起读者的阅读兴趣之后，再将事件的具体情节娓娓道来。

沙漏式结构的具体图示如下：

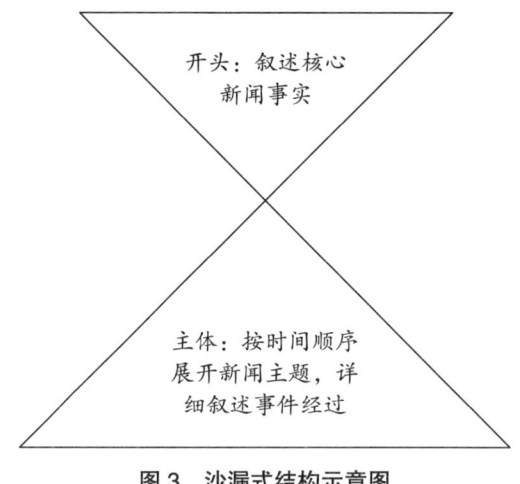

图3　沙漏式结构示意图

● 沙漏式结构稿件范例：

与时间赛跑的生命大营救

新华网湖北监利6月2日电　"有人上来了。"2日15时08分，在露出水面的沉船底部平台，顺着一名工作人员手指的方向，一名穿着救生设备的年轻小伙子从水里露出。救援人员马上用棉被将他包裹起来，抬上担架，一旁待命的医疗海巡船迅速送往岸边等候的救护车……

此时，离事件发生已经接近18个小时。现场在有条不紊地进行一场与时间赛跑的生命大营救。

被救小伙子的救生设备，是一名叫官东的潜水员脱下后给他穿的，在潜水员的帮助下，他穿着救生装备自行浮出了水面。

6月1日21时多，一艘载有456人的游轮在长江湖北监利段翻沉，事故牵动亿万人的心。救援人员发现，船中仍可能有幸存者，便往船里灌输氧气，生命探测仪伸向船底。

（6月2日，编者注）14时46分，多名潜水员陆续下水，3根绳子绑住救援人员及设备，放入江中。武警总医院的医务人员拿着担架和被子，站在沉船底部平台，随时准备救援。停在岸边的12242号海巡船紧急驶往沉船附近，准备运输随时可能被救出的幸存者。旁边另2艘船迅速驶离，让出救援通道。靠近岸边的另一艘海巡船，也紧急驶向沉船位置附近待命。

15时08分，一位年轻小伙子从水中浮出获救。在医疗海巡船上，医生对这名小伙子进行初步检查后，由停靠岸边的救护车转移到医院进一步治疗。

就在这时，现场有人喊："又上来一个！"大家一看，发现是位潜水员。这名潜水员说，获救小伙子今年21岁，重庆人，发现他时，他正蜷缩在一个气垫层内，空间很狭窄，一片漆黑。由于船体结构很复杂，他们花费很长时间才走出气垫层。

"怎样才能让小伙子上岸？"他和另一名叫官东的潜水员商量后，由官东将自己的救生设备给这名小伙子，让小伙子自己游出水面。官东自己则不用救生设备，浮游出水。

在监利县人民医院，武汉大学中南医院的医生对获救小伙子进行了详细检查和观察，目前这个小伙子生命体征平稳，神志清醒。

15时20分许，天空下起大雨，救援工作面临不利影响，但生命大营救仍在紧张有序进行。

这是一篇较为典型的沙漏式结构的社会新闻报道，介绍的是"6·1东方之星旅游客船倾覆事件"的救援进展情况。报道开篇用直接引语"有人上来了"迅速抓住读者眼球，接着向人们展示了报道的核心事实信息，即经过紧张的救援工作，在6月2日15时08分，一名年轻小伙子被成功救出，并被抬上担架，由在一旁待命的医疗海巡船送到在岸边等候的救护车上。

文章第二自然段是一个过渡衔接的段落，用"此时，离事件发生已经接近18个小时"，以及"现场在有条不紊地进行一场与时间赛跑的生命大营救"，将时间切回到事发的6月1日晚上。接着，报道按照时间顺序展开，详细介绍了事故救援的具体情况，并通过参与救援的潜水员口述，还原了年轻小伙被发现和获救的具体过程。值得一提的是，在表述这个同文章开头重复的事实性信息时，记者采用了不同的表达方式，并且补充了"在医疗海巡船上，医生对这名小伙子进行初步检查"这一前文未提及的信息，这是一种比较好的处理方式，使读者不觉得是在读一段重复的内容。

在文章的结尾处，记者这样写道："15时20分许，天空下起大雨，救援工作面临不利影响，但生命大营救仍在紧张有序进行。"这样的开放式结尾给了人们期盼和想象的空间，也为后续报道的展开留下了伏笔。

四、悬念式结构

悬念式结构又称兴趣累积型结构，此结构通常在文章开头或是标题中设置悬念，引起读者对报道的浓厚兴趣，在正文部分通过叙述逐渐提升人们对事件和人物的关注度，不断烘托气氛，锁定人们的阅读兴趣，直到文章末尾再揭开悬念，形成整篇报道的高潮。由于报道内容的趣味性从导语到结尾部分呈递增状态，并且从头到尾围绕着悬念展开，这一结构因此而得名。

悬念式结构尤其强调将最精彩的、出人意料的内容置于文章的结尾部分，是一种比较特殊的结构方式。它通常被运用于事件通讯或是人物通讯当中，被报道对象本身需要具有一定的冲突性和特殊性，便于设置悬念。

在资讯纷繁复杂的情况下,这种行文架构容易激发起人们的阅读兴趣,让读者抱着一种"打破砂锅问到底"的追问心态阅读文章。当然,运用这一架构进行新闻写作时,需要特别注意把握悬念设置的"度",避免过犹不及,最后变成故弄玄虚、小题大做甚至是无中生有。如果这样,反而会使文章的节奏过于拖沓,文风过于浮夸,令读者放弃对正文内容的阅读。

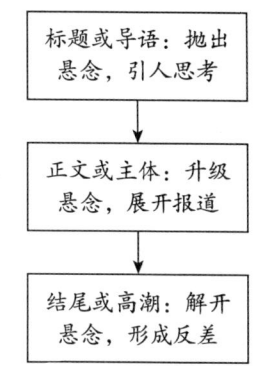

图4 悬念式结构示意图

悬念式结构的具体图示如图4。

• **悬念式结构稿件范例:**

他是顺德第二建筑设计院院长,经手设计的一座座格调新颖的建筑物令人激赏,法国投资者特邀他设计巴黎"中国城"。

读者你猜:他的职称是……

本报讯(记者王华基) 人们称他为"鬼马浩"的广东顺德县第二建筑设计院院长梁昆浩,近日又前往法国巴黎,指导正在那里兴建的一座"中国城"的施工。这项在世界上称得上规模宏大的极具特色的工程,全部建筑、装修设计均出自这位自学成才者之手。

现年46岁的梁昆浩,小学毕业后便随父当"泥水仔"。在实践中长期坚持自学,使他的建筑设计走向世界。在南粤大地,一座座格调新颖的建筑记录着他闪光的轨迹:

——他参与设计的"顺德旅游贸易中心",吸取香港"新世界"的格局和广州白天鹅宾馆的内庭特色。设计得气魄宏伟,外国游客见了连声称赞"不可思议!"

——采用并列式庭园组合处理,体现岭南庭园艺术风格的珠海宾馆,曾获国家优秀设计银质奖。他是该工程的主要设计者之一。

——集城廓之雄、园林之美于一体,成为珠海游览一景的"九洲城",曾获省优秀设计三等奖。他也是主要设计者之一。

——由他主持设计的顺峰山仙泉宾馆、海南琼苑宾馆等,都以其诗情画意和非凡气派,令人赞叹不已!

可是谁会想到,取得如此巨大成就的梁昆浩,至今仍是一个助理建筑师。巴黎"中国城"的投资者对此却毫不介意。他们参观过梁昆浩设计的珠海宾馆和九洲城后,对他在中国庭园建筑方面的独特设计风格和手法赞不绝口,表示他不在乎梁昆浩具有什么技术职称,特地聘请他设计这一投资3亿法郎的庞大工程。

1988年,梁昆浩曾申报过高级建筑师的专业职务,但未能如愿。对此,有人认为,梁昆浩学历低,理论基础薄弱。有人认为他没写过多少篇论文。然而那一座座令人击掌的宏伟建筑,不正说明他的真才实学吗?不正是他的形象化了的"论文"吗?

当然,国家对梁昆浩的贡献是予以充分肯定的。1988年,他获得国家人事部授予的"有突出贡献的中青年专家"称号,曾当选为广东省劳动模范,得过国家"五一"劳动奖章,全国总工会曾授予他"自学成才标兵"称号,城乡建设部也曾授予他"优秀科技工作者"称号。

然而,他还只是个助理建筑师……

(1990年5月29日《羊城晚报》)

这是一篇"中国新闻奖"首届消息类二等奖获奖作品,主要介绍了建筑设计师梁昆浩的设计经历。文章的标题采用引题加主题的形式,引题中介绍了梁昆浩的职业背景,主题则抛出了全文的悬念,即这样一位颇有成就的设计师,他的职称究竟是什么?记者巧妙地使用了虚题的形式,用设问的方式,令人耳目一新,其中的省略号更是意味深长,引人联想。

带着这样的疑问,文章介绍了梁昆浩设计的具有代表性的作品,如气魄宏伟,外国游客见了连声称赞"不可思议"的顺德旅游贸易中心;曾获国家优秀设计银质奖,采用并列式庭园组合处理,体现岭南庭园艺术风格的珠海宾馆;曾获省优秀设计三等奖,集城廓之雄、园林之美于一体,成为珠海游览一景的"九洲城";以及顺峰山仙泉宾馆、海南琼苑宾馆等。当读者惊叹于这位建筑设计师的鬼斧神工之作时,记者又展示出梁昆浩获得的奖励情况,包括国家人事部授予的"有突出贡献的中青年专家"

称号、全国总工会授予的"自学成才标兵"称号、城乡建设部授予的"优秀科技工作者"称号、国家"五一"劳动奖章、广东省劳动模范等。

在对人物进行了如此"有分量"的介绍之后,记者笔锋一转,回到题目中设置的悬念上来,指出梁昆浩的职称只是助理建筑师。通过一前一后鲜明的对比,形成巨大的反差,这种悬念式的开篇和戏剧性的结尾既吊足了读者的胃口,又发人深省,留有余味。

五、问答式结构

问答式结构是采用一问一答的形式展开报道的一种写作方式。这一结构通常有两种呈现形式,一种是按照采访顺序排列问题,最大程度还原真实的采访过程,有时会在回答中注明受访对象此时的神态、动作等,整篇报道看起来像是一个完整的采访记录;另一种是按照不同主题对采访问题进行分类,以专题的形式对问答进行重新组合,通常在每一部分开头会有一个提纲挈领的小标题或是编者按,记者和编辑可以适当对受访对象的回答做一定的删节,让文章更加精练,节奏更加明快,主题更加突出。

问答式结构多用于记者招待会的报道以及特定人物的专访,通常在文章开头会有一个事件或人物背景的简要介绍,有时在文章结尾也会有一个类似"后记"的内容,由记者讲述采编随感,或是对事件发表点评和看法。在采访时,记者应该提前做好准备,列好问题清单,采访进行过程中要善于组织问题,根据采访进程随时调整和补充问题。在写作时,应该秉持忠于原意的原则,尽可能让读者看到原汁原味的问答过程,同时要注意内容的连贯性和层次的清晰明了。特别需要强调的是,记者和编辑要保持客观中立的态度,切勿根据个人喜好或个人立场对受访对象的回答进行改变原意的删节和调整,要杜绝断章取义、以偏概全,甚至是恶意误导的情况发生。

问答式结构的具体图示如图5。

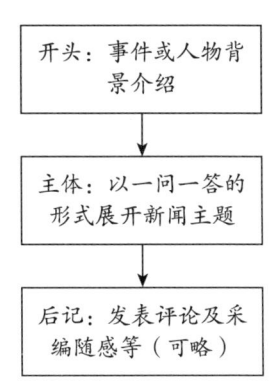

图5 问答式结构示意图

- 问答式结构稿件范例：

"千万律师"商建刚　转行当法官不考虑钱

每年为律所创收超千万，称法官律师相互转行是良性交流循环

近日发布的《2015上海市选任高级法官、高级检察官拟录公示》显示，曾作为北京大成（上海）律师事务所高级合伙人的商建刚被确定为上海市第二中级人民法院三级高级法官拟任人选。

商建刚是知识产权领域的知名律师，他一年为律所创收超过千万，被称为"千万律师"。为何要放弃待遇丰厚的律师职业，突然转行当法官？日前，商建刚接受新京报记者独家采访，谈了他对律师职业、法官离职现象的看法。

【法官遴选】考试全是问答题有难度

新京报：法官遴选考试对于公众来讲很"新鲜"，与司法考试有什么区别？

商建刚：法官遴选考试与司考不同的是没有选择题和填空题，全部是问答题，分为笔试和面试。笔试大概有四道题，会有案例分析，还有考查思维逻辑的题目；面试三道题，也是问答，考试反应、表达等法官所需要具备的能力。具体内容就不透露了，以后还有人要参加考试。

新京报：法官遴选考试对你来说困难吗？

商建刚：难度肯定是有的，笔试的时候，我们所有考生一起参加，对面就是监控摄像头直对着你；面试的时候，我们需要面对遴选委员会的成员，在看到问题后15分钟就要全部给出答案。

【转行原因】当律师16年无新鲜感

新京报：据说你做律师收入过千万是吗？

商建刚：这个有点夸张，但我每年给律所的创收额的确超过千万。

新京报：作为律所的高级合伙人，又能为律所带来如此高的收益，你为什么决心"转行"呢？

商建刚：我在律师行业工作16年了，这个工作对我来说没有太多的新鲜感。我所在的律所比较专业，我们每天的工作流程大致就是就一个案子与公司方面谈判，或者派助理沟通，解决问题，然后再不断重复这些内容。

新京报：现在称呼你商律师，过几天就要称呼你为商法官了，对这种改变适应吗？

商建刚：前天，我刚把律师证交上去了，现在已经不能再执业做律师了。做律师与做法官的思维以及看问题的角度不一样，法官要求一个人在某个领域的学术专业度更高一些，我认为自己是个适合做学问的人。

【律师收入】钱赚到一定程度没有太大意义

新京报：做法官是你的理想吗？

商建刚：不仅是我的理想，这应该是所有在法学院的学子都曾经有过的理想。

新京报：法官职业对你的吸引力在哪里？

商建刚：有两方面的问题激发着我的好奇心。

我是做知识产权保护的，一方面，我很想知道，我们国家知识产权保护的界限，哪些要保护，哪些不去保护，哪些保护得多一些哪些少一些，这是一个我很想探索的问题。

另一方面是法官在审理案件时具有自由裁量权，那么这个自由裁量的边界在哪里，我也想探索一下。

新京报：你考虑过做法官和做律师，收入方面会有很大差距？

商建刚：我对收入这方面没有什么太多的追求，做律师的时候，每年收入要上缴几十万或者上百万的税，但是钱赚到一定程度就没有太多的意义了，多一些少一些都不会影响生活质量。我计算过，在上海，每年50万元的收入，就可以确保我的生活各方面都不错，这部分收入我通过投资理财也可以实现。

新京报：成为一名法官后，你有什么愿望？

商建刚：对于未来的职业，我现在有两点想说，一是感谢所有支持我的人，二是希望社会各界能给予我呵护和包容，毕竟，作为一名法官，我才刚刚开始。

【法官离职】法官走向社会是好事

新京报：怎么看待一些地方出现的法官离职现象。

商建刚：我认为选择离开法院的人仍旧怀有着崇高的理想，选择离开是他们的权利。社会的评价和判断体系不能太过单一，我认为离开法院走向社会是一件好事。

新京报：为什么说法官离职是好事？

商建刚：法官离职做律师，与律师辞职当法官，有助于法律共同体的发展，也是一个良性的交流循环。法官离职改做律师，将更加专业的学术带到律师队伍，同时，由于他们曾任法官，不会出现缠诉闹讼的情况；律师改行做法官，会更加理解律师，也更能了解一个案件背后的社会意义。

本版采写 / 新京报记者　王巍

（2015年7月2日《新京报》A17版）

这篇报道是对转行当法官的"千万律师"商建刚的一则人物专访，是典型的问答式结构。文章先用两个自然段交代了新闻背景，简要介绍了商建刚"转行事件"的基本事实，这一背景交代在问答式结构中是不可或缺且十分重要的部分，它能够加深读者对新闻事件的理解，便于读者阅读随后的报道。接着，记者从法官遴选、转行原因、律师收入、法官离职等四个方面对商建刚进行了采访，具体围绕人们普遍关心的"为什么转行"，以及"对律师职业、法官离职现象的看法"等一系列问题展开，问答的编排大致遵循由个体到整体、由微观到宏观的顺序，给读者一种循序渐进的感觉。

如果将这篇报道由问答体改为叙述体，在还原人物个性和思想方面，势必会失色不少。此外，在稿件写作过程中，记者需要费心费力地将一些跨度较大的问题进行巧妙衔接，同时要进行大量的人称转换，采访获取的一些重要内容可能会因为文章连贯性以及逻辑架构等原因而被迫舍弃。因此，选择问答式结构作为这篇报道的基本架构是最为合适的。

六、华尔街日报体

"华尔街日报体"是美国《华尔街日报》惯用的一种新闻写作方法，主要适用于非事件类题材的报道。其基本特征是，首先以一个具体事例（小故事、小人物、小场景、小细节）开头，然后自然过渡，进入新闻主

第五章 社会新闻的写作步骤

体部分,接着将所要传递的新闻主题及背景和盘托出,集中力量深化主题,结尾再呼应开头,回归到开篇出现的人物及其故事上,进行主题升华。这种写法从小处落笔,向大处扩展,符合读者认识事物从具体到抽象的过程,颇受读者青睐。

在社会新闻报道中,"华尔街日报体"的应用较为广泛,尤其是在一些深度报道,特别是调查性报道当中。这一结构通常以具体的人物或事件切入,由一个小的引子带出某一类社会群体、社会现象或社会问题,进而切入到对新闻主题的报道当中。寻找典型人物和典型事件,以个体切入,成为运用"华尔街日报体"进行新闻写作的关键所在。记者在采访过程中要善于观察,寻找具备一定的普遍性和代表性,或是具有一定的戏剧性和悬念性的人物和故事,这样既能渲染气氛,将读者迅速带入新闻设定的具体情境当中,激起读者的阅读兴趣,又能自然过渡到新闻主题当中。

在写作过程中,要学会捕捉人物细节,让人物变得丰满,情节变得生动,使读者如闻其声、如见其人。同时,要对写作素材进行精心筛选和布局,牢牢把握故事、悬念和细节这三大写作要诀,对新闻事实逐步展开叙述,做到思路清晰、层次分明、过渡自然、行文流畅,将新闻事件和背景材料巧妙融合、穿插,调动多方资源突出新闻主题。可以说,"华尔街日报体"以人为本,以小见大,结构清晰,层次分明,环环相扣,善于将新闻视觉化、形象化,富有人情味,是报道化刻板枯燥为鲜明生动的有效手段。

当然,"华尔街日报体"也存在着一定的局限,比如在新闻的严肃性、故事的真实性上需要更加严格地把关,避免出现对情绪的过度渲染和对新闻人物的过度消费,要在体现人文关怀的同时,凸显守望社会的情怀。

"华尔街日报体"的具体图示如图6。

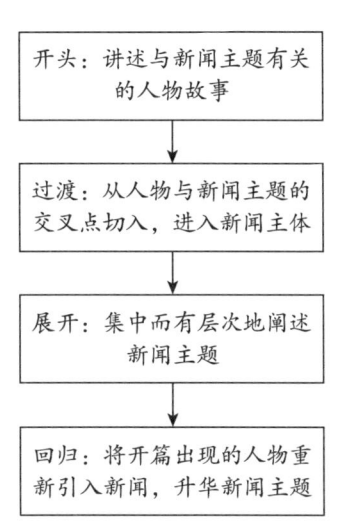

图6 "华尔街日报体"结构示意图

● 华尔街日报体稿件范例：

给留守儿童心灵系好"安全带"

"爸爸妈妈，快回家吧，我不想让礼物陪着我长大。"

几周前一条代发的短信，让大学生志愿者张巍至今难以忘怀。

今年暑假，张巍所在的武汉理工大学"自护天使"志愿服务队来到恩施土家族苗族自治州巴东县金果坪乡希望家园暑期托管中心，为当地20名留守儿童进行"自护教育"。

眼前的孩子们穿着和城里小孩差别不大，每个月也有不菲的消费，然而，在这样的表象背后却隐藏着让人心酸的现实：有些孩子父母好几年没回家，有些孩子甚至过年都在托管中心老师的家里……

"他们的物质条件并不差，更多的是渴望父母的陪伴。"几年来针对留守儿童的志愿服务经历让张巍颇有感触。

在留守儿童物质经济条件有所改善的今天，缺乏与父母沟通而导致的亲情淡薄、自我保护意识薄弱、自卑厌世、素质失衡等问题，成为困扰留守儿童的主要方面，未成年人溺水事件、女童遭性侵案、校园暴力事件等屡见报端，一次次牵动着人们的神经，今年6月毕节留守儿童集体自杀事件更是震惊全社会。

自2009年起，武汉理工大学团委就开始探索，如何更好地关爱农民工子女。经过6年时间的实践，逐步形成了以自护教育为主线，打造了农民工子女自护教育"项目+团队+阵地+模式"的四维工作体系，"自护天使"志愿服务活动正是"关爱行动"的品牌项目。

两年前，武汉理工大学团委配合团湖北省委一起在全湖北省范围内开展未成年人自护教育现状大规模调研活动，调查结果令人忧虑：系统接受过安全自护方面教育的未成年人不到10%，学校教育中，没有系统的安全自护教育内容。

这份报告的内容随后写进了团湖北省委在2014年湖北两会的提案中，他们发出呼吁，"加强未成年人自护教育，提升未成年人自护能力，刻不容缓。"

在呼吁中践行，在践行中呼吁。"自护天使"志愿服务活动把目光聚焦对农民工子女的精神关怀和心理辅导，助力农民工子女成才成长。而今，志愿者队伍有专业指导老师和心理健康教育专家共同指导，定期开展志愿服务培训活动，服务队人数稳定在80人左右。

每年，在"自护天使"出发前，志愿者们都做好充分准备。参加了6年志愿服务的张巍介绍，他们在提供服务前需要自学许多技能，"比如摄影、剪辑、写剧本、排小品"。同时，他们阅读了大量的儿童心理相关书籍，并进行了专门的心理和安全知识培训。

为留守儿童设置的自护教育课程，形式多样。比如，自护障碍跑的模拟演练，设置了火灾、烟雾、雷电、河流等安全障碍，引导他们熟悉各类灾害逃生自救知识；自行编排《喜羊羊与灰太狼》《西游记》《海绵宝宝》系列自护儿童剧，通过表演和情景再现，传递自护教育知识；依托青少年自护电脑闯关游戏——《果果平安假日总动员》，带领农民工子女实际操作游戏，完成闯关问答，学习自护知识。

"自护天使"还将常用自护知识以顺口溜的形式整理出来，发放给农民工子女；印制"自护小勇士徽章"，带领他们DIY徽章，设置具有警示意义的徽章图案，时刻提醒他们自护的重要性。

曾就读于武汉市凌智小学的姜辉雪，就收集了7个"自护小勇士徽章"。当年身为随迁子女，姜辉雪在武汉市凌智小学上学，与张巍所带领的志愿者团队有过4年的亲密接触。

回到老家上初中后，姜辉雪把徽章挂在了书包上，"同学们说我很幼稚，一书包的喜羊羊、懒羊羊的，别人书包上别的徽章都是TFboy，可是这是我这辈子最美好的回忆，看到徽章就会想起有一群大哥哥大姐姐陪了我四年。"

一对一、一对多的灵活方式进行农民工子女心理健康重点关注，同样效果显著。

"等我长大了，也和你们聊QQ。"胖嘟嘟的，总是喜欢一个人躲在墙角的7岁小女孩熊殊韵在离别时对志愿者吴晓曼说。一对一辅导的10天时间，已经让她们彼此心连心了。

"只有将监护人和老师纳入志愿服务体系，形成个体、家庭和学校三方面联动，全面、全程参与自护教育的实施链条，才能保障自护教育可持续地开展下去。"武汉理工大学团委书记郎坤说。

为了联动个人、学校、家庭的力量，他们实施一套科学可行的方法：针对个体，发放《童心月刊》，配置心理辅导员；针对家庭，开展短信传亲情、亲情电话活动，指导写作《成长日记》；针对学校，邀请心理咨询师开展讲座、在班级设立心情交流站。

这些都是武汉理工大学"自护天使"志愿服务队在多年的探索中总结出的好办法，张巍说："我们在方法手段上创新，就是为了提高服务的效果。"

如今，服务队探索出的关爱农民工子女模式，作为全国唯一高校和湖北唯一代表入选了《共青团关爱农民工子女志愿服务行动工作案例》，还入选首批中国青年志愿者公益圆梦行动受助项目。

"自护天使"志愿服务活动目前开设自护课堂课程10门；打造喜羊羊系列原创自护儿童剧13部，并巡演100余场；自主研发儿童自护教育游戏软件一套；开发自护障碍跑素质拓展项目1项；摄制自护教育微电影2部。同时建立儿童自护教育图书室一个……

截至今年7月，他们已经在湖北省各小学开展自护游戏培训、自护知识讲座、自护情景剧表演等1000余次关爱行动，先后出动志愿者3000人次，参与活动农民工子女15000余人次。

在郎坤看来，"一系列数字的背后，离不开志愿者们辛勤的付出"。

"从长久来看，自护教育需要家庭、学校、社会三方的共同努力，志愿服务不是治本之策。"六年实践让张巍清醒地意识到，暑期托管中心类的机构是一个现实的好渠道，"未来我们需要专门的机构长期负责留守儿童的自护教育。"

(2015年8月30日《中国青年报》第4版)

这篇报道的写作架构是较为典型的"华尔街日报体"。文章以武汉理工大学"自护天使"志愿服务队的大学生志愿者张巍2015年暑假在恩施土家族苗族自治州巴东县金果坪乡希望家园暑期托管中心为当地20名留守儿童进行"自护教育"的经历开头，开篇引述了一条由张巍代发的短信内容："爸爸妈妈，快回家吧，我不想让礼物陪着我长大"，由此奠定了全文的感情基调。接着进入到一个过渡衔接的部分，从人物与新闻主题的交叉点切入，从志愿者张巍这一个体延伸到留守儿童这一群体，以及志愿者服务队这一集体。

随后，记者全面展开新闻主题，详细介绍了我国留守儿童的基本情况、困扰留守儿童的主要问题，以及该志愿服务队的主要帮扶措施，如把目光聚焦在对农民工子女的精神关怀和心理辅导上，助力农民工子女成才成长等。文中贯穿了许多具体实例，用一个个生动的人物故事触动读者内心，如曾经接受过帮助的姜辉雪和7个"自护小勇士徽章"的故事，总是喜欢一个人躲在墙角的7岁小女孩熊殊韵的故事，以及其他参与志愿服务的大学生志愿者的故事等。这种以人物入手，充分体现人文关怀的写作手法，正是"华尔街日报体"的一大特色。

文章最后将笔触落回到张巍身上，通过他的一席话，首尾呼应，升华主题，指出志愿服务并不是治本之策，自护教育在未来更需要家庭、学校、社会三方的共同努力，如开办类似暑期托管中心这样的专门机构长期负责留守儿童的自护教育等。这种由人物开头，用人物做结，以完整的人物故事贯穿全文的写作手法，对于保持情绪的连贯性和文章的完整性起到了很大作用，让读者在阅读过程中有一气呵成之感。

小贴士 巧用直接引语

文章要写得具体生动，不仅表现在用趣闻和丰富多彩的描写来突出事物，而且在于引用的事例具体确凿。其中，直接引用新闻人物的鲜活语言能够提升报道的现场感和真实感，是新闻写作中的一个常用方式。巧用消息来源的直接引语，能够使读者在阅读新闻时产生强烈的代入感，眼前仿佛出现了一个打破时空界限的真实话语形象。

在"华尔街日报体"中，随处可见这样的直接引语。记者通过新闻人物之口，来表达对某一具体问题和现象的观点和态度，让读者从中形成自己的独立判断。同时，在引号的作用下，人物话语的即时呈现能够产生类似电视新闻"同期声"的音响效果，通过人物真实感人的话语，能够很好地烘托文章基调，为报道增添情感色彩。

需要注意的是，在使用直接引语的时候，一定要引用具体的、有名有姓的人物所说的话，不要使用"他们一致认为""大家都表示""据知情者透露"之类模棱两可的表达方式，并且要尽量引用人物的原话，尽量写明人物的真实姓名，使文章更加真实、具体，经得住推敲和考问。

七、新华体

所谓"新华体"，顾名思义，就是新华通讯社长期报道国内外新闻所形成的一种写作方式。由于新华社作为国家通讯社的权威性、公信力和影响力，其整体风格庄重严肃，因此在内容上，"新华体"表现为"真实、客观、公正"，在形式上，则表现为"严谨、稳健、清晰"，其中既有简洁明快的消息通讯，又有高度概括的新闻综述，还有规格化的公报新闻。

作为一种在特定历史条件下形成并不断变革发展的新闻写作文体，"新华体"的基本特点是：1.时效性强，以快取胜，文字精练，言简意赅，节奏明快，语言练达；2.选题立意高，政治立场鲜明，主题开掘深刻，善于抓大放小，以理念引领内容，重点突出，高屋建瓴，宏观叙事，气势磅礴；3.多为一事一报的"干货"，一个自然段陈述一个事实，层次清晰，过渡自然，要言不烦，一目了然；4.紧扣主题，层层推进，点面结合，重点突出，事理交错，情景交融，稳健中见权威，严谨中见专业。

新华体的基本格式是：首先，把新闻中最重要的部分在导语中言简意赅地体现出来，通常都包含"题眼"；其次，在第二自然段进一步阐述新闻要点，对导语形成支持，承上启下，起到过渡衔接的作用；再次，按照事件发展的时间顺序或按照新闻价值递减的原则完成报道。其中，在文章后半部分按照倒金字塔结构进行写作的"新华体"稿件较为常见,这一方面是便于编辑对报道进行删改,同时也便于其他媒体或新闻网站转载时对稿件的节选,此外读者在阅读时也能够从首段导语或前几段的"复合导语"中快速掌握报道的精华部分。

当然,"新华体"也存在着一些不足之处,如部分稿件口气生硬,内容死板,重复堆砌,缺乏文采,甚至出现"八股文"的气息;有些稿件为了体现政治立场,掺杂了一些带有评论性质的内容,有失新闻报道的客观性原则。如今,随着时代的发展,"新华体"也进行着一些调整和变化,在可读性和生动性上有所加强。

典型的"新华体"常见于时政新闻报道,特别是在会议报道和活动报道当中。在社会新闻报道中,偶尔也可以见到这种报道形式。在运用这一写作架构报道社会新闻的时候,要尽量走出刻板单调的套路,从事件中提炼出与读者生活密切相关的信息,用读者喜闻乐见的语言形式进行写作,要摒弃八股文风,增强文章的亲和力和感染力,写出新时代的风貌。

"新华体"的具体图示如图7。

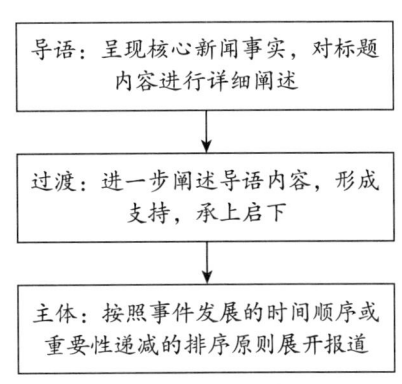

图7 "新华体"结构示意图

• 新华体稿件范例:

西藏大庆筹备活动就绪　中央代表团将赠送礼品

新华网拉萨9月5日电(记者王军) 记者从5日召开的西藏自治区成立50周年庆祝活动筹备工作新闻发布会上获悉,目前西藏大庆各项庆祝活动已准备就绪,中央代表团将赴藏参加一系列庆祝活动,并向西藏各族群众赠送礼品。

今年是西藏自治区成立50周年,为表达全区各族人民对党中央亲切关怀和全国人民大力支援的感恩之情,展示西藏自治区成立以来,党领导西藏各族人民进行革命、建设和改革所取得的巨大成就,经中央同意举行西藏自治区成立50周年庆祝活动,筹备工作于去年12月开始,经过8个多月的认真筹备,现在各项筹备工作已就绪。

西藏自治区党委宣传部常务副部长孟晓林表示,中央代表团在西藏参加的活动有自治区成立50周年庆祝大会和群众游行,自治区成立50年成就展,庆祝自治区成立50周年文艺晚会《中国梦——雪山欢歌》和拉林高等级公路通车典礼。

同时,中央代表团还将看望接见自治区领导班子成员、离退休老同志、各族各界群众和援藏干部代表;慰问宗教界爱国人士和寺管会工作人员、慰问驻藏部队和政法干警;出席自治区成立50周年招待会和自治区党委、政府工作汇报会;向全区各族群众赠送礼品。

孟晓林说,为使更多的干部群众参与到庆祝活动中来,此次庆祝活动将从自治区各地各部门,邀请近2万余名干部群众代表共同出席庆祝大会。

此外,为凸显庆祝喜乐气氛,西藏各地干部群众6000余人,组成25个方阵方队,制作9辆彩车,参加庆祝活动。活动期间,中央电视台、西藏电视台藏汉语频道将播放自治区成立50周年文艺晚会《中国梦——雪山欢歌》。

这篇由新华社发出的六百余字的新闻通稿较为典型地体现了"新华体"的结构要素。首先,标题即是整篇报道的简要概括,言简意赅地表述新闻的核心要点。接着,在导语部分简明扼要地阐述报道主题,并重复出现"题眼",即"筹备活动就绪"和"赠送礼品"。接下来,在第二自然段,记者开始交代新闻背景,简要介绍西藏自治区成立50周年庆祝活动的由来,指出筹备工作开始的时间,并再次出现"题眼",即"各项筹备工作已就绪",这些内容对上下文起到了很好的支撑、过渡作用。最后,记者按照新闻价值递减的排序方式展开报道,介绍中央代表团的主要行程、西藏大庆活动的主要内容以及相关安排等。报道节奏明快、语言练达、事实清晰、主题突出、过渡自然、层次分明,是典型的"新华体"结构。

第四节　社会新闻的表达方式

一、细致入微

美国新闻学者麦尔文·曼切尔曾经说过:"记者必须学会用孩童般的眼睛观察世界,他把每一件事都看做是新鲜的、各具特点的,同时,他必须用聪明长者的眼光洞察世界,能够区分出有意义的东西和无意义的东西。"作为一名社会新闻记者,特别需要的就是这样一双"慧眼",善于在现场进行观察采访,捕捉细节,为读者还原真实的新闻现场,呈现出有声有色有形的现场报道。

社会新闻要想抓住读者眼球,打动读者内心,就要注重细节,学会写"视觉新闻",在尊重事实的前提下,通过描写渲染气氛,再现事件的精彩片断,让报道变得形象化,立体化,使人如临其境,如见其人,如闻其声。要采写这样的"视觉新闻",关键在于记者要深入现场进行采访、观察,正所谓"采访出细节","观察出细节"。一些报道之所以显得枯燥乏味,根结就在于记者的现场采访不够深入,缺少细致入微的观察,使新闻报道变得笼统空洞,泛泛而谈。

具体而言,记者到达新闻现场以后,要迅速观察周围的环境,寻找典型的场景和细节,充分调动"眼""耳""口""鼻"等感知器官进行采访。要记住,观察也是一种重要的采访手段,要培养自己敏锐的洞察力和感知力,善于发现现场遗留的各种细节。同时,要尽量寻找观察能力、表达能力强的采访对象,通过当事人和目击者的口述还原、再现新闻事实,还原事发当时的具体情况,给读者以身临其境之感,激起读者的共鸣。

需要注意的是,细节不应该仅仅从记者的口里"讲"出,更应该让读者真真切切地"看"到。例如,报道一个先进人物,不能简单地用兢兢业业、克己奉公、无私奉献这样抽象的词汇来形容,而要通过真实生动的事例,细致入微的描写,让读者"看"到他的行为,"听"到他的声音,从而做出对人物品质的判断。此外，一定要恪守新闻真实性原则，保证观察和采访到的每一个细节都有出处，切不可为了增加报道的生动性而捏造细节，对采访内容添油加醋，或是用推理和想象替代采访。

下面以2015年9月8日《北京青年报》A02版的《大兴星城商厦发生大火》一文为例，对细致入微的写作笔法进行讲评：

大兴星城商厦发生大火
过火面积600平米　8中队42部消防车参与扑救　无人员伤亡

昨日16时4分，北京119指挥中心接到报警，大兴区黄村星城商厦外立面广告牌发生火情。指挥中心立即调派8个中队42部消防车到场处置。18点20分，火灾被彻底扑灭。据北京市公安局消防局官方微博介绍，火灾过火面积600平米，其中外墙过火400平米，商厦6层仓库过火200平米，无人员伤亡。事故原因及财产损失正在调查核实中。

就跟爆炸似的　满天都是黑烟

昨日下午，星城商厦对面跟往常一样，人头攒动，车来车往。但不一样的是，导致人们聚集的原因不是为了购物。

十几辆闪着红灯的红色消防车停在警戒线里面，每隔一米有一名官兵维持秩序，防止围观人群进入。而围观的人群中，不断有人在拍照片、发微博和朋友圈，"火太大了"，警戒线外围的人们，还在不断探讨着火势，而警戒线里面的消防队员还在一层一层地不断寻找可能复燃的着火点。

家住星城商厦对面的严师傅介绍，他下午4点钟坐车沿着黄村西大街回家，到商厦北面的十字路口，就闻到一股刺鼻的焦煳味，结果到了十字路口就看到星城商厦在着火。"就跟爆炸似的，满天都是黑烟，还能看见有着火的东西从墙上面掉下来。"

火苗沿着外墙　飞速窜到了楼顶

一位目击者告诉北京青年报记者，"大火着了10分钟左右，消防车到达了现场，20分钟左右，警察、武警、特警就陆续到达现场，拉起警戒线，把围观的人群从广场上疏散了出来。"

此时，星城商厦也开始进行人员疏散。一位屈臣氏的导购和同事们一起跑出了商场，当她回头看时，商厦的墙面上火已经很大了。晚上 7 点左右，她从同事那里得知，明天不用来上班了，暂时在家休息。

一开始只是冒黑烟，但不久，火苗就从一层上面的广告牌蹿起，极短的时间内，火苗便沿着外墙飞速蹿到了商厦的顶层。据商场工作人员介绍，起初 5 层的工作人员还试图自行灭火，但因火势太大，最终还是进行了人员疏散。

商厦对面停车场上　　不少车辆"遭殃"

一位目击者称，商厦前面被引燃的铁架子不断发出"滋滋滋滋……嘭"的声音，在响了六七下后，楼顶就开始往下掉黑色的物体，砸到了商厦对面停车场上还未来得及开走的车辆，其中一辆车被引燃。

住在亦庄的王女士的车，就停在商厦对面的停车场。昨天下午 1 点，王女士与同伴来星城商厦买首饰，买完后就把车停在了商厦对面的停车场，"我的车还停在里面，能不能开出来？"到晚上 7 点左右，王女士还试图进入停车场把车开出，但被武警制止。

截至发稿，消防队员还在搜寻可能的明火点，商厦的警戒也尚未解除。

星城商厦前身为大兴百货商场

据了解，起火的星城商厦于 1994 年 12 月开业，前身为大兴百货商场，是大兴区的老牌商厦，也是大兴区核心商厦之一。该商厦共 8 层，1 至 6 层为百货卖场，建筑面积 34271 平方米。

据周边的居民回忆说，星城商厦在黄村地区算是最早的综合商厦，但是时间较久，里面的设备有些老化，人流量也减少了很多。过火的东南区域一楼售卖贵金属和各种首饰包括菜百首饰，二楼售卖服装，三楼卖鞋类，四楼卖家具，五楼主要是国美电器。文 / 见习记者　屈畅　孟亚旭

灾祸类新闻是社会新闻报道中一类非常常见的题材，这类题材要想写得好，就要突出现场感，通过记者的观察和目击者的讲述，还原灾祸发生时以及发生后的景象。在这篇报道中，第一自然段言简意赅地交代

了事故发生的时间、地点、起因、经过、结果，整篇文章的核心要素在此已经得到完整呈现。如果报道就此结束，也能算作是一篇完整的火灾报道，记者甚至不需要进入新闻现场进行采访，只需通过电话采访负责此次事故救援及善后处置工作的相关人员即可。然而，为了给读者提供更多的细节信息，让读者对现场有更为直观的感受，记者接着在报道中分四部分详细介绍了火灾的经过以及事发商城的具体情况。

"星城商厦对面跟往常一样，人头攒动，车来车往。但不一样的是，导致人们聚集的原因不是为了购物。""十几辆闪着红灯的红色消防车停在警戒线里面，每隔一米有一名官兵维持秩序，防止围观人群进入。而围观的人群中，不断有人在拍照片、发微博和朋友圈，'火太大了'，警戒线外围的人们，还在不断探讨着火势，而警戒线里面的消防队员还在一层一层地不断寻找可能复燃的着火点。"首先看到的一连两段的现场描写，这是记者通过对现场环境的细致观察得出的。

随后，是几名现场目击者的口述，其中"闻到一股刺鼻的焦糊味"，"就跟爆炸似的，满天都是黑烟，还能看见有着火的东西从墙上面掉下来"，"商厦前面被引燃的铁架子不断发出'滋滋滋滋……嘭'的声音，在响了六七下后，楼顶就开始往下掉黑色的物体"等描述，拼凑成一幅火灾发生时的真实画面，从声、色、形等多个方面还原了事发当时的情形。记者正是通过"用细节说话"的写作笔法，使一篇简单的火灾报道变得具体生动。

小贴士 如何写出细节？

1. **善用直接引语**：采访对象的讲述中往往包含着许多生动具体的细节描述，直接将这些话语呈现在报道当中，可以增加报道的现场感和鲜活感。
2. **适时加入描写**：通过笔触细腻的环境描写和人物描写，如语言、动作、神态的描写等，增加报道的层次感和画面感。
3. **做一个"讲故事"的人**：故事是最能打动人心的细节，引人入胜的故事，常常能够吸引读者的阅读兴趣，增加报道的可读性和趣味性。

二、以情动人

有人曾说"一千万人死亡只是个统计数字,一个人怎样死却可以写成悲剧",再大的悲伤也比不上一个个具体而微的悲伤,因为人们更容易记住一些小的悲伤,胜于记住那些具体的数字。将一个抽象的事件具象到一个个鲜活的人物命运上来,能够给读者以最直观的感受和最强烈的心灵撞击。这就是社会新闻常用的"以情动人"的写作笔法。

通常情况下,人是构成新闻事件的主体,社会新闻说到底,是关于人的报道,是报道人在社会生活中的各种表现,展现人与自然、人与社会、人与人之间各种关系变化的新闻。因此,人的情感往往是最能打动读者内心的,要想以情动人,就要从人之常情入手,从小处切入,从每个人都能体会到的真情实感入手,由此向人间大爱延伸。在报道中,要寻找一个极具代表性的人物个案,强调人物故事、人物命运的重要性,建立起报道对象和读者在心理上的联系,引发读者的同理心。可以说,新闻报道里有了人,有了他们的语言、动作和情感,就更容易唤起读者的阅读兴趣,增强报道的感染力。

下面,以2011年7月27日《中国青年报》第12版"冰点特稿"的《永不抵达的列车》一文为例进行讲评:

永不抵达的列车

本报记者　赵涵漠

7月23日7时50分

在北京这个晴朗的早晨,梳着马尾辫的朱平和成千上万名旅客一样,前往北京南站。如果一切顺利的话,这个中国传媒大学动画学院的大一女生,将在当天晚上19时42分回到她的故乡温州。

对于在离家将近2000公里外上学的朱平来说,"回家"也许就是她7月份的关键词。不久前,父亲因骨折住院,所以这次朱平特意买了动车车票,以前她是坐28个小时的普快回家的。

12个小时后，她就该到家了。在新浪微博上，她曾经羡慕过早就放假回家的中学同学，而她自己"还有两周啊"，写到这儿，她干脆一口气用了5个感叹号。

"你就在温州好好吃好好睡好好玩吹空调等我吧。"她对同学这样说。

就在出发前一天，这个"超级爱睡觉电话绝对叫不醒"的姑娘生怕自己误了火车。在调好闹钟后，她还特意拜托一个朋友"明早6点打电话叫醒我"。

23日一早，20岁的朱平穿上浅色的T恤，背上红色书包，兴冲冲地踏上了回家的路。临行前，这个在同学看来"风格有点小清新"的女孩更新了自己在人人网上的状态："近乡情更怯是否只是不知即将所见之景是否还是记忆中的模样。"

就在同一个清晨，中国传媒大学信息工程学院的2009级学生陆海天也向着同样的目的地出发了。在这个大二的暑假里，他并不打算回安徽老家，而是要去温州电视台实习。在他的朋友们看来，这个决定并不奇怪，他喜欢"剪片子"，梦想着成为一名优秀的电视记者，并为此修读了"广播电视编导"双学位，"天天忙得不行"。

据朋友们回忆，实际上陆海天并不知道自己将去温州电视台实习哪些工作，但他还是热切地企盼着这次机会。开始他只是买了一张普快的卧铺票，并且心满意足地表示，"订到票了，社会进步就是好"。可为了更快开始实习，他在出发的前几天又将这张普快票换成了一张动车的二等座票。

23日6时12分，陆海天与同学在北京地铁八通线的传媒大学站挥手告别。

7时50分，由北京南站开往福州、途经温州南站的D301次列车启动。朱平和陆海天开始了他们的旅程。

后来，人们知道陆海天坐在D301次的3号车厢。可有关朱平确切的座位信息，却始终没有人知道。有人说她在5号车厢，有人并不同意，这一点至今也没人能说得清。

几乎就在开车后的1分钟，那个调皮的大男孩拿起手机，在人人网上更新了自己的最新信息："这二等座还是拿卧铺改的，好玩儿。"朱平也给室友发了条"炫耀"短信：马上就要"飞驰"回家了，在动车上，就连笔记本电脑的速度也变快了，这次开机仅仅用了38秒。

D301上，陆海天和朱平的人生轨迹靠近了。在学校里，尽管他们都曾参加过青年志愿者协会，但彼此并不认识。

朱平真正的人生几乎才刚刚开始。大一上学期，她经历了第一次恋爱，第一次分手，然后"抛开了少女情怀，寄情于工作"，加入了校学生会的技术部。在这个负责转播各个校级晚会、比赛的部门里，剪片是她的主要任务。

室友们还记得，她常常为此熬夜，有时24个小时里也只能睡上两个钟头。一个师兄也回忆起，这个小小的女孩出现在校园里的时候，不是肩上扛着一个大摄像机在工作，就是捧着一台笔记本电脑做视频剪辑。

就像那些刚刚进入大学的新生们一样，这个长着"苹果脸"的女孩子活跃在各种各样的课外活动上，她甚至参加了象棋比赛，并让对手"输得很惨"。

有时，这个"90后"女孩也会向朋友抱怨，自己怎么就这样"丧失了少女情怀"。随后，她去商场里买了一双楔形跟的彩带凉鞋，又配上了一条素色的褶皱连衣裙。

黄一宁是朱平的同乡，也是大学校友，直到今天，他眼前似乎总蹦出朱平第一次穿上高跟鞋的瞬间。"那就是我觉得她最漂亮的样子。"一边回忆着，这个男孩笑了出来。

可更多时候，朱平穿的总是在街边"淘来的，很便宜的衣服"。当毕业的时节来临，朱平又冲到毕业生经营的二手货摊上买了一堆"好东西"，"那几天，她都开心极了"。

她平日花钱一贯节俭，甚至每个月的饭钱不到200元。这或许与她的家庭有关，邻居们知道，朱平的父亲已经80多岁，母亲60多岁，这个乖巧的女儿总是不希望多花掉家里一元钱。

就连这趟归心似箭的回家旅程，她也没舍得买飞机票，而是登上了D301次列车。

"车上特别无聊,座位也不舒服,也睡不痛快,我都看了3部电影了。"朱平在发给黄一宁的短信里这样抱怨,"我都头晕死了。"

在这个漫长而烦闷的旅途里,陆海天也用手机上网打发着时间。中午时分,朋友在网上给他留言,"一切安好?"

他十分简短地回答了一句,"好,谢。"

在陆海天生活的校园里,能找到很多他的朋友。这个身高1.7米的男孩是个篮球迷,最崇拜的球星是被评为"NBA历史十大控球后卫"之一的贾森·基德,因为基德在38岁的高龄还能帮助球队夺取总冠军。

师兄谢锐想起,去年的工科生篮球赛上,陆海天的任务就是防守自己。那时,谢锐还不认识这个"像基德一样有韧性"的男孩,被他追得满场跑,"我当时心里想,这师弟是傻么,不会打球就知道到处追人。"

其实,在篮球场上,这个身穿24号球衣的男孩远不如基德那样重要,甚至"没有过什么固定的位置"。可在赛场内外,他都是不知疲倦的男生。他曾担任过中国网球公开赛的志愿者,"对讲机里总是传出呼叫陆海天的声音"。志愿者们在高近10米的报告厅里举办论坛时,也是这个男孩主动架起梯子,爬上顶棚去挂条幅。

学姐吴雪妮翻出了一年前陆海天报考青年志愿者协会时的面试记录。在这个男孩的备注里,吴雪妮写着:"善良,任务一定能够完成。"

甚至就在离开学校的前一个晚上,他还在饭桌上和同学聊了一会儿人生规划。据他的朋友说,"陆海天最讨厌愤青,平时从来不骂政府"。如果不出意外,他可能会成为一个记者,冲到新闻现场的最前线。而第二天到达温州,本应该是这份规划中事业的起点。

在这辆高速行驶的列车上,有关陆海天和朱平的信息并没有留存太多。人们只能依靠想象和猜测,去试图弄清他们究竟如何度过了整个白天。"希望"也许是7月23日的主题,毕竟,在钢轨的那一端,等待着这两个年轻人的,是事业,是家庭。

7月23日20时01分

人们平静地坐在时速约为200公里的D301次列车里。夜晚已经来临,有人买了一份包括油焖大虾和番茄炒蛋的盒饭，有人正在用 iPad 玩"斗地主"，还有人喝下了一罐冰镇的喜力啤酒。

据乘客事后回忆，当时广播已经通知过，这辆列车进入了温州境内。没有人知道陆海天当时的状况，但黄一宁在 20 时 01 分收到了来自朱平的短信："你在哪，我在车上看到闪电了。"

当时还没有人意识到，朱平看到的闪电，可能预示着一场巨大的灾难。

根据新华社的报道，D301 前方的另一辆动车 D3115，遭雷击后失去动力。一位 D3115 上的乘客还记得，20 时 05 分，动车没有开。20 时 15 分，女列车长通过列车广播发布消息："各位乘客，由于天气原因，前面雷电很大，动车不能正常运行，我们正在接受上级的调度，希望大家谅解。"

有人抱怨着还要去温州乘飞机，这下恐怕要晚点了。但一分钟后，D3115 再次开动。有乘客纳闷，"狂风暴雨后的动车这是怎么了？爬得比蜗牛还慢"。将要在温州下车的旅客，开始起身收拾行李，毕竟，这里离家只有 20 分钟了。

20 时 24 分，朱平又给黄一宁发来了一条短信，除了发愁自己满脸长痘外，她也责怪自己"今年的成绩，真是无颜见爹娘"。可黄一宁知道，朱平学习很用功，成绩也不错，"但她对自己要求太严了，每门考试都打算冲刺奖学金"。

已经抵达温州境内的朱平同时也给室友发了一条短信："我终于到家了！好开心！"

这或许是她年轻生命中的最后一条短信。

10 分钟后，就在温州方向双屿路段下岙路的一座高架桥上，随着一声巨响，朱平和陆海天所乘坐的、载有 558 名乘客的 D301，撞向了载有 1072 名乘客的 D3115。

两辆洁白的"和谐号"就像是被发脾气的孩子拧坏的玩具：D301 次列车的第 1 到 4 位车厢脱线，第 1、2 节车厢从高架上坠落后叠在一起，第 4 节车厢直直插入地面，列车表面的铁皮像是被撕烂的纸片。

雷电和大雨仍在继续，黑暗死死地扼住了整个车厢。一个母亲怀里的女儿被甩到了对面座位底下；一个中年人紧紧地抓住了扶手，可是很快就被重物撞击，失去意识……

附近赶来救援的人们用石头砸碎双层玻璃，幸存者从破裂的地方一个接一个地爬出来，人们用广告牌当做担架。救护车还没来，但为了运送伤员，路上所有的汽车都已经自发停下。摩托车不能载人，就打开车灯，帮忙照明。

车厢已经被挤压变形，乘客被座位和行李紧紧压住，只能发出微弱的呼救声。消防员用斧头砸碎了车窗。现场的记者看到，23时15分，救援人员抬出一名短发女子，但看不清生死；23时25分，一名身穿黑白条纹衫的男子被抬出，身上满是血迹；然后，更多伤者被抬出列车。

有关这场灾难的信息在网络上迅速地传播，人们惊恐地发现，"悲剧没有旁观者，在高速飞奔的中国列车上，我们每一位都是乘客"。

同时，这个世界失去了朱平和陆海天的消息。

在中国传媒大学温州籍学生的QQ群里，人们焦急地寻找着可能搭乘这辆列车回家的同学。大二年级的小陈，乘坐当晚的飞机，于凌晨到达温州。在不断更新着最新讯息的电脑前，小陈想起了今早出发的朱平。他反复拨打朱平的手机，可始终无人接听。

黄一宁也再没有收到朱平的短信回复。当他从网上得知D301发生事故后，用毫不客气的口吻给朱平发出了一条短信："看到短信立即回复汇报情况！"

仍旧没有回复。

因为担心朱平的手机会没电，黄一宁只敢每隔5分钟拨打一次。大部分时候无人接听，有时，也会有"正在通话中"的声音传出。"每次听到正在通话，我心就会怦怦跳，心想可能是朱平正在往外打电话呢。"

可事实上，那只是因为还有其他人也在焦急地拨打着这个号码。

同学罗亚则在寻找陆海天。这个学期将近结束，分配专业时，陆海天和罗亚一起，凭着拔尖的成绩进入了整个学院最好的广播电视工程系。这是陆海天最喜欢的专业，可他们只开过一次班会，甚至连专业课也还没开始。

朋友们想起，在学期的最后一天，这个"很文艺的青年"代表小组进行实验答辩，结束时，他冒出了一句："好的，over！"

"本来，他不是应该说'thank you'吗？"

陆海天的电话最终也没能接通，先是"暂时无法接通"，不久后变为"已关机"。也就在那天夜里10时多，朱平的手机也关机了。

在这个雨夜，在温州，黄一宁和小陈像疯了一样寻找着失去消息的朱平。

约200名伤者被送往这座城市的各个医院，安置点则更多，就连小陈曾经就读的高中也成了安置点之一。

寻找陆海天的微博被几千次地转发，照片里，他穿着蓝色球衣，吹着一个金属哨子，冲着镜头微笑。但在那个夜晚，没有人见到这个"1.7米左右，戴眼镜，脸上有一些青春痘"的男孩。

那时，陆海天就在D301上的消息已经被传开。朋友们自我安慰：陆海天在D301，这是追尾车，状况应该稍好于D3115。另悉，同乘D301的王安曼同学已到家。

人们同时也在寻找朱平，"女，1.6米左右，中等身材，着浅色短袖、长裤、红色书包，乘坐D301次车"。

人们还在寻找30岁、怀孕7个月的陈碧，有点微胖、背黑色包包的周爱芳，短发、大门牙的小姑娘黄雨淳，以及至少70名在这场灾难中与亲友失去联系的乘客。

一个被行李砸晕的8岁小男孩，醒来后扒开了身上的行李和铁片，在黑暗中爬了十几分钟后，找到了车门。周围没有受伤的乘客都跑来救援，但他只想要找到自己的妈妈。后来在救护车上，他看到了妈妈，"我拼命摇妈妈，可妈妈就是醒不来。"

追尾事故发生后，朱平的高中和大学同学小潘也听说了朱平失踪的消息。她翻出高中的校友录，在信息栏里找到朱家的电话。24日0时33分，她告诉QQ群里的同学，她已经拨通了这部电话，可是"只有她妈妈在家，朱平没有回去过"。

这位年过六旬的母亲并不知道女儿搭乘的列车刚刚驶入了一场震惊

整个国家的灾难。"她妈妈根本不知道这个消息。"小潘回忆通话时的情景。朱妈妈认为，女儿还没到家可能只是由于常见的列车晚点，她已经准备好了一桌饭菜，继续等待女儿的归来。

凌晨3时许，黄一宁和小陈分头去医院寻找已经失踪了7个小时的朱平。他们先是在急诊部翻名单，接着又去住院部的各个楼层询问值班护士。

广播仍然在继续，夜班主持人告诉焦急的人们，只有极个别重伤者才会被送往温州医学院附属第三医院和附属第一医院。而在那时，黄一宁根本不相信朱平就是这"极个别人中的一个"。在医院里，死亡时刻都在发生。

当黄一宁看到，一位老医师拿着身份证对家属说，这个人已经死了，他的心里紧了一下。有的死者已经无法从容貌上被辨识，一个丈夫最终认出了妻子，是凭借她手指上的一枚卡地亚戒指。

可朱平却像是从这个世界上消失了，谁也不知道她的下落。

当小陈最终找进附一院时，他向护士比画着一个"20多岁，1.6米高的女孩"时，护士的表情十分震惊，"你是她的家属吗？"

那时，小陈突然意识到，自己之前抱有的一丝希望也已经成为泡沫。他从护士那里看到了一张抢救时的照片，又随管理太平间的师傅去认遗体。女孩的脸上只有一些轻微的刮蹭，头发还是散开的，"表情并不痛苦，就好像睡觉睡到了一半，连嘴也是微微嘟着的"。

他不敢相信这就是自己的"包子妹妹"。但是，没错。他随后打电话给另外几位同学，"找到朱平了，在附一院。"

黄一宁冲进医院大门时看见了小陈，"朱平在哪里？"

小陈没说话，搂着黄一宁的肩膀，过了好一会才说，"朱平去世了。"

两个男孩坐在花坛边上，眼泪不停地往下掉。小陈又说，"可能是我王八蛋看错了，所以让你们来看一下。"

黄一宁终于在冰柜里看到了那个女孩，她的脸上长了几颗青春痘，脖子上的项链坠子是一个黄铜的小相机，那正是他陪着朱平在北京南锣鼓巷的小店里买的，被朱平当成了宝贝。

那一天，他们一起看了这条巷子里的"神兽大白"，"就是一只叫得很难听的鹅"。那一天，朱平炫耀了自己手机里用3元钱下载的"摇签"软件，还为自己摇了一个"上签"。

"你知道吗？我们俩都计划好了回温州要一块玩，一起去吃海鲜。可是看着她就躺在太平间里，我接受不了。"回忆到这里，黄一宁已经不能再说出一句话，大哭起来。

7月23日22时

朱平是在23日22时44分被送到医院的，23时左右经抢救无效后身亡。

21时50分，被从坠落的车厢里挖出的陆海天，被送到了温州市鹿城区人民医院。据主治医生回忆，那时，他已经因受强烈撞击，颅脑损伤，骨盆骨折，腹腔出血，几分钟后，心跳停止，瞳孔放大；在持续了整整一个小时的心肺复苏后，仍然没有恢复生命的迹象，宣告死亡。

在D301次列车发生的惨烈碰撞中，两个年轻人的人生轨迹终于相逢，并齐齐折断。这辆列车在将他们带向目的地之前，把一切都撞毁了。

天亮了，新闻里已经确认了陆海天遇难的消息，但没人相信。有人在微博上写道："我不敢相信也不愿相信！希望有更确切的消息！"

陆海天才刚刚离开学校，他的照片还留在这个世界上。这个总是穿着运动装的男孩有时对着镜头耍帅，有时拿起手机对着镜子自拍，也有时被偷拍到拿着麦克风深情款款。

直到24日中午，仍有人焦急地发问："你在哪？打你电话打不通。"也有人在网络日志里向他大喊："陆海天你在哪里？你能应一句么！！！"那个曾与他在地铁站挥手道别的朋友，如今只能对他说一句："晚安，兄弟。"

朱平失踪的微博也仍在被转发，寻人时留下的号码收到了"无数的电话和短信"，一些甚至远自云南、贵州而来，他们说，只是"想给朱平加油"。

可那时，朱平的哥哥已经在医院确认了妹妹的身份。他恳求朱平的同学，自己父母年岁已高，为了不让老人受刺激，晚点再发布朱平的死讯。

那几个已经知道朱平死讯的年轻人，不得不将真相憋在心里，然后不停地告诉焦急的人们，"还在找，不要听信传言"。

这个圆脸女孩的死讯，直到24日中午通知她父母后才被公开。悲伤的母亲再也说不出什么话来，整日只是哭着念叨："我的小朱平会回来的，会回来的。"

黄一宁也总觉得朱平还活着。就在学期结束前，她买了一枚"便宜又好用"的镜头，并且洋洋得意地告诉朋友们，"回家要给爸妈多拍几张好照片"。

黄一宁还记得，朱平说过要回来和他一起吃"泡泡"（温州小吃），说要借给他新买的镜头，答应他来新家画墙壁画。"朱平，我很想你……可是，希望我的思念没有让你停下脚步，请你大步向前。"黄一宁在26日凌晨的日志里写道。

他也曾想过，如果这趟列车能够抵达，"会不会哪一天我突然爱上了你"。

阳光下花草、树木的倒影还留在这个姑娘的相机里；草稿本里还满是这个姑娘随手涂画的大眼睛女孩；她最喜欢的日剧《龙樱》仍在上演；这个夏天的重要任务还没完成，她在微博上调侃自己"没减肥徒伤悲"……

但朱平已经走了。

新华社发布的消息称，截至25日23时许，这起动车追尾事故已经造成39人死亡。死者包括D301次列车的司机潘一恒。在事故发生时，这位安全行驶已达18年的司机采取了紧急制动措施，在严重变形的司机室里，他的胸口被闸把穿透。死者还包括，刚刚20岁的朱平和陆海天。

23日晚上，22时左右，朱平家的电话铃声曾经响起。朱妈妈连忙从厨房跑去接电话，来电显示是朱平的手机。"你到了？"母亲兴奋地问。

电话里没有听到女儿的回答，听筒里只传来一点极其轻微的声响。这个以为马上就能见到女儿的母亲以为，那只是手机信号出了问题。

似乎不会再有别的可能了——那是在那辆永不能抵达的列车上，重伤的朱平用尽力气留给等待她的母亲的最后一点讯息。

2011年7月23日20点30分左右,北京南站开往福州站的D301次动车组列车运行至甬温线双屿路段时,与前行的D3115次动车组列车发生追尾事故,后车四节车厢从高架桥上坠下,造成40人死亡,约200人受伤。此次事故的伤亡人数是一组令人痛心的统计数字,而在《中国青年报》的这篇特稿中,这组数字具象成了两个鲜活年轻的生命。

在记者的笔触下,这两名来自中国传媒大学的年轻人的生命被再次还原,读者从中看到了青春,看到了活力,看到了奋斗,看到了梦想。整篇报道洋溢着一种悲伤的基调,这一基调是通过记者的扎实采访奠定的。其中大量关于两名年轻人生前的故事,是记者在与逝者亲友的访谈中获得的。文中贯穿着许多细节描写,让人们看到灾难中人性与人情从未缺席。比如,"附近赶来救援的人们用石头砸碎双层玻璃,幸存者从破裂的地方一个接一个地爬出来,人们用广告牌当做担架。救护车还没来,但为了运送伤员,路上所有的汽车都已经自发停下。摩托车不能载人,就打开车灯,帮忙照明。"要挖掘到这些细节,获得第一手的现场材料,需要细致入微的观察、设身处地的思考以及认真严谨的采访。

在灾难报道中,人情和人性之所以如此重要,就在于它让我们感觉到灾难离我们其实并不遥远,更重要的是,它让人们看到灾难背后所蕴藏的希望和力量。作者在面对一个重大事故的时候,寻找到一个小的切入点,从大背景里写小人物,这种以点带面的记录方式是典型的"冰点"风格,即通过人物故事的深挖,传递出浓浓的真情实感,从多个角度呈现完整的人物性格和事件真相,唤起读者共鸣,让读者觉得这些悲剧并非与我无关,进而展开深入反思。

正如报道中所说,"悲剧没有旁观者,在高速飞奔的中国列车上,我们每一位都是乘客。"特稿最重要的是记录这个社会正在发生的事情,通过新闻事件中小人物的故事,让人们的心灵受到触动,进而重新审视这个社会,反思我们所处的时代。在甬温线动车事故、北京7·21暴雨之灾、上海外滩踩踏事故、天津爆炸事故等一系列重大灾祸面前,人们需要的不仅仅是痛心疾首,还需要关注灾祸背后所反映的社会问题,将转型期的每一次阵痛转化为一股监督的力量和前行的动力。

《中国青年报》的这篇特稿刊出后，立刻在互联网上引发强烈讨论，仅网友林天宏、摘星手的两条推荐帖文，三天时间内就在微博被转发了近10万条，评论1.5万条。可以说，灾难报道中的人性、人情是最真实、最动人的。通过以情动人的写作笔法，让人们感同身受，在扼腕叹息的同时，也唤起人们的良知和监督社会的责任感。

三、生动活泼

社会新闻常常包含一些轻松有趣的题材，在这些题材中，报道的文风也变得生动活泼、诙谐幽默。除此之外，在一些带有调查性质的报道中，也能看到生动活泼、形象贴切的写作手法。这一方面和媒体的自身定位有关，另一方面也同记者的文字水平和写作技巧有关。下面，我们来看2015年9月8日《文汇报》第7版的《今年中秋月全食　巧遇"超级月亮"》一文：

　　本报讯（记者　张鹏）　由"超级月亮"主演的月全食，将为今年中秋赏月带来一场难得的天文奇观。9月27日是今年的中秋节，9月28日恰逢农历八月十六，月全食带来的"红月亮"将与"超级月亮"喜结良缘。不过，可惜的是，这场月全食发生时，中国正值白天。

　　9月28日当天，月球运行在椭圆轨道上的近地点，且正好是满月。此时，月亮会比平常看上去更大，也就是人们理解的最大最圆月亮，也称"超级月亮"。

　　这次月全食整个北美洲和南美洲、欧洲、非洲和太平洋东部地区都可以观看到。遗憾的是，月全食发生时间约为北京时间9月28日9时45分，中国正值白天，不能一睹"红月亮"的风采。据中科院紫金山天文台科普部主任张旸介绍，从1951年到2050年这100年，"十五的月亮十五圆"将出现39次，"十六圆"的情形有48次，"十七圆"将出现13次。根据美国太空总署消息，自1900年以来，人类一共才看到过5次"超级月亮"的月全食，上一次发生在1982年，而下一次则要等到2033年才会出现。

不过，虽然与"超级月亮"月全食无缘，中科院上海天文台通过科普网站"天之文"再次向天文爱好者们发出倡议：在今年中秋假期中的任意一天，将你的天文望远镜搬下楼，与亲朋好友、街坊邻居，乃至路人一同分享这一轮中秋明月，一同分享天文带给我们的乐趣。

这则报道是关于一个轻松有趣的选题，即2015年的中秋节将出现"月全食"和"超级月亮"并存这一难得的天文奇景，报道中对此表述为"月全食带来的'红月亮'将与'超级月亮'喜结良缘"，其中"喜结良缘"一词，既应时应景，又诙谐幽默。整篇报道的文风较为轻松，最后以一则倡议作为结尾，号召天文爱好者们"在今年中秋假期中的任意一天，将你的天文望远镜搬下楼，与亲朋好友、街坊邻居，乃至路人一同分享这一轮中秋明月，一同分享天文带给我们的乐趣"。短短五百字的报道，让读者充分感受到活泼有趣的氛围，对即将到来的中秋节不免产生一丝别样的憧憬。

对于诸如此类轻松活泼的选题，要想让文字变得鲜活明快是比较容易的。然而，在谋篇布局、遣词造句常常留给人们一种严肃沉稳印象的调查性报道中，也能看到一些生动活泼的个例。如《新民周刊》2007年第31期的"封面报道"《普洱本姓"普"》一文，就在标题、正文和插图中都体现出生动活泼的笔锋，虽然是在调查一个严肃的社会现象，但却让读者在阅读时感到轻松愉悦。在标题的拟定上，记者运用了双关、拟人、对比、回环、反问等修辞手法，轻松诙谐的同时又暗含深意，带给读者独特的阅读趣味，如主标题《普洱本姓"普"》就一语双关地道破了普洱茶价格的玄机，子标题《普洱，不一样的股市》《普洱幸？普洱劫？》《"反泡沫斗士"邹家驹》等也颇具诙谐幽默的意味。我们来看一下这组报道的编者按：

很高兴普洱茶重新回到人间。最近的消息显示，"普洱热"终于高位跳水，大大降温，这种理性的回归，我们宁可把它视作一种暗喻："出来混，总是要还的"。

它姓"普",这很清楚,普通的"普"。查《中国茶经》,140万字的叙述,专门介绍"普洱茶"的只有500字,虽不彰显,但是平实中见嘉许,已经给了它够高的地位。然而曾几何时,转踵之间,黄袍加身,山呼万岁,大单涨停,"一克普洱一克金",癫狂时,京城诸豪计量财富据说奢华到用"饼"来作为结算单位。

茶没疯,人疯了。如果,我们还保存一些历史记忆的话,应该相信类似的疯狂当然不是第一次,而幕后推手又总是师出同门,江湖嫡传。

股疯邮疯炒楼疯,往前细数还有更疯更不可理喻者,我们已经习惯把一个人或一件事哄抬到离谱的高度,然后拍拍手看着它轰然倒地,真所谓"武功再高,就怕菜刀",墨菲定律类推:如果你担心被人乱剁,那么,你就可能被剁。

历史回眸,大抵如此。

所幸,普洱茶终于重回人间。

所幸,市场再怎么震荡也得回归理性。

编者按的第一句话便是"很高兴普洱茶重新回到人间",其中,"重新回到人间"六个字生动幽默地概括了普洱茶价格所经历的离奇波动,之后编者又用"出来混,总是要还的"、"武功再高,就怕菜刀"等俗语将普洱茶市场"戏说"了一番,并且用"然而曾几何时,转踵之间,黄袍加身,山呼万岁,大单涨停,'一克普洱一克金',癫狂时,京城诸豪计量财富据说奢华到用'饼'来作为结算单位"这种半文半白的表达方式生动地展现出普洱价格的疯狂抬升。这种诙谐幽默的语言表达比起刻板乏味的数据分析和理论说教,往往更能引起读者的阅读兴趣和心理共鸣,收到更好的传播效果。

在随后的报道中,记者将"普市"比作股市,将"普民"比作股民,用股市里的"大盘""庄家""散户""建仓""抛盘""崩盘""套牢""K线图""指标股"等专业词汇来形容"普市",并且时常出现一些妙语连珠、俏皮幽默的语句,如"采茶如采人民币""一天摘来一部电视机""茶树就是印钞机""'普市'有暗礁,投资需谨慎"等,让读者在会心一笑之后,不免陷入沉思。

除了标题和正文内容，这篇报道的配图也非常生动形象。其中封面所配图片为一摞摞的普洱茶饼东倒西歪地叠放在一起，上面盖有一个大大的写有"普"字的红色钢印，"普洱本姓普"五个字压在钢印正中，所有这些无不在暗示背后的普洱茶其实只是"普通"的商品；内页的对开图片则是一杯沏好的普洱茶上方有一个正在往下跳水的人（见图8）。无须任何文字说明，这两幅图片已经直观形象、诙谐幽默地表现出当时的"普洱热"以及后来的价格高位"跳水"。

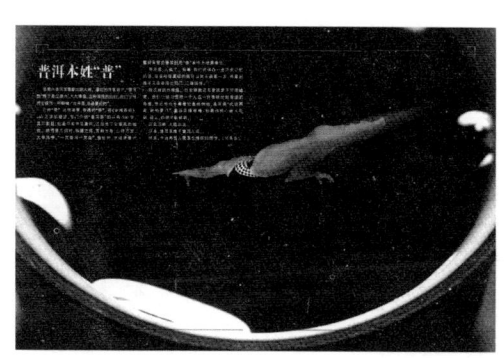

图8 《普洱本姓"普"》报道配图

四、冷静理性

社会新闻常常以社会风气、社会现象、社会问题作为报道对象，因此要求记者要保持冷静清醒的头脑，以平和理性的态度进行写作，特别是在一些社会新闻报道出现娱乐化趋势的今天，更应该强调回归冷静理性的表达方式。首先，对于有争议的社会事件，要保持客观中立的态度，通过多方采访，给事件各方一个公平公开的发声机会，做到不偏不倚，不私不盲；其次，在进行揭露性报道以及舆论监督的时候，要努力做到"建设性地批评"，通过记者的深度调查，透过事物表象挖掘事物的本质，提出有价值、有深度的观点，反对哗众取宠，耸人听闻，更反对扭曲或误导舆论。

作为一个有社会责任感的媒体工作者，要学会冷静、平和、理性地看待事物和问题，避免在报道中加入过于情绪化的表达，不要一味追求"愤青气质"或者"广场效应"，而应该用更深刻、更权威、更智慧的写作手法，依靠对新闻事件、重大政策的理性报道，影响读者的价值取向和行为选择，对于处在转型期的中国社会在发展过程中面临的问题，尽量采取"软着陆"的报道方式，揭露社会问题的同时，缓解社会矛盾，提出建设性意见，推进社会在稳定基础上的渐进式改革。

下面以2015年9月11日《北京青年报》A13版关于"6·20南京宝马肇事案"的报道为例进行讲评：

南京检察机关10日发文解释宝马肇事案精神鉴定相关情况

车祸肇事者曾报警称有人害自己

6日，南京交警官方发布通报称，针对6月20日发生的南京宝马肇事案，经南京脑科医院司法鉴定所鉴定，8月31日出具鉴定结果表明"王季进作案时患急性短暂性精神障碍，有限制刑事责任能力"，此通报一出，引发网友热议。昨晚，南京市秦淮区人民检察院官方微博发布"关于对王季进涉嫌刑事犯罪批捕时有关情况说明"一文，解释了关于对王季进进行精神疾病司法鉴定的相关事宜。

检察院曾建议公安对肇事者进行精神鉴定

昨晚南京市秦淮区检察院发文称，有网民对检察院在批准逮捕王季进涉嫌刑事犯罪时是否向公安机关提出进行司法精神疾病鉴定一事进行询问，对此，文中回应道，检察院在作出批准逮捕决定的同时，建议公安机关在捕后侦查过程中，全面收集主、客观证据，包括对犯罪嫌疑人王季进作案时的刑事责任能力进行司法鉴定的相关证据。

文中表示，今年6月28日，南京市公安局直属分局向检察院提请批准逮捕犯罪嫌疑人王季进，检察院经审理认为，王季进涉嫌交通肇事罪事实清楚、后果严重，于7月4日作出批准逮捕决定。

同时，检察院在审查公安机关提供的证据材料时发现，有证据反映出王季进在案发前后有精神异常的表现，并且，犯罪嫌疑人王季进的律师在本案提请批准逮捕之前，已经向公安机关提交了刑事司法鉴定申请，申请对王季进的刑事责任能力进行司法鉴定。

此外，检察院人员前往羁押场所对王季进进行询问时，监管人员反映其身体、精神状态均存在异常，检察人员也发现其神志不清，无法正常交流，故无法按照法律规定告知其权利义务及对其进行询问。

三方面证据反映王季进案发前后精神异常

检察院发布的说明中称，有证据反映出王季进在案发前后有精神异常的表现。首先，事故发生前约2小时，王季进曾经打110电话报警，称有人害自己，手机被监听，自己做的事情回答不出来是对还是错，这一点有接警处信息、110接警处电话录音资料可以证明。

同时，王季进亲属证言，王季进在案发前一天称被人跟踪，说别人知道他的行踪，案发当日，王季进在与其亲属通话时称感觉就像中邪了一样，脑子很清楚，但行为不受控制。除此之外，文中也说到，公安机关出具的抓获经过和相关证人的证言都表明，王季进在现场附近被抓时，行为异常、不能与人正常交流，且向妻子称妻妹被人杀害（未有其事）。

根据文中内容，王季进的律师、公安机关人员、监管人员、检察院人员等都在事发后会见王季进时发现其意识混乱，行为不受控制，无法正常交流。

回应

死者家属：如没新证据出现　还是考虑申请重新鉴定

宝马肇事案中男性死者薛某的父亲称，自己不太信任这些说法，认为证据欠缺说服力。如果没有新的证据出现，他还是会保留申请重新鉴定的想法。

薛某父亲说，在事发后的三个多月里，关于王季进的疑点一点点都似乎被解释清楚了，"从吸毒到酒驾，到现在有精神疾病，关于王季进那边，一切进展太顺利了，我不知道该不该相信，该相信谁，所有的证据都站在他那边，我们是被动的，没有人来找过我们，我们这边没有一点进展。"

薛某父亲认为，自己还是会继续看情况决定是否要申请重新鉴定，"如果没有新的证据出现，我还是会考虑申请重新鉴定。"薛父表示，"对这件事，我就是想将违法的人绳之以法，承担他应该承担的责任，毕竟他造成了两人死亡，他应该承担责任，我只希望有一个公正、公平的处理结果，算是对我儿子的一个交代。"本组文 / 本报记者　高语阳

2015 年 6 月 20 日，南京市发生了一起重大交通事故，一辆宝马轿车超速闯红灯行驶，撞上一辆正常行驶的马自达轿车，造成马自达轿车内一男一女不幸身亡。此事件一经披露，即在民众当中引发强烈讨论，人们对事故现场的惨烈程度，肇事车辆接近 200km/h 的车速，肇事嫌疑人的身份背景，官方通报的细节信息，以及此次事故的肇事原因等都展开了热烈讨论。9 月 6 日，南京市公安局交通管理局通过其官方微博发布消息，称此次肇事案犯罪嫌疑人王季进被鉴定为"作案时患急性短暂性精神障碍"。消息一出，立即引发各方关注，人们对此次事件中一波三折的案情再次展开激烈讨论。

面对此类社会争议较大，且依然处在审理过程中的交通肇事案件，媒体如何客观、公正、全面地进行报道，在满足公众知情权的同时，又能严格恪守媒体的职业操守和行为准则，在保障信息公开和维护法律尊严之间做到平衡，避免媒介审判和干预司法的情况发生，这涉及媒体的专业性和权威性。在这篇报道中，记者较为平衡地体现了涉事各方的观点，既有南京市秦淮区人民检察院对相关情况的说明，包括反映王季进案发前后精神异常的三方面证据等，又有死者家属对此说明的回应。记者在报道中始终保持冷静理性的态度，没有发表任何评价性意见，也没有进行任何情感表达和情绪引导，而是将采访到的事实进行客观陈述，并且没有给出推测性或导向性的结论。这样的写作手法，是在这一类型的报道当中值得借鉴的。

第六章
常态社会新闻写作

第一节　常态社会新闻的写作技巧

一、随时随地记录所见所闻

常态社会新闻主要包括人情冷暖类、生活资讯类、休闲娱乐类、社会风貌类、名人逸事类等几大类新闻报道，对于发稿的时效性不像突发新闻那样有着特别严格的要求，很多选题需要通过记者长期在生活中的观察和感悟来获得。因此，学会观察，养成随时随地记录的习惯是积累此类新闻写作素材的一个好方法。记者应该随身准备纸笔或其他采访工具，方便自己在发现新闻线索的当下及时进行记录和采访。可以说，一个好的社会新闻记者，应该是一个社会的洞见者、守望者和思考者，要善于从点滴中记录，从点滴中发现，从寻常生活中找寻有意义、有价值的选题，推进社会的良性运转，当好社会的护航员。

二、掌握基本的新闻写作框架

作为一名社会新闻记者，熟练掌握不同新闻体裁的写作手法和写作框架，对于报道各类题材的常态社会新闻具有很大帮助。下面简要介绍几种社会新闻报道常用的写作体裁：

1. 事件性消息

消息是以简要的语言文字迅速传播新近事实的新闻体裁，其中最常见的是事件性消息，它是以某个独立的新闻事件为核心而展开的新闻报道，包括大量动态消息、现场特写（新闻素描）等。因具体情况的不同，还可进一步分为突发性事件消息和可预见性事件消息。

事件性消息的写作要点是简明扼要地体现新闻要素，包括事件发生的时间、地点、人物、起因、经过、结果等，即"5W+1H"：何时（When）、何地（Where）、何事（What）、何因（Why）、何人（Who）、如何（How）。在写作过程中，比较容易出现的问题有：（1）缺少必要的新闻要素，令事实模糊不清；（2）缺少关键的细节信息，令事件脉络不清；（3）缺少适当的背景资料，令事件轮廓不清。

- **事件性消息报道示例：**

北京发生持刀伤人案致1死多伤 嫌疑人拒捕被击伤

（人民网北京9月8日电）据北京市公安局官方微博消息，9月8日4时许，北京市公安局110报警服务台接群众报警称，在朝阳区小店村附近，有人持菜刀砍死一人、砍伤多人。

接警后，市公安局立即调派警力进行处置，并迅速协调医疗急救力量救治伤者。在抓捕过程中，嫌疑人持菜刀拒捕，警方依法开枪将嫌疑人（宋某某，男，29岁，黑龙江省人）击伤并控制。

目前，伤者已送医院进行救治，生命体征平稳。警方正在进一步工作中。

2. 解释性消息

解释性消息也称背景新闻，是一种以传播观点、意见为主的新闻报道。这一新闻体裁的报道重点在于说明事件的来龙去脉，分析新闻事件的因果关系，回答新闻要素中的"如何（How）"，有时也会涉及事件的后果和影响。在消息写作过程中，记者要有大背景意识，应当将新闻事件放到一定的历史脉络中去考察、分析，有选择地为读者提供新闻事件、社会问题或社会现象的背景资料，探究事件或问题产生的根源，让读者从中得到启发，起到答疑解惑、消除误解的作用。

解释性消息的新闻性主要体现在：（1）它是针对新近发生的事件或现象的分析；（2）它具有一定的时效性，通常是在新闻事件发生的当下发出报道；（3）它在分析中提供的是最新的、读者尚不了解或未注意到的信息。

记者应该培养敏锐的新闻嗅觉,对当下正在发生的新闻事件展开思考,从中发现需要进一步阐释、可供深入开掘的选题。

- 解释性消息报道示例:

埃博拉病毒为何难"破"

新华网北京8月4日电(记者张忠霞) 西非地区的埃博拉疫情引起全球关注。但其实,人类早在1976年就发现了埃博拉病毒。近40年过去了,科学家为何仍未研发出针对这一致命病毒的特效药物或疫苗?破解埃博拉到底难在哪里?

首先要从埃博拉病毒说起。这种病毒很难对付,对实验室中的培育环境要求极高。相关实验必须在高安全防护措施的实验室中才能进行,而具备这样条件的实验室在全球范围内数量有限。

其次,埃博拉虽然是一种致命病毒,但客观地看这种病毒其实很少见,它的传播范围基本上就集中在西非地区,很多人以前甚至没听过这个病名。正如世界卫生组织发言人格雷戈里·哈特尔所言,"由于史上埃博拉病例出现不多,此前医学界并未像研发艾滋病疫苗一样存在迫切压力。"

而且埃博拉疫情的暴发时间不规律,不像某些病毒性传染病有特定的季节性,因此也就无法预知和防范。这就导致研究人员测试新疗法的机会也相应减少。

此次西非三国几内亚、利比里亚和塞拉利昂暴发了迄今最大规模的埃博拉疫情,截至目前报告的确诊和疑似病例总计1000多例,这与常见的疟疾、登革热等传染病相比,规模要小得多。而此前许多年,埃博拉在西非地区基本上只是零星感染。

此外,缺乏经济效益也是针对埃博拉的特效药物或疫苗迟迟无法研制出来的原因之一。埃博拉药物或疫苗研发需要巨额资金,其销量却很有限,肯定没有私人企业愿意投资。英国雷丁大学病毒学家本·诺伊曼就说,"做埃博拉这种研发,对于任何一家医药公司来说,从经济角度看都是不可行的,因为企业要考虑到经济利益"。

目前，主要是美国等少数发达国家的政府在资助埃博拉病毒的研究，而发达国家政府资助相关研究并非因为这是一种常见传染病，往往是出于防范生化袭击的考虑，其成果也很难扩散到企业。

由于以上种种因素，针对埃博拉病毒的特效药或疫苗研发一直进展很慢。美国疾病控制和预防中心主任托马斯·弗里登就曾表示，至少一年内不会出现针对埃博拉病毒的有效疗法和疫苗。直到这次西非暴发严重的埃博拉疫情，相关的研发才开始加速前进。

盘点全球，目前正在研发的少数几种埃博拉药物或疫苗，主要集中在美国，但尚无一种完成严格的临床试验。据媒体报道，美国陆军资助研发的一种埃博拉药物已经在猴子身上显示出理想效果。美国弗吉尼亚大学传染病专家弗雷德·海登谨慎评价说："这种药物应该能行，因为动物模型（显示有效），但是，除非在人体中进行临床试验，否则谁也不知道。"

至于疫苗，美国政府资助研发的一种疫苗虽然已经在灵长类动物中取得了理想效果，但人体注射后效果如何、安全剂量是多少尚不可知。加拿大一家公司与美国政府签署了1.4亿美元的合同研发埃博拉疫苗。但早前，他们在健康人身上进行接种试验时，被美国食品和药物管理局叫停，理由是还需提供更多疫苗安全信息。

眼下，医务人员面对埃博拉出血热患者能做的就是：减轻高热、呕吐、腹泻等各种症状，保证患者不脱水。埃博拉病毒虽然致死率高，但如果感觉不适时及时寻求医疗救治，有些患者仍有机会康复。

那么这些尚未经过大规模人体临床试验的药物或疫苗，在当前西非疫情大暴发之际能先行使用吗？对此科学家分歧严重。

病毒发现者之一、现供职于伦敦大学卫生与热带医学院的彼得·皮奥特认为，鉴于这次西非疫情史无前例，应该认真考虑是否采用试验性药物或疫苗。但也有很多专家表示，使用任何尚未经过大规模人体临床测试证实安全性的疗法或疫苗，都是不符合伦理道德的，而且很可能引发灾难性后果。

世卫组织发言人哈特尔也说，目前阶段，世卫暂无计划要推动在西非疫区投放任何试验性药物或协助开展任何临床试验。

2014年2月西非爆发埃博拉病毒疫情,感染人数和死亡人数日趋上升。2014年8月4日,在疫情发展形势比较严峻的当下,新华社发出这篇解释性报道,分析了为何科学家至今未研发出针对这一近四十年前就已被人类发现的致命病毒的特效药物或疫苗。文章层次清晰,用"首先""其次""此外"等连接词层层深入地剖析了破解埃博拉病毒的难点究竟是什么,并介绍了当前针对埃博拉病毒的药物和疫苗的研发情况。报道针对性较强,对于正在发生的热点新闻事件进行解释和分析,解答了部分人的困惑,具有一定的科普意义。

3.服务性消息

服务性消息是社会新闻报道中常见的一种体裁,它是以提供切实可用的信息为内容的新闻报道,西方称之为"菜篮子新闻"。不同于广告性消息,它的出发点不是从商家的角度,而是从读者的角度出发,为读者的日常生活提供必要的资讯和帮助。

具体而言,服务性消息主要包括以下几方面的内容:(1)在经济领域为民众提供生活、消费指南,保护消费者权益;(2)在医疗保健领域为民众提供指导和建议,满足人们提升生活品质的需求;(3)为民众提供休闲娱乐方面的及时资讯和出行指南;(4)关注科技发展对民众生活的影响,为人们提供参考性信息。

• 服务性消息报道示例:

医生提醒市民注意:多吃柿子易发急性肠梗阻

本报讯(记者廖怀凌、通讯员朱素颖) 眼下柿子大量上市,中山大学第二附属医院南院消化专科门诊多了许多腹痛病人,多因过量食用柿子而诱发急性肠梗阻。

一名30多岁的男子近日因腹痛急速求诊,当时他腹胀如鼓,呕吐不止。值班医生检查后诊断为典型的急性肠梗阻。原来,家属买回几斤新鲜鸡心柿,他一次吃下大半,一小时后便觉剧烈腹痛,只好匆忙赶至医院。

据中山二院南院外科专家黄天立教授介绍,新鲜柿子含有鞣酸,尤其是柿皮和柿核含量较多,遇到胃酸能凝结成块,若一次吃大量鲜柿,极易发生肠梗阻。柿子若与豆腐、蜂蜜等食品同吃,会引起钙沉淀,形成胃石,诱发胃梗阻。

(2003年9月22日《羊城晚报》)

4. 事件通讯

通讯是运用叙述、描写、抒情、议论等多种手法,具体、生动、形象地反映新闻事件或典型人物的一种新闻报道形式。所谓事件通讯,就是报道典型的、反映时代风貌的、具有特定新闻价值或现实意义的新闻事件的一类通讯。它既可以全面报道一个重大新闻事件的来龙去脉,深刻发掘事件背后所包含的意义;也可以从某一新闻事件中截取一个或若干个断面或场景,进行详尽细致的描述,为读者提供关于事件的具体情节,让读者窥一"斑"见全"豹"。

事件通讯以记事为重点,对事件意义的阐述是它区别于消息写作的一个重要方面。在写作时,需要把新闻事件放在一定的社会背景下进行呈现,体现出事件在特定历史时期的特殊意义;要突出主要线索,写好典型情节;对于事件中出现的人物,要处理好他们同事件的关系,做到以事带人,情景交融。

● 事件通讯报道示例:

神圣的时刻
——中英防务事务交接仪式
肖福　胡训军　高吉全

1997年6月30日21点。

香港。添马舰军营(又名威尔斯亲王军营)。

这时,时钟的每一次滴答,都激动着中华儿女的心。

中英双方防务事务交接仪式将在这里举行。这是中国人民解放军最神圣、最自豪的时刻。

22点25分。人民解放军驻香港部队先头部队车队准时抵达添马舰军营。一下车，先头部队官兵和早先进驻的先遣部队官兵互相敬礼、握手，稍后立即整装列队。来到主楼北侧，共同迎接这一庄严而神圣的时刻。

23点49分。军营出奇地安静。

空空的哨位，空空的旗杆。在场的200名各国记者和驻香港部队官兵一道，都在等待一个时刻的到来。这一刻，将结束中华民族百年耻辱的历史，开辟香港更加繁荣稳定的新时代。

23点50分。一支由18名英军海、陆、空三军组成的卫队，在一名上尉军官的指挥下，步入营区大门东侧就位，两名英国士兵出列上岗。

23点54分。人民解放军驻香港部队由18名威武、英俊的陆、海、空三军战士组成的卫队，在指挥官张洪涛上尉的指挥下，迈着雄健、整齐的步伐进入大门西侧就位。

23点56分。我方两名陆军士兵从两队指挥官中间走过，分别站到大门内两侧。

23点58分。中英双方各自派出一名中校指挥官，面对面走到相隔4米处立定。这时，英方指挥官向我方中校指挥官谭善爱敬礼报告："谭善爱中校，威尔斯亲王军营现在准备完毕，请你接收。祝你和你的同事们好运，顺利上岗。长官，请允许我让威尔斯亲王军营卫队下岗。"

谭善爱中校用洪亮的声音答道："我代表中国人民解放军驻香港部队接管军营。你们可以下岗，我们上岗。祝你们一路平安。"说完，两人的手握在了一起。

这看似轻轻的一握，握别的是硝烟，留下的是未来。

"撤离。"英方指挥官一声令下，英军卫队走出营门，走向停靠在岸边即将离港的"漆咸"号驱逐舰。当最后一名英军士兵走出营门时，时针指向了23时59分55秒。

从此，英国在香港驻军的历史，将随着维多利亚港湾那翻滚的波涛远去。

神圣的时刻，就在眼前。

"立正——半面向右转!"身着新式礼服、肩挂绶带的人民解放军护旗队,迈着正步走向旗杆。掌旗手在两名护旗兵的护卫下,登上升旗台。

这时的军营庄严肃穆,场上的每个军人都似乎听得到自己咚咚的心跳。他们知道,全球华夏子孙,都在为这一刻呐喊——5、4、3、2、1!

巨大的报时钟显示着精确的时间。

零点零分零秒!

雄壮激昂的《中华人民共和国国歌》开始激荡在军营的上空!升旗手面向东方,将挂好的国旗用力一抖,两旁的升旗手拉动旗绳,五星红旗冉冉升起。随着国歌最后一个音符结束,国旗升到旗杆顶端,在维多利亚港湾海风的吹拂下猎猎飘扬。

这时,驻香港部队政委熊自仁少将走向讲台。他说,我们亲手将五星红旗高高升起在香港上空,这标志着饱经沧桑的香港彻底结束了150多年的屈辱历史,标志着我国政府正式对香港恢复行使主权,标志着人民解放军驻香港部队已经担负起香港特别行政区的防务,开始履行祖国人民赋予的神圣使命。

此时此刻,维多利亚港湾涛声阵阵。站在五星红旗下的每一个军人,似乎听到了大海正在轰鸣着一个老人的声音:"我讲过中国有权在香港驻军。我说,除了在香港驻军外,中国还有什么能够体现对香港行使主权呢?"

此时此刻,那高高飘扬在港岛上空的五星红旗猎猎作响,似乎是在替所有的军人们回答:人民解放军驻香港部队用行动告诉您,您的遗愿今天已经实现了!他们将履行自己的职责,让香港这颗东方之珠更加灿烂、辉煌!

(1997年7月1日《解放军报》)

5. 人物通讯

人物通讯是以特定人物为报道对象,反映一人或多人的思想、言行、事迹,通过人物的性格品质、精神面貌来感染、教育读者的一种新闻体裁。报道中的典型人物需要具有新闻性,具体包括以下几种类型:(1)各行各业的英雄模范人物，如雷锋、焦裕禄、王进喜、张海迪、孔繁森、李素丽等；(2)人们普遍关心的社会名流，如著名科学家、文学家、社会活动家、爱国人士、运动员、文艺工作者等；(3)在平凡的生活和工作中体现出某种人生价值和人生追求，反映时代风貌和鲜明个性的普通人；(4)具有一定争议性的新闻人物；(5)对社会大众具有警示作用的反面人物。

根据基本结构形态的不同，人物通讯可分为三种类型：(1)传记式，其特征是较为完整地展现人物一生的主要事迹；(2)特写式，重点展现人物的某一个侧面，集中于一时一事的报道；(3)群像式，集中展现某一集体中若干人，或是同一时空范围内某类人的行为特征或精神面貌。

在写作人物通讯的过程中，要注意表现人物性格的特异点，抓住吸引人的故事、打动人的细节和个性化的语言使人物变得丰满、鲜活、生动；要学会在矛盾冲突中展现人物的个性特征和精神品质，通过事实塑造人物，在真实的人物故事中体现人物特点；要通过侧面描写，学会借他人之口展现人物的性格品质，同时运用人物自己的语言和行为来表现人物，刻画出有血有肉的、立体的人物形象，揭示出人物的精神世界。

• 人物通讯报道示例：

如果孩子们期盼一缕春风，我愿献上整个春天
——记"最美女教师"张丽莉

本报记者　李斌　吕博雄

她喜欢穿高跟鞋，有一双修长的腿，眼睛"清澈明亮"。她微笑着走过来，连一些年轻的女教师都愿意多看她几眼。每天午饭后，她坚持站立半个小时，还经常站着批改试卷，以保持那高挑的身材。她的双腿被大巴碾轧后的第二天，她在网上购买的东西到了，一个同事接过包裹，在心里念叨：千万别是鞋，千万别是鞋！

在出事的那一天，她穿着紧腿的牛仔裤，在白色短袖T恤外，套着黑色的西服，"特别漂亮"。她像往常那样，用清脆的声音提醒下晚自习的同学：去吧去吧，过马路注意安全。而她却在几分钟后被卷入一场巨大

的危险之中。据媒体报道，失控的大巴车撞向她和学生们，"她用手一拨，用屁股一拱，救出了两个孩子"，自己却失去了修长的双腿。

这位名叫张丽莉的老师已成为人们心中的"最美女教师"。她28岁，在黑龙江佳木斯市第十九中学已任教5年，教语文，当班主任。她出生在教师世家，爷爷、父亲、大伯和婶婶都做过老师。小时候，她"经常心怀美慕，偷偷地阅读爷爷案边那一本本已被翻旧泛白的教科书，翻看一摞摞用红笔批改过的作业本"，也经常看到父亲与学生们在书房里兴高采烈地聊天。

她是个编制外的教师，每月仅有1000元左右的收入，但这些都没有妨碍她成为学校2011年度"最受学生欢迎的老师"。

当张丽莉的英雄壮举传遍神州大地的时候，她任班主任的初三年级三班的同学正沉浸在悲壮而忧伤的氛围中。5月22日，这个班级被命名为"丽莉班"。揭牌仪式上，同学们吼出了心中的誓言："老师，我们爱你，丽莉姐加油，请您放心，三班必胜。"

这些孩子还无法习惯没有"丽莉姐"在身边的学习生活。"这一年，她经常坐在教室最后一排，静静地听别的老师的课。"金雯雯同学说，老师这样做，是为了保证课堂纪律。这几天，在课堂上，金雯雯偶尔回头张望，但靠近窗台的那个位置空空荡荡，她便有点失落。

他们喜欢和那位"总是微笑着的老师"交往，感觉她"既亲切又严厉"。不过，她看重学生的"面子"，一般不会在课堂上直接批评某个同学，而是在课后找其单独谈话。

一个男生"忘不了3年前来到三班时，张老师脸上那太阳般的笑容和大大的眼睛"，也不会忘记她在黑板上写下的那行字："欢迎回家，我的孩子们。"

在一次演讲中，张丽莉说："(从教)两年来，我已渐渐明白，只有有爱心的教师，才能培养出有作为的学生。"孩子们在老师的辅导中、批改的作文里、自己过生日或者生病时，都能感受到老师的爱。

一名叫张铭硕的学生讲述了张丽莉利用午休时间在闷热的教室里为他补课的情景，他说："看着老师口干舌燥的样子，我被深深打动了。"

另一名学生则在作文中赞美老师像大姐姐一样给予她关爱。她写道："我得了一场病，在哈尔滨住院时，张老师总是隔几天就给爸爸打电话询问我的病情。她听到我出院的消息，连说话的语气都变得轻松了许多，在电话中嘱咐我不要着急回来上学，先把病养好了，老师再给我补课。听着老师的嘱咐，我心里暖暖的。"

张丽莉在8年前失去了母爱，她结婚以后还没有孩子，但一些学生认为，丽莉老师给了他们"母亲般的爱"。

张丽莉的大学同学胡蕊说，丽莉的钱包里有一张全家福，在照片背面，她写着："我和爸爸相依为命。"室友们发现，这个看起来坚强乐观的同学，有时会对着照片悄悄流泪。毕业后，她在写给同学的一封信中说："我讨厌自己脆弱的样子，不管怎么样，我都要开心地过好每一天。"

现在，她躺在病床上，正经历着威胁生命的挑战。5月21日，她面对记者的镜头，挥动右手，露出了笑容。"最美女教师"绽放笑容的照片，让一些人潸然泪下。

坚强而又乐观，是同事们对张丽莉的评价。她拿着微薄薪水、把一天中大部分时间都花在学生身上，享受着教师这个职业带给自己的成就感。她热心地参加学校的各项活动，为宣传片配音、担任文艺晚会的主持人，"在演讲比赛中大方自信地第一个登台"。同事们很少听到她的抱怨声，即便她因为超负荷的工作而导致了流产。

她在微博上调侃自己："我是好宝宝，周末也加班。"她在微博上感叹："滚滚黄河，滔滔长江，给我生命，给我力量——每天，我都在如此美妙的歌声中结束一天的工作，这是一件多么美好的事情啊！"去年儿童节，她又在微博上自我评价："我的心理年龄可以在今天过节！"

她偶尔也会像孩子那样赌气。一次，当张丽莉发现上课用的麦克风被学生弄坏以后，生气地离开了教室。下午，她被学生们请了回来，她一走进教室，全班同学异口同声："三年风雨，有缘同舟，老师，谢谢你，丽莉姐，我们爱你。"金雯雯说："老师特别感动，还哭了。"

张丽莉曾经表示："作为教师，如果孩子们期盼一缕春风，那么，我愿意献上整个春天"，而她自己所需要的，"只是在青春年华，放飞师爱，伴着我可爱的孩子们,风雨兼程,一路同行"。

在工作的第三年,学校决定安排张丽莉担任初一班的班主任,这意味着她要离开已经相处了两年的学生。她在自己的QQ空间里袒露了对他们的不舍,并说:"谢谢我最爱的孩子们,正是因为生活中有了你们的存在,两年来,我才拥有真实的喜怒哀乐!"

她为新接手的班级确定了"班级公约",并打印出来贴在墙壁上:"我是一个坚守良知的人,我将无愧于父母和老师的审视;我是一个骨气如钢的人,我将不甘平庸,用百倍努力改变人生;我是一个潜力无限的人,我将始终不渝,力争做最好的自己;我是一个意志坚强的人,我将不怕苦累,用坚韧的意志不断攀登;我是一个惜时如金的人,我将分秒必争,学习勤奋,力求高效;我是一个品德高尚的人,我将乐于助人,做一个温暖他人的自己。"

学生冯佳瑞盯着"班级公约"看了一会,她说:"张老师就是这样的人,她是我们的标杆。"(后略)

(2012年5月25日《中国青年报》第1版)

6. 风貌通讯

风貌通讯,又称概貌通讯,是反映社会生活、风土人情、自然风光和某一地区、某一单位的风貌变化的报道。这类通讯题材广泛,笔墨生动,寓意深远,给人以如临其境的感觉。它呈现给读者的通常是某地的新变化、新气象、新面貌,突出展现"新、奇、美"等特点,起到开阔视野、陶冶情操、振奋精神的作用。

风貌通讯的题材主要分为两类,一是社会生产、生活中的新气象、新风貌,二是各类名胜古迹、自然风光、人文景观、风土人情等。根据写作方式的不同,主要分为三种形式:(1)见闻式:主要体现作者的所见所闻所感,类似游记的写作笔法;(2)巡礼式:亦称步移式,即随着记者立足点的变换,展现相对应的场景变化;(3)侧记式:记录某个事物或某一活动的具体场景和细节,具有较强的现场感,如会议侧记、参观侧记等。在这类通讯的写作过程中,要做到:(1)抓住特点,展示见闻;(2)对比衬托,突出主题;(3)缘物寄情,情景交融;(4)传播知识,陶冶情操。

一篇好的风貌通讯，人们读起来就如同在作者的导游下进行一趟旅行，不仅可以"看"见风貌，还能够"听"见甚至"闻"见当地的风貌。当然，风貌通讯不仅仅是像照相一样记录下记者的所见所闻所感，它还可以回顾过去，展望未来。在写作过程中如果能够加入一些背景资料介绍，会令通讯写作增色不少，比如结合当地的社会、政治、经济、文化、历史状况进行介绍，或是加入一些具有地方特色的风土人情、民间传说等，不仅能够增加文章的美感，给人带来审美的愉悦，同时又能让人在思想上有所收获，在鉴赏风貌的同时，感受到历史、人文情怀的熏陶。

• 风貌通讯报道示例：

太行深处有乡愁
——涉县王金庄村建设"美丽乡村"见闻

本报记者　佘志娟　通讯员　王月红　赵永江

石街石道、石房石墙、石碾石磨，上山建房、梯田耕作全靠"驴子"帮忙……王金庄村位于太行深山区涉县井店镇，2013年农村面貌改造提升行动前，村民们把这种原生态的生活叫作"苦日子"，如今，一样的生活他们却品出截然不同的滋味，甜在心头，乐在其中。

从涉县县城乘车向东行驶20公里，便来到王金庄村。虽藏于深山，却名扬天下。2013年王金庄一街村被河北省评为"省级美丽乡村"；2014年被农业部认定为"中国最美休闲乡村"和"中国美丽田园"。

在"山"上做文章，独具梯田之韵

梯田是王金庄村祖祖辈辈赖以生存的命根子，这里的人们在"山"上做文章。目前，该村共垒筑梯田1.2万亩，5万余块，土层厚的不足0.5米，薄的仅0.2米，石堰长度近万华里，高低落差近500米，形成极其震撼的"梯田文化"，成为涉县旱作梯田系统的重要组成部分。

在"石"上造特色，独有石头之美

该村在"石"上做特色，传承传统文化基础上，保护开发了石头文化，充分体现"记得住乡愁"的乡土文明。同时，在石头房内增加了太阳能、新型炉具等现代化设施，形成独具匠心的"农家石头文化"和"历史文化记忆"。目前，全村新改厕1424座，硬化道路12.1万米，砌污水渠2300米，村民生活水平得到全面提升，"中国传统村落"实现质的变化。

在"驴"上增乡愁，独成交通之景

受地理环境限制，毛驴成为王金庄村重要的生产工具和交通运输工具。该村在"驴"上增"乡愁"，打造了"毛驴之景、金驴文化"，居民家家户户养驴，毛驴也是每个家庭中的一员。

富有经济头脑的王金庄人，依托广阔的山场资源和天然牧场，发展了独特的肉驴养殖产业，全村共发展肉驴养殖近千头，年为民增收达200万元以上。

在"水"上创品位，独享田园风情

王金庄村依托村庄自然禀赋、历史文化、乡风民俗、山水风情等特色资源，在"水"上创精品。11座塘坝水库绵延长10公里的"黄金水道"，与沿线千亩中药材基地和"十里香"大红袍花椒林，共同构筑成一道美丽的风景线，每年吸引游客达1.1万人次，旅游综合收入达300多万元。

(2015年1月15日《邯郸日报》第1版)

7. 社会观察通讯

社会观察通讯是报道社会现象、剖析社会问题的一类通讯。与事件通讯、人物通讯、风貌通讯不同，社会观察通讯并非着眼于社会上的某一特定事件、人物或风貌，而是将视角对准某类社会现象，通过深入观察、采访，揭示社会生活中值得注意的新变化、新问题、新观念。

这类通讯的报道视野较为开阔，重点着眼于反映社会现实、监督社会生活，其报道关注点主要集中在以下几个方面：（1）涉及社会公平、正义的某类现象；（2）引发社会矛盾和广泛讨论的某类问题；〔3〕各种社会人群，特别是弱势群体的生存状态等。

在采访和写作过程中，记者要保持敏锐的新闻嗅觉和高度的社会责任感,直面社会舆论中的热点、难点问题,勇于揭露社会的丑恶面和阴暗面,追求社会正义,维护公众利益,促进社会进步;要深入社会底层,进入新闻一线,运用各种采访手段挖掘真实、准确的第一手材料;要注重点面结合,通过典型个案透视社会现象的全貌,运用纪实手法对人物、情节、场景、对话、数据等素材进行客观呈现,同时为读者提供概括性的背景介绍;要掌握好报道的尺度,保护普通民众的隐私权,保持审慎、冷静、客观的态度,防止片面、偏激的报道。

- 社会观察通讯报道示例:

性侵,离孩子究竟有多远

本报记者 章正

14岁的湖南女孩思思(化名)已经第三次怀孕了。在思思父亲的坚持下,她只能选择生下孩子。父亲的目的是,让思思生下孩子,通过亲子鉴定,找出孩子的爸爸。因为,谁都不敢肯定,思思肚子里的孩子到底是谁的,就连她自己也不清楚。

就在3年前,12岁的思思第一次怀孕——她被同村的74岁老人性侵,后来怀孕产下孩子。如今,思思把自己的孩子叫"妹妹",她没有能力和意识照顾这个孩子。打开电视,思思最爱看的节目是动画片。

性侵、怀孕、产子、再怀孕⋯⋯眼前稚气未脱的思思,究竟经历了什么样的人生历程?

思思逃不出被"痴汉"性侵的怪圈

2013年,思思被性侵的遭遇被媒体报道后,自称是好心人的夏建(化名),专程赶到思思的湖南老家,来看望她。

随后,为了给思思换一个生活环境,在儿童希望救助基金会的帮助下,思思全家在北京安顿了下来,思思被安排在北京的一所私立学校继续上学。该基金会还给思思的父亲找了一份工作,她的母亲负责照顾思思的孩子。

"思思被性侵生下孩子后,情绪不太稳定,有过自残的行为。"儿童希望救助基金会社工李梓琨回忆，后来，"在学校老师的照顾和帮助下，思思的情绪才逐渐稳定下来"。

不过，2014年6月的时候，专门负责照顾思思的社工李梓琨发现她有些不对劲。

"我发现思思QQ上的聊天记录中有黄色图片，双方还以老公老婆相称，后来我问思思，她承认对方就是夏建。"李梓琨说。

然而，思思的妈妈却一直觉得夏建是个好人，对自己全家特别关心。2014年的夏天，思思妈妈带着思思和孩子，多次前往夏建在深圳的家。

"我们刚开始不清楚夏建是什么人。之后我们了解到，他是单身，开办了几家幼儿园。后来，救助团队发现，思思在深圳期间，夏建曾带她去堕过胎。"李梓琨说，当时思思在电话里就确认了这个事实。

思思在深圳期间，儿童希望救助基金会委托深圳市龙岗区恒创未成年人公益服务中心的李鼎律师帮助思思。李鼎律师说："当着另外一些媒体的面，夏建承认与思思一起看过黄色视频。"

可以推测的是，这些情况思思的妈妈应该都了解，毕竟她和思思生活在一起。

"她的父母不止一次地和我们说，夏建提出要娶思思。"李梓琨告诉中国青年报记者，在深圳的时候，夏建曾经带着他的家人找思思的父母提亲。

今年1月，思思发现自己第三次怀孕了。这是谁的孩子？思思和她妈妈都不知道，一笔糊涂账。思思和妈妈执意要前往深圳"投奔"夏建。理由非常简单——没脸在北京待了。很快，思思和她妈妈在夏建的幼儿园里住下了。这让负责照顾思思一家的儿童希望救助基金会觉得非常无奈。

7月的一天，事情再次发生了逆转。

思思与夏建突然"闹掰了"，思思来到派出所，称夏建性侵过她，肚子里的孩子是夏建的。

报警后，李鼎律师整理了多份思思的谈话材料交给警方。警方收到材料当即抓捕了夏建。

可是，思思和她的妈妈在关键问题上产生"分歧"。思思说孩子是夏建的，而思思的妈妈却坚称，思思肚子里的孩子是北京的一个手机店老板的。

因为母女在关键细节上的不一致，警方只好释放了夏建。由于思思的预产期在9月，只好等孩子生下来之后，再做亲子鉴定。

"思思告诉过我，夏建与她经常发生性关系，每次发生之后，都非常注意销毁证据，夏建把用过的纸巾都会扔到窗户外面。"社工李梓琨说，这个细节"思思跟我说过很多次"。虽然思思说话经常反复，但是李梓琨在不同时间段听到思思提及这一细节。不过，夏建一直对媒体否认这一点。

思思为何小小年纪在短短时间内多次怀孕？就此记者多次试图联系思思父母，但一直没有联系上。"思思多次怀孕，原因就在于她长期缺乏爱，而这种爱她从父母那里得不到。"社工李梓琨分析，"思思分不清爱与性，她有时候认为爱就是性，而她父母也管不了她，所以才酿成了这样的悲剧"。

中国青年报记者了解到，其实，像思思这样遭遇不幸的孩子还有很多。

根据《2014年儿童防性侵教育及性侵儿童案件统计报告》显示，2014年1月1日至12月31日，被媒体曝光的案件高达503起，平均0.73天就曝光1起，也就是每天曝光1.38起，是2013年同比的4.06倍。

华中师范大学性学家彭晓辉表示："很多孩子的家长知道孩子被性侵后选择私了，还有很多家长压根儿就不知道孩子的遭遇。"

"坏老师"性侵为何总是肆无忌惮

2011年，13岁的男孩王乐（化名）小升初进入了河北省宣化一中136实验班——这是当时该校最好的班级。王乐的父母表示，当时他们对孩子的未来抱有极大的希望，期待他能考上大学，以改变这个并不宽裕家庭的命运。

然而，事与愿违。进入初中之后，王乐的成绩一直下滑，各门功课都不好，无奈只能重读初一的课程。孩子的父母只是觉得孩子学习不上心，并没有多想。直到2014年4月26日，孩子突然从学校带着东西回家，目光迟钝，精神出现了异常。

"当时把我们吓坏了。"王乐父亲说，第二天就带着孩子到张家口某医院检查，确诊为抑郁症。在心理治疗师的干预之下，王乐才说出自己被老师性侵的经历。

原来，王乐进入宣化一中之后，主管军训的政教处老师李剑，以违纪为由，晚上将王乐从学校带到自己的住所。第一次，李剑不仅给王乐看一些不堪入目的视频，而且还要求王乐模仿这些动作。

王乐的父母选择了报案。

宣化县人民检察院对李剑提出了指控：被告人李剑自2013年9月至2014年3月期间，以发现被害人在校有违纪为由，多次将被害人4名学生带至家中，对被害人实施非法拘禁并对他们录像拍照。

"李剑就以此要挟孩子，要孩子签订保密协议，并且威胁孩子说，如果胆敢说出去，他就将视频和照片发到网上，并且威胁要弄死我们全家。"王乐父亲说，"王乐是个挺乖的孩子，他根本不敢反抗"。

王乐的父母事后回忆，在孩子遭遇性侵期间，有"好心"的老师曾提醒他们，王乐最近与李剑走得很近，但是在法院调查时，没有老师站出来帮助王乐。李剑的行为败露后，在法院调查的过程中，也没有学生敢出来作证。

法院一审判决，不支持原告提出的赔偿精神损害赔偿金的诉讼请求。"关于附带民事诉讼原告人要求赔偿后续治疗费的诉讼请求，因该笔费用并未实际发生且原告所提交的证据不能清楚证实后续治疗费用具体数额，故对此诉讼请求不予支持"。最终，李剑被判处有期徒刑两年10个月，赔偿医疗费、住宿费、交通费共计13万余元。

但是，王乐的父母对关注此事的社工表示，目前还没有拿到李剑的任何赔偿金。性侵已经对王乐造成心理创伤，后续依然需要进行长期的心理治疗。

《2014年儿童防性侵教育及性侵儿童案件统计报告》显示，在2014

年公开报道的性侵儿童案例中，熟人犯罪有442起（公开报道未提及双方关系的未统计在内），熟人性侵儿童案占87.87%。这些熟人包括教师、邻居、亲戚、同村人等。在案件发生前就与未成年人彼此认识的施害者，更容易接近受害者，再凭借其体力上的优势和特殊身份，或者凭借其地位，使得侵害容易得手。

"在一些个案中，孩子在遭遇性侵的时候，很多周围的人都知道，但是却不愿意多管闲事。实际上，这不仅是社会冷漠的表现之一，也是我们保护机制缺失的表现，很多家庭和学校都没有这方面的保护意识。"儿童希望救助基金会主任张雯说。

有专家表示，在我国现有的教育体系中，家长对学校的信任是绝对的。我们经常可以听到家长对孩子说，"在学校里面要听老师的话"。这种思维的惯性，老师与孩子之间的地位失衡，恰恰给予性侵者屡次作案的机会。当孩子遭遇"老师"性侵时，孩子缺乏保护自己权利的勇气。

家长看到自己的孩子学习成绩下降，孩子变得郁郁寡欢，每当提到老师孩子都骂……出现类似的现象，应该引起家长的警惕，这些很可能或许是孩子遭遇性侵的先兆。

(2015年9月1日《中国青年报》第7版)

8. 新闻特写

新闻特写是从消息和通讯之间衍生出来的一种报道形式，它是截取新闻事实的横断面，即抓住具有典型意义的某个时间或空间，通过最能反映其特点或本质的某个片断、场面或镜头，对事件、人物或景物做出形象化报道的一种富有现场感的新闻体裁。

新闻特写包括事件特写、人物特写、场景特写、工作特写等，它的表现方式灵活，报道题材丰富，注重细节描写，强调镜头感和现场感，通常是截取新闻事实中的某个片段或剖面，做形象化的再现或放大。描写是新闻特写的主要表现手法，而细致入微的现场观察则是描写的基础。

"叙事如画"是新闻特写的一大特点，记者在采写过程中要像新闻摄影一样，抓准"镜头"按下"快门"，捕捉典型瞬间的生动形象，充分展现现场氛围，使读者有如临其境之感；要抓住反映事物特征或事件高潮的场面进行描写，不要事无巨细，面面俱到；要突出细节的动感，捕捉动态形象，让描写的对象、场景跃然纸上；要注重情景交融，增强文章的感染力。

● 新闻特写报道示例：

胜利日大阅兵全记录

新华社记者王玉山、李宣良、白瑞雪、王经国

新华网北京9月3日电

雄伟的天安门前，万众瞩目！宽阔的长安街上，三军列阵！

几乎就在"分列式开始"口令下达的一刹那，联合军乐团乐队总指挥张海峰大校双手用力向外一划、一抬、一落，在身前稳稳地划出一道优美的弧线——激昂澎湃的分列式进行曲，骤然间响彻天地。

这是新中国成立以来首次以纪念抗战胜利为主题举行的盛大阅兵。

巨大的轰鸣声中，6架直升机成"品"字形护卫着两面巨幅国旗和军旗，20架直升机飞成"70"字样、7架教练机拉出7道彩烟，率先从天安门广场上空飞过。

中国梦引领强军梦，强军梦支撑中国梦。蔚蓝的天空映衬下，红旗上的金色五角星和"八一"两字格外醒目，"70"字样格外清晰。

当绚丽的彩烟还在天空飘荡，当人们的目光还在不舍地眺望，在武警国宾护卫队的护卫下，一辆辆墨绿色的敞篷中巴车沿着绿荫夹道的东长安街徐徐驶来——首次参阅的抗战老同志和抗战支前模范乘车方队来了！

车体上，以"伟大胜利"和"万众一心"为主题的10面浮雕，生动描摹出一幅气势恢宏、可歌可泣的全民族抗战历史画卷；车厢里，330余名抗战老战士、抗日英烈子女和抗战支前模范代表挥手致意。

满脸的皱纹珍藏着战斗的岁月，胸前的勋章凝结着曾经的辉煌。

天安门广场上的掌声，如潮水般汹涌——今天，平均年龄90岁、最年长的已经102岁的他们，代表全体抗战老同志接受祖国和人民的致敬！

怎堪山河破碎，三级独立自由勋章获得者、102岁的抗战老兵陈廷儒当年毅然投笔从戎；不畏流血牺牲，99岁的八路军老战士张玉华，一枚子弹至今留在身体里……

70年前，全体中华儿女众志成城、共赴国难，用鲜血和生命铸就了中华民族反侵略战争的历史丰碑。

70年后，以抗战胜利为起点，走过烽火硝烟的中华民族正阔步行进在伟大复兴的征程上。

沿着先辈的足迹，踏着胜利的节拍，威武雄壮的三军仪仗队高擎"八一"军旗阔步走来。51名英姿飒爽的女仪仗队员首次亮相阅兵场，为这支享誉世界的仪仗队增添了一道靓丽的风景。

这是旗手张洪杰第三次出现在走过天安门的军旗组中：1999年、2009年国庆阅兵他都是护旗手。这次阅兵，他终于亲手擎起这面鲜红的军旗。

旗帜就是灵魂，旗帜就是方向。

在这面诞生于南昌城头的光荣军旗指引下，"狼牙山五壮士""平型关大战突击连"、百团大战"白刃格斗英雄连"……10个前身为八路军、新四军、东北抗联、华南游击队的现役英模部队方队，迈着铿锵有力的步伐，昂首向前。

每个英模方队前面，分别有7面抗战番号旗和荣誉旗引领，2名现役将军担任领队。从敬礼线到礼毕线，短短96米的距离，他们要以75厘米的步幅、1.2米的间距，正步行进128步。

这是我国首次组织抗战英模部队受阅，首次安排将军领队受阅。他们平均年龄53岁，最大的58岁。

身着崭新帅气的阅兵服、胸戴精美别致的抗战纪念章、臂佩图案丰富的臂章——在这个明亮的秋日里，如山峦一般挺拔的方队，构成了一幅色彩斑斓的壮美画面。

"向右——看！""向右——看！"……将军们雄壮嘹亮的口令声此

起彼伏、跌宕回响——建设一支听党指挥、能打胜仗、作风优良的人民军队，是党在新形势下的强军目标，也是全军将士的共同心声。（后略）

小贴士 学会写短新闻

学会写短新闻，就是要用最少的字数表达最核心的新闻信息。能够做到在有限的字数内将一则新闻的主要内容说清楚，让读者看得明白，最能体现一名新闻记者的采写基本功。在写作短新闻时，记者需要对报道对象进行非常精准的判断，明确什么是最核心的信息，什么是读者最想知道的细节，哪些要素在一篇报道当中是必不可少的，抓住了这些要点，也就抓住了新闻写作的要诀。在此基础上，进行各种体裁各种写作架构的尝试，也就不是难事了。把短消息写好了，再写长篇报道，会更加容易掌握其中的要领。因此，在报道中不妨尝试做一做减法，练习如何在有限的篇幅内将新闻的核心要素表达完整、清晰。

第二节 常态社会新闻写作的创新

一、洞悉社会新热点

常态社会新闻的选题大都出自普通百姓的日常生活，这类选题往往容易陷入重复枯燥、缺乏新意的困境。随着传播手段的日趋多元化，在选题上进行拓展和创新成为常态社会新闻写作创新的一个突破口。这就要求记者做一个社会观察家，培养敏锐的社会洞察力，及时捕捉社会热点事件，充分发挥自身的专业优势，对其中的重大、新颖选题展开跟进报道。

特别是在新媒体环境下，以网民为代表的广大普通民众对社会热点议题的贡献越来越大。民众将自己遇到的难题和身边发生的新奇事件上传至网络，这些民间议题越来越成为社会新闻的重要选题来源。这其中，有些人是因为自身权益受到侵害却求助无门，进而选择到互联网上进行检举揭发；有些人是出于爆料的目的，将身边的一些新奇事件以及社会不公平现象加以曝光；有些人是随手上传了一张图片、一条微博或一段视频，从而将身边的普通人推上舆论中心，如"犀利哥""腾讯励志哥""东北英语哥""北京最帅交警""最美妈妈"等。

对此，记者要善于运用新媒体工具，关注舆论热点事件，在广大民众发言较为活跃的"自媒体"平台上，如在论坛、贴吧、博客、微博、微信中寻找适合报道的选题。这些选题和人们的生活关联度高，民众普遍关注，社会影响广泛，记者从中选取可供进一步开掘的选题，运用传统媒体的内容优势，在深度上对新闻事件进行解析，能够达到良好的传播效果。

例如，在"8·24山西临汾伤害儿童案"发生后，《新京报》对这起引发民众广泛关注和讨论的社会热点事件展开了追踪报道，先后刊发了8篇文章，对事件的发展情况进行跟进。这8篇文章按照时间顺序分别是《山西6岁男童被骗至野外挖双眼》(2013年8月28日A24版)、《家人骗小斌：蒙纱布所以看不见》(2013年8月29日A23版)、《男童接受心理治疗 获捐10万》(2013年8月30日A27版)、《被挖眼男童伯母坠井身亡》(2013年8月31日A15版)、《男童被挖眼案"离侦破不会太久"》(2013年9月3日A21版)、《男童被挖眼案告破 疑犯为其跳井伯母》(2013年9月4日A26版)、《警方披露男童被挖眼案侦破细节》(2013年9月5日A20版)、《男童被挖眼案仍有三大谜团待解》(2013年9月6日A23版)，其中既有事实性消息，也有解释性消息，这些报道结合事件的进展情况以及民众的关注点展开，对于事件真相的还原、信息的及时披露、谣言的及时澄清都起到了积极作用。

二、寻找报道新角度

在新闻同质化竞争日趋加剧的今天，寻找全新的报道角度，在同一个新闻事件的报道中另辟蹊径，为读者提供未知、欲知的新闻资讯，成为常态社会新闻写作创新的另一种行之有效的方式。在面对特定的新闻选题时，记者要勇于打破固化的思维模式，从不同角度审视新闻事件，在对基本新闻事实进行披露的基础上，思考还有哪些事实要素和具体细节是没有呈现给读者，但却具有一定新闻价值的。记者可以尝试从这些角度切入，给读者提供看待新闻事件的另一个视角。

对此，社会新闻记者要学会做一个积极的阅读者，在新闻事件发生后，广泛阅读各家媒体的报道，从中发现有待进一步开掘的报道角度。具体而言，这种补充报道包括相关背景信息的介绍；事件发展走向的预测；联系独家信源进行采访，为读者提供独家资讯；运用不同采访手段，如民意调查等方式，为读者提供普通民众对事件的观点和看法等。

例如，2015年1月24日《三秦都市报》A7版的《你愿意捐献眼角膜吗》一文，写作背景是歌手姚贝娜罹患乳腺癌去世后捐献眼角膜，一时间引发媒体和公众的广泛讨论。针对这一事件，国内媒体普遍采取的报道方式是采访家属、医生、专家学者等，而《三秦都市报》记者则走上街头，随机采访了6位市民，调查他们对于捐献眼角膜的看法和个人意愿。尽管采访的样本数量较少，代表性有待商榷，但是这种报道角度和报道方式拉近了一个新闻事件同普通民众的距离，由此将报道视角从一则个案引入到对一个社会现象的观察和思考上来，对我国当前眼角膜的供需缺口以及捐献现状进行了介绍，并通过采访相关专家，对我国眼角膜捐献的立法保障和监督机制等提出了一些建议。值得一提的是，2015年1月1日起，我国全面禁止死囚器官移植，公民自愿捐献成为器官移植的唯一合法供体来源，这篇报道将社会热点事件同这一背景相结合，另辟蹊径，从一个新颖独到的角度切入，进行采访和报道，起到了很好的社会效果。

以下是这篇报道的原文：

你愿意捐献眼角膜吗
记者随机采访6人　无人愿捐

本报记者　李永利

姚贝娜离世后给世间留下了自己的角膜，离开人世间的她为世间增添了两份光明。记者昨日获悉，西安眼库角膜存量目前为零。记者对此采访了部分市民，受访者均受"入土为安"，不能"死无全尸"，"身体发肤，受之父母，不能不孝"等传统观念约束，极少有人自愿捐献角膜等人体器官。

市民希望捐献角膜过程透明化

昨天上午，针对姚贝娜离世后捐出角膜，为世间增添了两份光明的话题，记者在西安环城公园先后采访了6位市民，其中5人表示不愿意捐献，另一人直接对记者产生敌意。61岁的马大妈说，"这是每个人自愿不自愿的问题，我觉得自己有点接受不了。人们常说，'身体发肤，受之父母，不能不孝'，不光我接受不了，估计老伴和孩子以及亲戚们也接受不了。"

55岁的黄师傅说，"能够让别人重见光明当然是好事情。姚贝娜离世后，一个角膜捐给了四川一名小伙子，另一个捐献给了深圳一名患者，离开人世间后还能为世间增添两份光明，的确值得人敬佩，但绝大多数人却很难做出这样的决定，主要和人们以往固守的传统观念有关，即使自己想捐，孩子们也不会赞同。所以，我是不赞成，也不反对。"39岁的霍先生说，目前，我国缺少供体来源统一的登记体系，也没有形成规范捐献移植人体器官的标准程序，关于角膜捐献的事情是否公正？是否诚信？中间环节当中是否存在"牟利"的现象？捐献的角膜是不是移植到了最需要的人眼睛里？我活着都不知道，更何况我死掉以后？我觉得，应该对这一方面加大宣传，让捐献角膜、接受角膜的事情透明起来，我想以后捐献者会越来越多。我还从来没有考虑过这件事情，从老人们的说法来看，总不能"死无全尸"吧。

最让记者尴尬的是，其中一位老太太竟然把记者当成了"人体器官贩子"。当记者询问其将来有没有自愿捐献眼角膜的想法时，对方竟然说，"我马上拨打110。"

西安眼库角膜存量为零

从2015年1月1日起，我国全面停止使用死囚器官作为移植供体来源。这意味着我国器官捐献将进入公民逝世后自愿器官捐献时代。记者获悉，西安市眼角膜库目前的眼角膜存量为零，2014年仅仅收到7例。全国每年400万患者需移植眼角膜，但仅有100多名捐献者。

西安市眼库自1991年成立，23年间成功捐献的志愿者仅58位，长期库存不足是全国普遍存在的问题。在近几年的宣传下，截至目前，西安市眼角膜库已签订无偿捐献角膜志愿书者大概有1000多人，其中60%以上是老年人。这说明人们的观念在不断转变，这是一个好的势头。

全国角膜缺口普遍很大

记者从西安南郊一家大型医院眼科了解到，角膜的捐献不同于遗体和器官捐献。角膜属于人体组织，没有血管，只要捐献者没有导致角膜病变的眼病或恶性传染病，一般均可使用。另外，眼角膜的取出时间条件也比较宽松，可在去世后数小时内摘取。

该科负责人说，他们医院常年排号等角膜的患者超过百人，因为角膜供应数量不够，有不少患者错过了最佳移植时机，造成终身失明。据世界卫生组织（WHO）数据，全球范围内，角膜疾病是仅次于白内障、青光眼、老年性黄斑部病变的第四大致盲病患。角膜移植可以使患者恢复视力，移植手术成功率可高达90%以上。据卫生部统计，我国角膜病致盲患者约400万人，其中70%可以通过角膜移植手术复明。但由于眼角膜供体的不足，每年全国只能进行5000例角膜移植手术，许多患者等待终生也得不到手术机会。

捐献角膜亟待立法

据了解，几年前深圳出台了中国第一部关于器官移植的法规——《深圳经济特区人体器官捐献移植条例》，除此以外，我国还没有全国范围的器官移植法律。我国的现状是，医生即使手持捐献协议，但只要家属反对，就不能摘取逝者的角膜。采访过程中，该科李教授说，通过国家立法，把器官捐献的途径、储存、使用等标准化、透明化，使捐献者、受益者以及器官储存机构三方的权益和责任明确，避免法律纠纷，是迫在眉睫的。此外，一个有效的监督系统不可或缺。

三、开掘写作新笔法

除了报道选题和报道角度的创新,写作手法创新也是常态社会新闻寻找新意的一个重要突破口。我们知道,新闻报道是以真实客观为第一准则的写作体裁,对于写作手法有着较为严格的限定和要求。它不同于文学创作,不能运用过于华丽的修辞手法以及过于夸张的表达方式。那么,究竟应该如何进行写作笔法的创新,才能在保证新闻真实、准确、客观的基础上,让报道变得生动活泼,具有新意,起到吸引读者注意,增强可读性的作用呢?

首先,可以在写作中加入鲜活生动的内容,让文风变得轻松活泼,增强报道的可读性,如运用讲故事的手法,用形象化、具体化的个案展示新闻主题。其次,可以采用通俗化、大众化的表达方式,增强文章的亲和力,如借用人们喜闻乐见的网络语言进行表达,拉近报道同读者的心理距离。此外,在文字表达的基础上,还可以尝试运用图示、图表、漫画等表现形式,形象生动、简洁明快地展示报道内容,特别是一些涉及民生问题,如生活理念、消费观念、婚恋观念的报道选题,比较适合运用图表的形式进行报道。当然,图表制作应该简单易懂,重点突出,不要过于复杂和花哨。

例如,2012年5月31日是第25个"世界无烟日",《新京报》推出了一组题为《中国每年逾100万人因吸烟死亡》的报道(2012年5月31日A05版),着重介绍吸烟对人类健康造成的危害。在报道中,记者运用柱状图表示卷烟消费前10位国家的吸烟人数占比(见图9),让读者对其中的数据信息一目了然。值得称道的是,配图中的柱状标识被巧妙地设计成了卷烟的形式,既生动形象,又寓意深远。通过直观的对比,人们能够明显看出我国烟民比重之大,

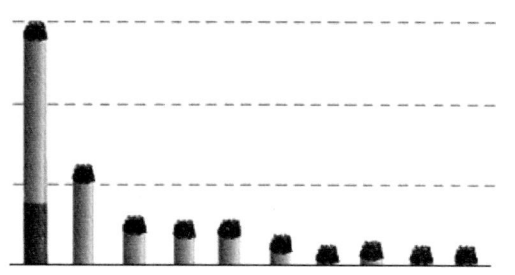

图9 《中国每年逾100万人因吸烟死亡》报道配图

远超排名靠前的其他国家。这种形象的表现手法，让人有一种触目惊心的感觉，达到了很好的社会预警效果。

在读图时代，一些新闻网站也开辟了专门的图片报道栏目，如新华网的"数据新闻"栏目，就是一个运用图表形式对新近发生的热点新闻事件进行报道和解析的新闻栏目，标榜"用数据和图表传递独特新闻价值，层层剖析新闻真相，挖掘你所不知道的新闻资讯另一面"，定期推出有关时事新闻、经济新闻，以及社会新闻中的生活资讯、健康资讯、百姓调查等内容的图片报道，图文并茂地对新闻事件及其相关话题展开报道。该栏目界面清晰，图片生动形象，诙谐幽默，文字简洁凝练，重点突出，其中有关社会新闻的内容，常常具有很强的生活指南性质，能够为民众的日常生活、医疗保健、旅游出行等提供参考。

如2015年6月29日，该栏目针对台湾新北粉尘爆炸事故推出的一组题为《粉尘也会爆炸？》的图片报道（见图10），运用图例和图表的形式，形象生动地介绍了粉尘爆炸的概念、危害性、预防措施，以及国内近年来发生的粉尘爆炸事故等。读者通过读图，能够快速获取关键信息，符合读图时代人们的阅读需求。

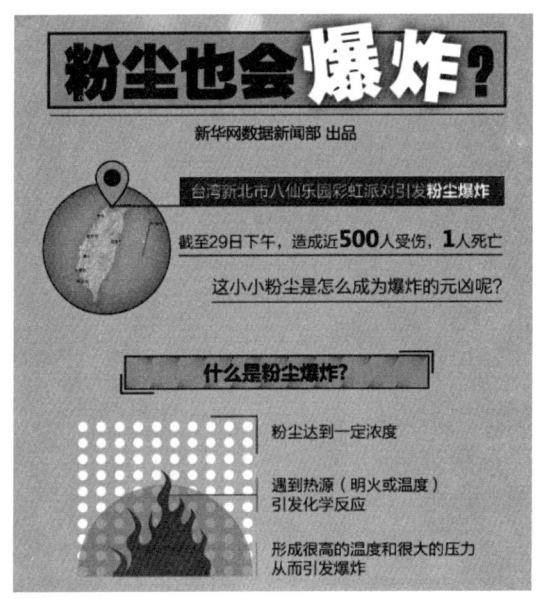

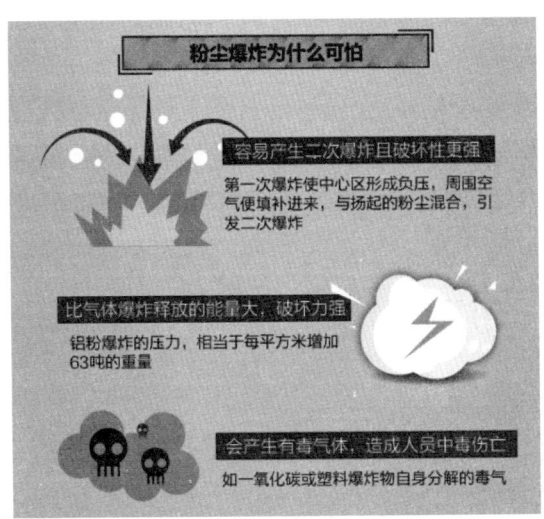
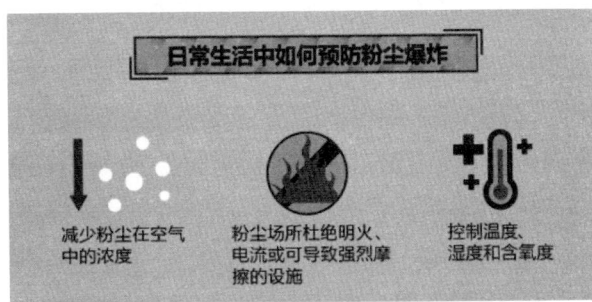
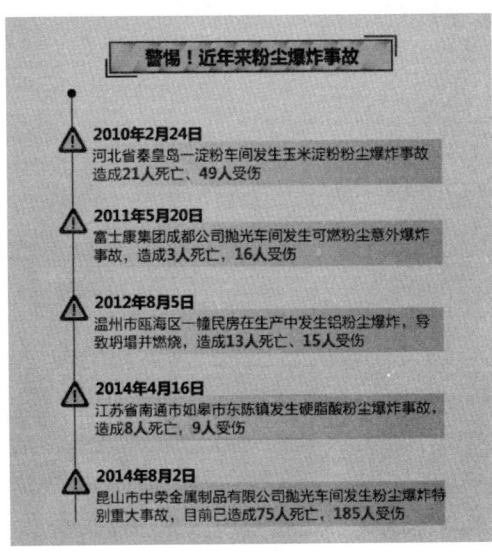

图10 《粉尘也会爆炸？》报道示例

第七章
突发社会新闻写作

第一节 突发社会新闻的特点

一、事件爆发突然

顾名思义,突发社会新闻就是报道社会生活中那些毫无征兆、不可预知、突然发生的意外事件的新闻,这其中既包括在不可抗力作用下、人为不可控制的突发事件,也包括由于人为因素造成的突发事件。无论哪种情形,事件爆发的突然性和不可预测性是这类新闻报道的一大特点。

在突发新闻事件发生时,记者需要像消防队员一样迅速整装待发,做好硬件和软件的双重准备。首先,要在心里迅速地问自己,关于此事件,读者最想了解的是哪些方面的具体情况,以此明确在采访中需要获得的素材,加强采访的针对性,提高现场采访的效率。另外,由于事发现场通常较为混乱,人员构成较为复杂,记者到达现场后一定要时刻保持头脑清醒,思路清晰,不要像"没头苍蝇"一样到处见人就问,见人就采,这样一方面采访的效率不高,另一方面也可能导致一些不必要的麻烦,比如反复影响受害人家属的情绪,耽误现场救援等。同时,记者要加强自我保护意识,灵活应对各类突发状况,切实保证自身安全,要对现场的危险程度做一个合理预估,对可能发生的危险及时规避,不要做无谓的牺牲。

二、消息来源众多

突发社会新闻的另一个特点就是消息来源众多,各类信息错综复杂,真假难辨。由于人们对事件的观察角度、思维模式、理解能力、观点立场等不尽相同，因此所讲述的事件经过或场景片段可能有所出入，甚至大相径庭。此时，记者通过多方核实，对真相进行深入考问、反复推敲就显得尤为重要。通常情况下，越是重大的新闻事件，就越有可能出现各种不同的声音。在事件发生的当下，记者作为一个求证者，需要通过不同信息源的讲述，反复比对，深入思考，从而对事实真相做最大程度的还原。

在寻找消息来源的过程中，有三类人是采访的重点：第一，事件的当事人或亲历者；第二，事件的旁观者或相关者；第三，事件的责任人或事故的嫌疑人；第四，关于此事件的权威人士或专业人士。如果能够抓住这几类人进行采访，从中找到相互印证的事实性信息，就能较为准确地还原事发当时的真实情况。

三、事态走向多变

突发社会新闻报道的往往是正在发生发展过程中的新闻事件，其发展走向并不明朗，事件的后续影响也难以预期。对于这种正在进行中的新闻事件，记者要学会"一事一报"，就事论事，不要贪大求全，要等待事件进一步发展后再展开追踪报道，不要轻易对事件展开预判。在写作过程中，要紧密围绕社会新闻要素，如时间、地点、人物、起因、经过、结果等展开，读者关心什么就写什么，把采访到的重要素材抢先发布。

随着时间的推移，记者要及时跟进事件的进展情况，不要出现"烂尾新闻"，即交代了事件的起因和经过，却没有交代事件的最后处理情况。特别是对于一些重大社会事件或社会问题，记者有责任作为一个监督者的角色，跟踪事件的发展和处置情况。有时候，这种报道的阵线会拉得很长，尤其是当事件原因比较复杂，调查过程比较漫长，处理难度相对较大的时候，事件的最终结果和事实真相往往要在很久以后才慢慢浮出水面。因此，对于此类事件，记者要建立自己的备忘录，当事件有了重大进展的时候，及时展开后续报道。

第二节　突发社会新闻的写作要诀

一、抢独家消息

独家新闻是指由一家新闻媒体率先发出的具有较高新闻价值的新闻。由于突发新闻具有不可预判性，因此常常成为媒体争取独家新闻的重要阵地。如今，随着媒介环境的变化，新闻媒体要想抢出一条绝对意义上的独家新闻已经变得非常困难，这种"独家"越来越具有一定的相对性，即在特定的时间、空间以及媒体传播环境下才能够称得上是独家新闻，比如某家媒体的一条消息发出后，其他新闻媒体可能紧随其后就发出了更加全面的报道；或是一则报道在一定范围内是独家报道，但在事发当地的媒体圈内早已被他人爆料；抑或是一则报道在纸媒上是独家报道，但在电子媒介上却算不上是独家。这种传播环境的变化，给媒体记者抢独家新闻带来了新的考验和挑战。

对此，媒体从业者一方面要做到在新闻事件发生后快速反应，快速报道，运用综合性媒体平台迅速发出消息；另一方面要在平时注意维护自己的新闻线索，累积独家的新闻资源，增加获得独家爆料的机会；此外，还可以通过采访独家信源获得其他媒体没有得到的资料，在同一事件的报道中以独家角度的姿态为读者提供别家媒体没有披露的信息。

二、争头条发布

"抢头条"是突发社会新闻报道的一个重要特点，特别是在新媒体时代，民众手中通常都掌握着自媒体传播工具，传统媒体特别是主流媒体如何做到更快速、更准确地发出权威信息，避免未经核实的信息或各种版本的谣言大范围传播，关系到舆论乃至社会的稳定。

记者要保持随时进入报道模式的"待机"状态，学会随手拍，随手写。

对于突发事件，可以采取迅速采访、迅速发稿的方式，第一时间用短消息或快讯的形式在新媒体平台上发出核心事实信息，随后再根据采访的推进，在纸媒上发布内容更为详尽、信息更为丰富的消息或通讯。例如，2015年9月14日上午10时许，北京门头沟发生了工地塌陷事故，《新京报》记者第一时间赶到现场进行采访，随即通过新媒体平台发出一条快讯，具体内容如下：

新京报快讯（记者程媛媛 实习生宋奇波）今日10时许，门头沟区中门寺街民生大厦对面一在建小区工地发生地面塌陷事故，1名工人被埋。附近居民称，水管跑水，地面塌陷导致事故发生。

门头沟消防支队永定中队一工作人员称，事故原因不明，目前救援人员正在现场抢救被埋工人。

由于日报通常是在凌晨印刷，因此当天发生的新闻只能次日见报。但自媒体时代对新闻的时效性提出了严峻挑战，一则新闻事件发生后，自媒体平台上常常立刻就有人发布相关信息。因此，传统媒体要积极应对这一形式，改变传统的报道模式，将现场采访到的信息第一时间在自家的新媒体平台上发布，以此抢占话语权。根据《新京报》新媒体平台上的显示，上述消息发布于当天14时25分，虽然只有一百余字，却对事件发生的时间、地点、伤亡人数等基本情况做了一个简要交代。在第二天的《新京报》纸质版上，对这一事件进行了更为详细的报道，并且通报了事件的最新进展情况，包括事故原因、遇难人员情况等，通过对目击者的采访，还原了一百字短消息中没能呈现的事发当时的具体细节。这种新媒体和纸媒的联动报道，既增强了时效性，又保证了内容的丰富性和深入性。以下是纸媒报道的具体内容：

门头沟一工地坍塌 1 抢险人员遇难
一排洪渠建桥工程涌水导致沟槽土方坍塌，
造成现场 1 名抢险人员被掩压、溺水

新京报讯（记者赵吉翔 程媛媛 实习生宋奇波）昨日10时许，门头沟区中门寺街附近一在建桥梁工地发生塌陷事故，1名60岁的工人被埋。参与救援的曙光救援队队长称，被埋者救出时已经遇难。

被埋人员救出时已死亡

昨日 15 时 30 分左右，新京报记者在现场看到，事发地点位于门头沟区中门寺街附近一排洪渠的建桥工地坑内。工地由高 1 米左右的蓝色铁皮围挡住，长 20 米左右，宽约 4 米，深达 2 米多。排洪渠约 3 米宽。

在工地东侧约 3 米围挡均已掉落在深坑内，坑内有大量泥土，并停放有一辆挖掘机，在挖掘机的前方的一处水坑内的泥水已被鲜血染红。

参与救援的曙光救援队队长安忍介绍，昨日 13 时许，救援队收到消防协助救援的通知，随后赶到救援，13 时 40 分左右，被埋人员被救出。

坑内积水增加施救难度

安忍称，他们赶到时，坑内水深到腰部，被埋者上半身沾满泥土。"上半身趴在水面上，下半身在泥水里，坑内还有上方掉落的混凝土块，钢管围挡落在一旁。"

安忍称，曙光救援队来了 6 人协助消防人员施救，坑内积水较多，施救难度较大，最先将坑内积水排出，在露出上半身后，最后采取"拽"的方式将其救出，此时他已经死亡。

今日凌晨 0 时 30 分许，门头沟区委宣传部通报称，昨日 10 时左右，中门寺南坡地块跨沟桥工程因给水管漏水，大量涌水导致沟槽土方坍塌，造成现场 1 名抢险人员被掩压、溺水，其他施工人员紧急进行施救但未成功，现已死亡。

现场紧急救援采取垒堰截水、自来水管线关闭、4 台水泵同时抽水等措施，抢挖遇难人员。下午 14 时许，现场紧急救援工作基本完成。

目击："水管跑水地面塌陷"

附近中门寺小区南坡 17 号楼、7 号楼多名居民称，事故因水管跑水，地面塌陷导致，事故发生后，现在多栋居民楼都已停水。

小区居民楼的施工工作人员证实了上述说法，"事发时，有 5 名工人正在坑内挖基础，'哗'的一声，水管崩了，上面塌方，有人跑了出来，一人被埋在里面。"

该目击者称,水管为埋在土里的黑色胶管,两端崩裂,水势很大,直接注入坑内。他们还帮助了工地进行救援,借给了工地七八卷消防带,两台水泵。新京报记者现场看到这种黑色胶管直径约有40厘米。

中门寺小区南坡居民介绍,该处工地是在建造跨排洪渠的桥梁,一年以前就开始施工。

(2015年9月15日《新京报》A09版)

小贴士 灾祸类新闻快讯写作框架示例

×年×月×日×时×分,×市×地发生一起×××事件。截至发稿时,已造成×死×伤,直接经济损失×元,间接经济损失×元。目前,相关人员已被警方控制,事件原因正在进一步调查当中。

三、朝纵深挖掘

由于突发社会新闻报道对时效性的要求很高,因此这类报道常常给人以"短、平、快"的印象。然而,针对某些重大新闻事件,记者可以尝试从纵深开掘,让突发新闻报道"慢"下来,在事件发展过程中给读者提供更多关于背景信息,以及事件中具体"人物"和"故事"的报道,为突发事件增添一份人文关怀的色彩,让人们从事件当中看到真情实感,从而有所感悟,有所思考。

这种深度报道通常刊发于事件的进展过程中,此时人们对于事件的基本事实性信息已经明了,希望知晓更多关于事件背后的信息,即在知悉"何人"(Who)、"何时"(When)、"何地"(Where)、"何事"(What)的基础上,更加关心"何因"(Why)与"如何"(How)。此时朝纵深开掘,就成为很有必要也符合人们阅读需求的做法了。因此,追求"快速"和"深度"是相应的,要注意把握报道的时机,在事发当时应该以真相调查为主,尽量以最快的速度准确还原新闻事实,而在事件风波逐渐平息的时候，就应该对事件的背景、性质、影响，以及从中可以得到的启示等展开进一步分析。

以上海外滩踩踏事件为例，这是一起典型的突发社会事件，在事件发生后，国内各大媒体对事件的发生发展以及善后情况展开了紧锣密鼓的报道。随着救援工作的基本结束，关于此事的报道也逐渐淡出人们的视线。然而，在事件发生20天后，上海市公布了事件的调查报告，民众的目光又重新汇集到这一事件上来。对此，新华社记者对事件调查组成员进行了深入采访，就人们普遍关心的几类问题展开追问，对调查结果以及调查工作的开展情况进行了深入解析，解开了人们心中对于事件真相的疑问，以及对于调查工作抱持的一系列困惑。这种对突发事件深入追访的报道方式，是社会新闻报道中值得推崇的。以下是这篇报道的具体内容：

与调查组面对面：外滩拥挤踩踏事件是如何调查的？

新华网上海1月21日新媒体专电（新华社"中国网事"记者周琳 叶健 吴振东）21日，上海市公布"12·31"外滩拥挤踩踏事件的调查报告，还原了踩踏事件全过程，查明了有关应对情况，分析了事件原因，认定了事件性质，对相关责任人提出了处理建议。记者专访了多位调查组成员，详细了解了调查组对该事件是如何调查的。

为何是"事件"不是"事故"？

上海外滩拥挤踩踏缘何是"事件"不是"事故"？对于这一广受关注的焦点问题，调查组成员给予了回应。

"外滩踩踏不是生产经营活动，也不是有组织的大规模群众性活动，因此不能定义为'事故'。"调查组邀请的专家组成员、原国家安全生产监督管理局副局长闪淳昌告诉记者，依据相关法律规定，事故通常是责任事故，是有关人员因为违反有关规章、法规或规程而引发的。

由于定性为公共安全责任事件，此次依法依规严肃问责所依据的，主要包括《中华人民共和国突发事件应对法》《上海市实施〈中华人民共和国突发事件应对法〉办法》以及《上海市外滩风景区综合管理暂行规定》等法律法规和政府规章，以及市、区相关部门的"三定方案"。

据悉，"12·31"外滩陈毅广场拥挤踩踏事件调查报告建议，对包括黄浦区区委书记周伟、黄浦区区长彭崧在内的11名党政干部进行处分。其中，建议给予周伟撤销党内职务处分，建议给予彭崧撤销党内职务、行政撤职处分；建议给予黄浦区副区长、黄浦公安分局党委书记、局长周正撤销党内职务、行政撤职处分；建议给予黄浦区区委常委、副区长吴成党内严重警告、行政降级处分。

"事故和事件的认定，与处理不处理人没有关系。"上海市法制办副主任刘平说，关键还是要看本身的性质，例如政府有没有作为，是直接的责任、过错还是间接的履行职责不够。

调查组发现了哪些问题？

经过调查，联合调查组还原了事件全过程，查明了有关应对情况，分析了事件原因，认定了事件性质，对相关责任人提出了处理建议，并就加强城市公共安全的相关工作提出了整改建议。

调查报告显示，事件原因包括：对新年倒计时活动变更风险未作评估；新年倒计时活动变更信息宣传严重不到位；预防准备严重缺失；对人员流量变化未及时研判、预警；未发布提示及应对处置不当。

调查认定，对事件发生，黄浦区政府负有主要管理责任，黄浦公安分局负有直接管理责任，黄浦区市政委负有管理责任，黄浦区旅游局负有管理责任，黄浦区外滩风景区管理办公室负有管理责任，上海市公安局负有指导监督管理责任。

据介绍，联合调查组通过现场勘查、调查取证、专家论证、综合分析等多种方式，开展外滩拥挤踩踏事件的调查工作。

同时，上海市政府相关副秘书长和市监察局、安全监管局、公安局纪委、应急办、政府法制办、卫生计生委、旅游局等部门相关负责同志都是调查组成员。联合调查组还邀请了国家和上海市应急管理、公共安全管理、法律等方面的专家为事件调查进行分析论证。

记者获悉,事件发生后,依据突发事件应对法和上海市相关法规,上海先后组织100多人开展调查,上海市委常委、常务副市长屠光绍任调查组组长,副市长周波任副组长。

上海市政府办公厅副主任、市应急办主任熊新光说,调查组主要进行了四方面工作:一是系统分析有关法律法规,明确事件使用的法律依据,梳理了事件涉及的单位及其职责;二是按照倒排时间法,约谈有关政府官员和现场人员;三是查阅纪要等资料195份;四是听取方方面面的意见,也到北京听取了有关部委意见。

调查为何需要20天?

根据我国《生产安全事故报告和调查处理条例》,事故调查组应当自事故发生之日起60日内提交事故调查报告,特殊情况下,这一期限还可适当延长。上海市安全生产监管局副局长花克勤告诉记者,调查组不少成员每天只睡2到3个小时,有时中饭也顾不上吃,最终在20天内拿出了报告,"算是比较快的"。

"为了弄清事实,调查组调取查看了外滩区域36个监控探头拍摄的累计70小时的视频录像,系统梳理相关法律法规,对市级10个部门(单位)和黄浦区政府以及区有关部门领导共51人进行了谈话询问,并问询了96名当时在现场的人员,包括游客、现场执勤民警、工作人员等,详细调查了相关管理情况,确保在事实基础上客观分析。"熊新光说。

花克勤表示,前后超过100多人参与了调查,其中四五十个人夜以继日工作,看资料、分析谈话内容、比对法律法规,基本工作到凌晨两三点,早上八九点再碰头,"必须找到确凿证据,必须在有强有力的依据支撑的情况下,才能定性"。

上海市监察局副局长王玉介绍,监察机关根据相关规定,对参与事件原因性质等方面进行认定,开展对事件涉及监察对象违法违纪行为的调查,依法做出监察决定,或提出监察建议。

"整个调查的过程也要进行监察,使得调查符合法律规定。对人员的处理、责任认定,也必须客观真实。在对这些人的责任认定、处分档次上,需要非常严格地按照公务员处分条例等相关条例，所具备的相关文书必须齐全。所有的认定，必须经过本人审阅、认同、签字，比方说每一个被问责的人员，对此事自己应承担的责任和接受处分的态度，做出书面表态。"王玉说，责任认定要经过市政府常务会议讨论通过，例如局级干部的党纪处分，要经市委常委会批准。

据介绍，有相当一部分干部在处分之前，主动递交了检查，表达了自己的内疚和失职的痛苦，同时请求组织上给予处分。有的领导同志觉得作为政府部门的一员，不管受了什么处分，现在手头的善后工作都要倍加认真地做好。

"更多的表示是，这次教训不能白白过去，生命不能白白逝去，要认真反思，对问题进行分析，总结工作中的不足。"王玉说，将这次事件的教训作为今后在城市管理和公共安全方面的警示，始终牢记，更好地做好今后的工作。

第三节　突发社会新闻的写作误区

一、一味求"快"而忽视新闻真实性

真实是新闻的生命，在报道突发社会新闻的过程中，要注意时效性与真实性之间的平衡，切勿为了抢头条而忽视对新闻真实性的考问。对于采访对象提供的信息，一定要甄别其中的真伪，通过多方核实，去伪存真，去粗取精，不要因为一时疏忽，造成以讹传讹的局面。要记住，再快的速度都不如保障新闻真实性来得重要。

在探究真相的过程中，记者除了可以通过采访获得新闻写作素材，有时还可以通过现场图片还原事件真相。曾经在《中国青年报》"冰点周刊"担任特稿记者的张伟说过："突发事件里，有时候文字是具有欺骗性的，图片比文字的真实度要高。"对此，记者在报道突发事件时，如果通过现场采访获得的素材有限，不妨尝试通过细致的观察获取写作素材。

比如在通讯写作过程中，一些细节描写除了可以从对亲历者和目击者的采访中获得，还可以从对现场环境甚至是现场照片的观察中获得。

《永不抵达的列车》一文中有这样一组关于列车车厢内的场景描写："夜晚已经来临，有人买了一份包括油焖大虾和番茄炒蛋的盒饭，有人正在用iPad玩'斗地主'，还有人喝下了一罐冰镇的喜力啤酒。"对此，作者赵涵漠说她是找到了一期杂志上刊载的一组动车事故发生后未被损毁的车厢照片，用照片中看到的元素去还原事发前的具体场景。可以说，无论是通过采访还是观察获得写作素材，在用文字还原突发事件发生时的具体场景和人物细节的过程中，一定不能凭空想象或推测，而是要有确凿的事实依据。

二、为抢"独家"而忽略人文关怀

突发社会新闻中有很大一部分是灾祸类新闻，这类报道的时效性十分重要，记者赶到现场后都希望以最快的速度，调用所有可用的资源完成采访，以此搜集尽可能多的写作素材。然而，需要指出的是，在灾祸中往往会涉及生命的逝去，面对那些亲人不幸罹难的家属，直接的采访有时候对他们是一种二次伤害，甚至会造成对方情绪的崩溃失控。比如在马航MH370失联事件的采访报道中，一些媒体记者在机场面临信息匮乏、无稿可发的困境，为了获得写作素材，他们中的部分人对乘客家属展开了"围追式"的采访，提问的方式也比较带有刺激性，对家属造成了一定的伤害，引发了彼此间的误解与摩擦。

对此，媒体记者要在满足公众知情权和保障公民隐私权之间找到平衡，在灾难报道中充分体现人文关怀。我们知道，新闻伦理的基点是不造成伤害，当面对悲剧式的突发事件时，在焦虑、痛苦的家属面前，记者要学会保持距离，尽量避免二次伤害，这是媒体记者应该遵循的一条基本准则。特别是在悲剧性事件发生的初期，公众对事件的知情需求最为强烈，媒体探究事件真相的欲求也最为强烈，但此时家属在情感上却是最脆弱无助的。这时候，记者需要秉持最小伤害原则，对家属的情绪状态保持清醒的认识，适当借助观察、身体语言等静默方式谨慎接触，注重精神抚慰和帮助先行，在家属情绪波动较大时应该考虑暂时放弃对家属的接触。在采访过程中要避免诱访、强访和暗访，选择愿意说话的家属，向他们明确解释报道的公共价值以赢得理解。在敏感时期，涉及家属的报道应该侧重于对家属的体恤和反映家属的诉求，而不宜过早深挖家庭和人物故事。

总之，面对着媒体竞争的压力、组织制度的约束以及公众强烈的知情需求，记者要凭借自身阅历以及专业素养，用良知、伦理与道德意识做约束，在兼顾家属情绪和隐私的基础上，适时、适度地进行采访报道。

三、追求"大而全"造成信息冗杂

新闻报道最重要的目的就是传递信息，一篇好的报道，应该是结构清晰、层次分明、通俗易懂、一目了然的，能够让读者一眼就看到新闻的核心信息，即使是快速浏览也能获取最重要的资讯。一则主题不明确的新闻，容易让读者看得云里雾里，甚至放弃阅读。对此，社会新闻写作要做到主题清晰，重点突出，层次分明，不能为了追求大而全，将采访获得的所有素材进行无序堆砌。

对于突发社会新闻而言，当记者在现场进行采访时，往往能够从各类采访对象口中获得大量不同类型的信息。然而，并不是采访获得的所有信息都具有报道价值，记者需要参照新闻价值的具体标准，从中挑选读者应知、欲知而未知的信息进行报道。这种信息筛选的原则主要有以下几点：1. 对还原事实真相具有关键作用的新闻要素必须呈现在报道当中；2. 选择对还原事件真相有帮助的细节性信息加以呈现；3. 紧密围绕新闻主题进行选材，将同主题无关的内容剔除；4. 选择和文章主旋律相符、对烘托文章基调有帮助的情节进行报道；5. 将模糊不清、模棱两可的信息排除；6. 对前后矛盾的信息进行二次求证，如果不能确定真相，则将这部分内容排除；7. 对可有可无的细枝末节进行删除或缩减。

我们知道，一则新闻事件往往具有多个面向，当信息较为庞杂的时候，不妨将新闻写成系列报道或专题报道，或是在新闻报道中用不同的小标题加以区隔，把事件分成不同主题展开详细报道，在不同主题下选取不同素材进行新闻写作，这样既不浪费新闻资源，又能使报道主题突出，节奏紧凑，形散而神不散。总之，新闻报道要主题突出，让读者通过一次阅读获得一类明确的信息，在文章架构上切忌缺乏逻辑，跳跃性太强，或是信息冗杂，重点不突出，不要让读者看了一堆不重要的信息，却难以找出关键信息。

四、为"夺人眼球"导致新闻娱乐化

随着媒介竞争的加剧，一些新闻媒体为了追求市场效益，吸引读者注意力，使新闻报道越来越趋向娱乐化。特别是对于社会生活中一些奇闻异事的报道，有些媒体会在标题或正文中采用故弄玄虚、夸大其词的方法进行表现，或是把严肃的新闻写成娱乐性的新闻，在新闻报道里出现一些夸张、不准确的表达，甚至凭空捏造一些词汇制造"噱头"。在选题上，一些媒体越来越倾向于选择低级趣味、哗众取宠，或是过度承载社会负面情绪的事件加以报道。

社会新闻的这种娱乐化趋势会削弱公众对社会生活的辨别能力和批判精神，使人们对社会现实逐渐变得冷漠、麻木。同时，新闻娱乐化还会削弱媒体的公信力。大众传媒的社会功能主要包括传递信息、传播知识、宣传教化、监督社会、娱乐消遣等，其中媒体利用新闻报道监督社会的舆论监督功能被看作是大众传媒最为重要的功能之一。然而，面对市场的激烈竞争和经济利益的不断驱使，一些媒体为了追求市场占有率，忽视了社会责任，一味迎合与满足读者的猎奇心理，对能够吸引读者眼球、刺激读者神经的"黄色新闻"大肆报道，从而削弱了媒体的社会引导功能，导致媒体公信力下降。

对此，媒体要尽量避免新闻娱乐化的倾向。首先，在选题上不要一味报道那些哗众取宠、耸人听闻的新闻，而应该注重社会新闻的教育、监督、警示意义，对重大社会问题、社会现象投以关注，报道那些真正具有新闻价值和社会价值的新闻；不要一味追求经济效益而忽视社会效益，在迎合的同时更要注重引导，引领人们形成高雅、积极的阅读趣味，而不要一味追求恶俗、恶搞、娱乐化的信息；在给事物下定义的时候，一定要准确贴切，反复斟酌，不要出现文不符实的内容。

第八章
深度社会新闻写作

第一节 何谓"深度"社会新闻

一、社会新闻不再是"易碎品"

新闻是新近发生的事实的报道,时新性是它的特点。在以往的概念中,认为只有及时传播出去的事实信息才是新闻,离开了特定的时间条件,新闻就失去了报道价值,今天的新闻如果到了明天就不再是新闻,所以新闻具有易碎性,是易碎品。对于以社会问题、社会事件、社会生活、社会现象为主要报道对象的社会新闻而言,由于报道对象的琐碎性,因此常常给人以短平快的刻板印象,认为它是没有深度开掘价值和深远意义的一类报道,属于易碎品。这种认识上的误区随着深度社会新闻写作的兴起而逐渐改观。

梅尔文·门彻曾经说过:"新闻是易碎品,但要把它当成艺术品去雕琢。"要想最大限度地规避社会新闻的易碎性,最重要的就是要树立高度的社会责任感,学会透过社会现象看本质,探讨新闻事件背后所隐含的深层次问题,把新闻向纵深开掘。作为一名优秀的社会新闻记者,在报道当中不要过于追求"眼球效应",要尽量让新闻不碎,让新闻作品具有更加深远的社会影响和社会价值。具体而言,在社会新闻报道中要以具有纵深开掘价值的新闻事实为基础,通过记者的深入调查,充分挖掘与重大事件、重要现象相关的事实与细节,探寻反映事物本质的内容,为读者呈现"真实、客观、纵深"的报道。

二、读者需要"知其然"更要"知其所以然"

面对信息时代如潮水般涌来的大量信息,现在的读者产生了更高的阅读期待,"他们期待有深度、有见地的报道,他们期待更权威、更有说服力的观点,他们希望有更精致的媒体形式满足其日益增长的文化审美需求,他们希望有更讲究的内容呈现方式来满足其不断提高的阅读趣味的需要"[1]。其中很重要的一点,就是想要"知其然",更要"知其所以然"。

对此,社会新闻报道应该将落点放在对新闻的深度开掘上,不仅要更周密、更详尽地记录新闻事件,而且要力求更透彻、更深刻地解释事件的背景和动向,阐释事件的因果关系,分析事件的深远影响。从某种意义上讲,深度社会新闻扮演的是一种"注释家"的角色,即"解释社会及其各部分,预测发展趋势,并把零碎的事实联系起来,阐明新闻的意义"[2]。在报道当中,要强调多维思考,围绕一个中心(事件或观点)立体地组织新闻要素,不要孤立地报道单个事件。在写作过程中,要深入本质,挖掘细节,既要包含记者通过扎实的深度调查,透过表象揭示的新闻事实和真相,又要加入相关权威人士对于新闻事件发生的原因和背景,以及事件所产生的深层次影响的分析和预测。

三、深度社会新闻与调查性报道

深度社会新闻不能简单等同于调查性报道,它泛指各类深入解析社会新闻事件、现象和问题的报道形式。除了调查性报道,深度社会新闻还包括解释性报道、预测性报道、系列报道、专题报道、新闻特稿等各类新闻写作体裁。

---

[1] 孙燕君、康建中、梅园粿、刘再兴,《期刊中国》,北京:中国社会科学出版社,2003年版,第278页。

[2] [美]梅尔文·德弗勒等著,颜建军等译,《大众传播通论》,北京:华夏出版社,1989年版,第150页。

具体而言，深度社会新闻是一种系统反映重大社会事件和社会问题，深入挖掘和阐明事件的因果关系以揭示其实质和意义，追踪和探索其发展走向的报道方式。它突破了一时一地一事的报道模式，运用解释、分析、预测等方法，从历史渊源、因果关系、矛盾演变、宏观背景、微观细节、后续影响和发展趋势等方面报道新闻，着重揭示"何因"（Why）与"如何"（How）这两个新闻要素。一篇深度社会新闻报道包含的主要内容有：核心事件、主体人物、重要细节、新闻背景、新闻过程、新闻分析、新闻预测、对策建议等。

调查性报道是记者通过时间周期相对较长的田野调查、社会观察、深入访谈、隐蔽采访等方法，对某类社会事实或社会现象展开的深入、系统、详细的报道。它属于深度报道的一种，包括调研式调查报道、追踪式调查报道、揭露式调查报道、批判式调查报道等。

小贴士 深度社会新闻的选题标准

1. 准备报道的新闻事实人们是否关心，在多大程度上关系到广大民众的利益，人们关注度较弱的事实一般不适合做深度报道。

2. 选题要具有较强的新闻性，包含多项价值要素，有深入报道的必要性，新闻性较弱的事实一般不适合做深度报道。

3. 新闻事实内部应该包含较为复杂的关系，有进一步开掘的可能性，内容比较单一的事实一般不适合做深度报道。

第二节　社会新闻如何向纵深开掘

一、将硬新闻"软化"

硬新闻是指题材较为严肃，具有较强的思想性、指导性和知识性，关系到国计民生以及人们切身利益的新闻，主要包括党和国家大政方针的制定、经济形势的变化、科教文卫事业的发展、国内国际时局、重大灾难事故等。软新闻是指那些轻松活泼，人情味较浓，容易引起读者感观刺激和阅读兴趣的新闻。

将硬新闻"软化"，就是采用软新闻的写作手法，展示硬新闻的报道内容，以此提高新闻的可读性，它是将社会新闻向纵深开掘的一个常用方法。具体而言，就是采用社会化的角度，运用人性化的笔触，使硬新闻严肃紧绷的面孔舒展开来，突破僵化生硬的表现形式，让读者阅读起来更有兴趣。例如，把相对比较严肃的灾难报道、揭黑报道、监督报道等，通过内容的深度挖掘和报道形式的改进，使报道更加贴近群众、贴近生活、贴近实际，或是运用人物故事和细节描写等写作笔法，增强新闻的可读性和亲和力，使报道更具说服力和感染力。

具体而言，将硬新闻"软化"的方法主要有以下几种：

1. 选取最佳角度。所谓新闻角度，就是报道新闻事实所选取的不同侧面，包括选题角度、选材角度、写作角度等，同一个新闻事件或新闻主题，从不同的角度进行切入，选取不同的材料进行报道，运用不同的笔法进行表达，可能收到不同的效果。角度的选择恰当与否，在一定程度上决定着一则新闻报道的成功与否。选取最佳角度，往往可以使报道由枯燥变得生动，由呆板变得鲜活，由肤浅变得深刻，让读者从一则新闻事件中看到更为丰富的内容。

2. 巧用细节，把新闻写"活"。新闻细节是指对新闻事件、新闻人物、新闻场景、新闻背景的真实、具体描写。从表现内容上看，它包括景物细节、场面细节、行动细节、语言细节、肖像细节、心理细节等。细节可以让报道更加鲜活生动，增强新闻的真实感，深化新闻主题。采访中，当事人的一句话、一个眼神、一个表情或是一个动作，都可能成为精彩的细节元素。要把新闻写"活"，就要注意捕捉和新闻主题相关的典型细节，在报道中适时呈现。

3. 尝试新颖生动的笔法。硬新闻常常给人以枯燥乏味、沉闷刻板的印象，要使这类报道活泼生动起来，可以抛开那些陈词滥调和条条框框，尝试一些新颖的写作笔法。在确保新闻真实性的基础上，适当运用比喻、比拟等形象化的表现手法，通过幽默风趣的笔触，让新闻变得轻松有趣，引发人们的联想与思考。

4. 增强新闻的接近性。在报道中要正确把握媒体的读者定位，真正从读者的信息需求和传播的社会效果出发，从普通民众的角度解读硬新闻，增强硬新闻的接近性和可读性。例如，在会议报道中，要善于从中提炼和读者生活密切相关的信息，突破会议新闻报道的陈旧笔法，尝试运用百姓喜闻乐见的语言形式进行写作。如 2015 年 9 月 26 日《新京报》A07 版的《区县、医院将可网上直购低价药》一文，从标题到正文都看不到以往会议报道单调乏味的面孔以及常用的套句套话。在这篇会议报道中，记者摒弃了过去那种模式化的、笼统空洞的表达方式，将会议上发布的同人们生活息息相关的讯息加以提炼、归纳，以多个小标题的形式进行分类阐述。文章重点突出，层次分明，让读者在轻松的阅读氛围下获取有价值的新闻信息。以下是这篇报道的具体内容：

区县、医院将可网上直购低价药

北京低价药将启动挂网采购，

区县、医院直接与企业交易　儿童医院和儿研所将在郊区布点

为解决基层单位，特别是农村地区常用药短缺问题，北京市卫计委将着手启动低价药品挂网采购，由各区县、医院直接与挂网企业议定成交。

昨日，市人大第十四届常委会第二十一次会议，北京市副市长张延昆指出，将通过药品共赢模式改革、推进城乡医保一体化等方式，缩小城乡医疗卫生服务差距。

此外，朝阳医院、安贞医院、中医医院和天坛医院将在郊区设立新院区或是建起新院；儿童医院和首都儿科研究所也将在郊区布点。

现状　乡村卫生站廉价药常断货

乡村用药限制较死、价廉好用受欢迎的普药总是断货、农民在大医院看病回村后拿不到药……昨日，北京市第十四届人大常委会第二十一次会议上，市人大农村委员会主任委员安钢介绍，目前北京的农村用药

上，存在上述问题。

"村里多是老幼病残，对他们来说村卫生室和卫生服务站的服务是最方便、成本最低的"，安钢说，与之对应的却是常见病、老年病、慢性病等部分药品不能报销，使得农民不得不舍近求远跑大医院，乡镇社区卫生服务中心用药也总是与二、三级医院衔接不上。

对此，北京市副市长张延昆在向市十四届人大常委会第二十一次会议作报告时，指出已研究解决社区用药问题。

对策　着手启动低价药品挂网采购

"市卫计委着手启动低价药品挂网采购"，张延昆说，将按照物价政策，充分发挥市场调节机制，从而增加供货企业数量，由各区县、医院直接与挂网企业议定成交。

同时，市卫计委也将要求大医院主动使用社区用药目录中的药品，社区卫生服务机构根据自身条件和居民用药需求，在规定范围内尽可能多配；各医联体内部逐步统一核心医院与社区的药品目录和品规，以解决核心医院所用药品回社区取不到的问题。

此外，张延昆指出，未来市卫计委将与市食药监局等部门配合，在医联体、对口支援等新医疗服务模式下，通过制剂调剂使用的形式，筛选临床长期使用、疗效确切、安全性好的品种，在一定范围内调剂使用。

焦点1　儿童医院将在郊区建新院

安钢介绍，在调研农村医疗中，发现目前北京市仍有20%左右的乡村没有医疗卫生机构。

在推动优质医疗资源向郊区布局方面，张延昆介绍，目前朝阳医院常营园区、中医医院垡头院区已经申报立项，安贞医院东坝院区建设拟引入社会资本，双方正就有关合作进行协商；天坛医院新址建设已于5月28日完成全部主体结构施工。

特别是农村地区儿童就医方面，张延昆透露，目前相关部门正在协调北京儿童医院新园区选址和首都儿科研究所与郊区医院合作项目；也将积极协助推动北京大学第一医院大兴院区建设。

此外，位于亦庄地区 200 张床位的爱育华妇儿医院、昌平科技园 200 张床位的精度儿童医院等社会办三级专科医院也将陆续建成开业，以缓解郊区儿童就医不便问题。

焦点 2　12 区县村医缺口 2080 人

市人大农委会调研报告显示，目前长期支撑村级医疗卫生机构日常工作的，大多是高龄"赤脚医生"，他们收入不高，工作繁杂且无人接班，村卫生室面临消失。

此外，边远地区就医难比较普遍，"医生走得比来得多"，安钢说，在乡卫生院巡诊时，"城里大夫"最受农民欢迎。

"拟采取四种途径解决乡村医生岗位需求"，张延昆介绍，目前全市除朝阳区之外的 12 个涉农区县，上报乡村医生岗位需求 2080 个，"首先会鼓励年满 60 岁的 48 名乡村医生继续开展医疗工作"，同时会将乡村全科职业助理医师作为岗位补充后备。

定向培养"乡村医生"的模式也将持续，今后预计每年约有 300 名临床医学大专毕业生，经培训并取得相应资质后回到乡村工作，部分补充村医岗位。此外，还会采取多点执业或公开招聘的方式补充村医。

本组稿件采写 / 新京报记者　黄颖

二、让新闻"慢"下来

美国《时代》周刊创始人亨利·卢斯说过："天下有两种新闻，快新闻和慢新闻。慢新闻具有深度，应回答更多的问题，让人有更多的时间思考，因而能影响更多的读者。快新闻则没有这种功能，转瞬即逝。"[1] 让新闻"慢"下来，是将社会新闻朝纵深开掘的一个重要手段。

要想实现这种"慢"，首先需要记者在采访上更下功夫，通过扎实的

---

[1] [美] 大卫·哈伯斯塔姆著，尹向泽等译，《掌权者——美国新闻王国内幕》，成都：四川文艺出版社，1988 年版。

采访，以多角度、多侧面的"立体报道"方式展示社会万象，揭露社会矛盾，追踪社会发展过程中出现的新问题、新现象、新思潮。在写作上，可以采用微观与宏观相结合的纪实手法，运用人物、情节、场景、对话、数字等各类素材客观叙述或描写新闻事实，点面结合，以点带面，在展现事件真相的同时，加入综合性的背景介绍、概括性的背景材料以及各类统计数字和场景描写。

在具体操作上，可以学习把画面定格的表现手法，用细致入微的情节描写，让新闻发生时和发生后的场景凝固，将快节奏的新闻事件转化为一个个事实片段，通过丰富的细节描写还原事件全貌。例如，2010年4月21日《中国青年报》"冰点特稿"第749期的《家园毁了，梦在》一文，就是这样一篇转快为慢的新闻报道。这篇文章是关于青海玉树地震的深度报道，文章沿着震后的废墟展开，通过大量场景描写和人物故事叙述，为读者呈现出地震对当地造成的巨大破坏，以及震后人们的自救重生。在记者笔下，一切都好像定格了，地震发生当时的惨烈情景历历在目。记者没有用紧凑的笔触快节奏地呈现事实信息，而是用缓慢的、饱含情感的笔调展开报道，让人们看到灾后震区生活秩序的恢复与重建，凸显灾难中人性的力量，于灾难中见真情，于破坏中见希望。以下是这篇报道的节选：

家园毁了，梦在

本报记者　张伟/文

玉树县城整个儿被毁掉了。

在大街上，在帐篷里，在倒掉的大门边上，人们反复谈论着这样的事：谁家的3个孩子死去了两个，谁家的4层楼房塌成了一层，谁昨天晚上又睡在了路上。很多人不知道他们的亲人在哪里，整条街上都谈论的一个好消息是，一个被埋了几十个小时的孕妇被挖了出来，还生下个孩子。

电线杆上，贴着转让房产的招贴广告："位置绝佳，带地下室，37万。"下面的广告则在出售吉普车："价格面议。"商铺里刚进了一批新货，老板美滋滋地把货单贴在门口。谁知没过多久，代表着商业繁荣的过去生活一下子就中止了。

看一看玉树街头的人们，你会五味杂陈。伤感无处不在：小学生的校服和红领巾上沾着灰，好像是刚从倒塌的校舍里抛出来的一样；9岁的孩子抱着烂了一半的梨子不肯撒手；趿着拖鞋的外地女人失神地站在消失了的货栈面前。但也有些时候，能遇上刚领了一把挂面的女孩笑呵呵地露出白色牙齿，或是孩子在蓬头垢面的母亲怀里安睡。一个孤独的老妇人牵着一条狗，面色平静地坐在倒掉的院墙边上，让人不禁想起"家园"和"守候"这些词汇。

初来乍到的人，面对一片凌乱难免心怀不安，他们渴望从这个县城的残骸中拼凑出它过去的模样，却总是碰壁：玉树有哪些东西被埋掉了，又有哪些东西顽强地从废墟中站了起来？这是一个难以简单说清的问题。

玉树的有些东西的确被埋掉了：比如住在扎西大通西路66号的次成文青和女儿更松代忠，以及他们至少两千名乡邻的生命和梦想。他们被亲人或被救援者挖出来，停放在荡然无存的旧居边上。

次成文青修补了大半辈子的《大藏经》也被从瓦砾底下抢救了出来。他所属的东仓家族世代珍藏的这部《大藏经》，有着动人的历史和卓越的声望。它曾经给这个家族和它所在的村镇带来数不清的抚慰和鼓励。次成文青和更松代忠耗尽心血把散落的经书用古老的木板编集起来。

现在，这件刚被挖出来的佛教典籍蒙了一层灰。但当次成文青的四女儿伊西措毛用手轻轻一摸，那些浅金色的经文在手电筒的照耀下瞬间闪烁了起来。

的确，总有一些东西是地震埋不掉的。

……

新生活已经在废墟之上开始了

在玉树，人们正在为不可知的明天储备一切能得到的东西，包括从废墟下翻出的一块还算完整的布料，以及每一个过路人手里的苹果或药品。想要找到一个开张的铺子实在不容易。没有倒掉的店铺紧闭大门。

出租车很少愿意停下来搭客。因为人比以前少了很多，无家可归的狗开始明目张胆地四处乱窜，对着行人吼叫。

几天前，有人从危房里拣出了几样货物，摆在尘土飞扬的路边，立即引来众多的顾客。伴随着讨价还价和吵嘴声，人们把成包的卫生纸、可口可乐和葡萄酒紧抱在怀里，就连已经腐烂了的猕猴桃也不放过。

一个闻讯赶来的妇女急匆匆地问："还有盐吗？"但这最后一包已被人买走了。

仅从外表看去，玉树如今还没有完全恢复秩序。人们很难找到过去熟悉的机构和店铺。法院暂时关张了，检察院也宣布"暂停办理"。一个退休的老工人拨通银行的电话，询问自己的退休金为什么还没发放，但在接电话的人看来，他真是有点太不识时务了。

农业银行倒是很早就上班了，在一片废墟边的帐篷里。第一天只有一笔个人存款，第二天就增加到21笔，几天下来，那些从废墟底下挖出来的血汗钱，已经有80多万元存了进来，最少的一笔只有几百元。除此之外，有3个不知身份的人拿着死去的亲人的存折来挂失，有的存折看上去脏兮兮的。

但今天的玉树并非与世隔绝：一封在4月16日寄进来的明信片可以证明这一点。这是邮局在恢复工作第一天接到的唯一一封邮件。随后，信和包裹越来越多了，一天有几十件，只是，把这些衣服、食品和信件传递到没有地址的人手里，着实是一件麻烦事。

报纸也很快运了进来，但种类少得可怜。扎辫子的当地小姑娘把厚厚的一叠汉语和藏语报纸分发给她遇见的每一个路人，很快，许多人手里都攥着两三份了。

玉树的报纸上都写着什么？地震几乎是唯一的主题，多数都是让人振奋的消息，人们在上面能读到救援，读到人和人的相互帮助，读到一点点改善的供电和供水；连广告也都是跟地震有关的。比如，某某通信公司表示要免费替灾民们提供寻亲服务。此外，报上还会发表一些用笔名写成的诗，里面充满了"啊"和叹号，但一个过路人说，他不大爱读这个。

对玉树的大多数居民来说，时间现在是可有可无的，因为他们没有什么日程可供安排。反倒是一年级的小孩子索南多加经常怯生生地拦住外地人打探时间，他的学校在地震里死了很多人，但最近就要复课了。他每天要准时去学校报到。县城里没剩下几个还在正常走动的钟表，废墟里的表都停了，其中有一只蓝色的手表是在学校的废墟里被发现的，时间就停在地震发生的那一刻。

在停课4天之后，学校开始陆续复课。老师们从土堆里把学生们的书包和课本一样样搜索出来，堆放在操场上，然后把他们归拢在一起，等孩子们回来，再发给他们。

有个孩子回来了，高高兴兴地接过属于自己的蓝书包，另一个从家里抢出来一只溜冰鞋，就单脚穿上它在操场上高兴地玩耍。而一个叫帕毛的孩子还没回来，他今年8岁，功课不错，每页作业纸上都被老师画了大大的钩。

有的却注定回不来了。一名66岁的奶奶琼嘎有3个孩子在这里读书，但地震那天，他们都被压在那排校舍里了。

他们的书包也许会被分给别的孩子，他们的作业本和铅笔盒也许还留在废墟里，然后，废墟会被清理干净，再然后，盖起结实的教学楼。

新生活已经在废墟之上开始了。三年级九班的江永江才的父母在地震中遇难了，他和一个没有劳动能力的爷爷相依为命。不过，他说他不害怕。"我不需要钱，只要大家记住我们。"他说。（后略）

小贴士 如何延展"5W+1H"新闻要素

- When：立足当下、追溯过往、预测未来
- Where：立足现场、周边延伸、纵横兼顾
- Who：立足当事、涉及相关、追踪采访
- What：立足事实、旁征博引、注重细节
- Why：立足真相、刨根问底、纵深开掘
- How：分析意义、追踪结果、探究影响

三、做一个"讲故事"的人

人物故事是深度社会新闻报道中的一个重要组成部分，学会讲故事的艺术和学问，对于新闻的深度开掘有着很大的帮助。曾获普利策新闻奖的美国记者富兰克林曾经说过："用故事化手法写新闻，就是采用对话、描写、场景设置等，细致入微地展现事件中的情节和细节，突现事件中隐含的能够让人产生兴奋感，富有戏剧性的故事。"[1] 记者在新闻写作中要善于发掘新闻事实中的故事性因素，以讲故事的形式表现新闻事件，增强新闻报道的趣味性与可读性。

在讲故事的过程中，要注意挖掘新闻事实中具有人性、人情的要素，捕捉生动传神的生活情境，展现人性的真善美；要用形象的事实说话，尽可能地寻找事件中蕴含幽默感或戏剧性的情节和细节，突出趣味性和冲突性；要建立多维、立体的故事叙述视角，运用第一人称或第三人称，从正面和侧面讲述人物故事，增强故事的真实性和感染力，使读者在情感上产生一种亲近感，对新闻事实产生认同和共鸣。简而言之，要讲好新闻故事，就是要将"故事情节化，情节人物化，人物细节化"，即用细节来刻画人物，用人物来推动情节，用情节来演绎故事，用故事来报道新闻。

其中，冲突框架的建构是让故事情节扣人心弦、引人入胜的一个重要手段。这种新闻叙事框架下的故事往往悬念重重，情节一波三折，极富戏剧性，能够吸引读者的阅读兴趣，让读者对报道产生深刻印象和深入思考。具体来说，人物与外界的冲突，以及人物内心的冲突都是冲突框架写作中可供开掘的面向。

此外，新闻故事的细节化呈现也是增强故事可读性和趣味性的一大保证。好的细节是故事的一抹神来之笔，它具有强烈的现场感，能够使新闻故事活灵活现、可触可感。一个精彩的、有表现力的细节描写，能够以小见大，见微知著，使抽象的概念和叙述变得形象生动，以此营造一种视觉效应，为读者还原客观的新闻现场，让新闻事实逼真再现，让

---

[1] 涂亚卓、陈凤莉，《浅谈故事化新闻》，《新闻前哨》，2006年第9期。

读者看到人物内心世界的波澜起伏，以及社会现实的千姿百态。对此，记者要在平时有意识地培养敏锐的新闻嗅觉和洞察力，学会捕捉新闻现场的各类细节。

当然，运用讲故事的手法报道新闻时，容易削弱新闻的时效性，同时也可能对新闻的真实性构成一定的挑战。对此，记者在运用故事化的手法写作新闻时，需要时刻保持清晰的新闻意识，牢记新闻报道的基本要求，在追求文章美感的同时，切实保证故事情节的真实性与客观性，切勿将新闻作品写成文学作品，更不能为了追求故事的戏剧性，主观捏造事实，损害新闻的真实性。

下面以 2008 年 5 月 28 日《中国青年报》"冰点特稿"第 671 期的《回家》一文为例，看一下在新闻报道中如何巧用讲故事的手法展现新闻事件。这篇报道一共分为十个部分，讲述了在汶川地震中，一位父亲背遇难的儿子回家的感人故事。全文贯穿着人物的真情实感，以及丰富细腻的细节描写，将中年丧子的悲痛展现得淋漓尽致。其中儿子生前的懂事与年轻生命的陨落，给人带来强烈的情感冲突和心灵撞击，死之无情与生之坚强在此得到鲜明的体现，让人们从一个人的命运故事中真切感受到地震给无数普通家庭带来的情感冲击与命运转折。以下是这篇报道的节选：

回　家

本报记者　林天宏 / 文

1　在前往地震重灾区映秀镇的山路上，我第一次遇见了程林祥。

那是 5 月 15 日下午大约 2 点钟的时候，距离 5·12 汶川特大地震发生已近 3 天。大范围的山体滑坡和泥石流，摧毁了通往映秀镇的公路和通讯，没有人知道镇子里的情况究竟怎么样。我们只能跟随着救援人员，沿山路徒步往里走。

那已经不能称之为"路"了。连日的大雨，把山路变成了沼泽地，每踩一步，大半只脚都会陷进泥浆里。无数从山上滚落的磨盘大的石头，在人们面前堆成一座座小山。

救援者几乎每人都背着30斤重的救援物品,在烂泥浆和乱石堆中穿行。他们一边要躲避山上不时滚下的足球大小的碎石,一边要防止一脚踏空。在脚边十余米深的地方,就是湍急的岷江。那是雪山融化后流下的雪水,当地人说,即便是大夏天,一个人掉下去,"五分钟就冻得没救了。"

沿途,到处是成群结队从映秀镇逃出来的灾民。他们行色匆匆,脸上多半带着惶恐和悲伤的神情。这时,我看见一个背着人的中年男子,朝我们走来。

这是一个身材瘦小、略有些卷发的男子,面部表情看上去还算平静。背上的人,身材明显要比背他的男子高大,两条腿不时拖在地面上。他头上裹一块薄毯,看不清脸,身上穿着一套干净的白色校服。

同行的一个医生想上去帮忙,但这个男子停住,朝他微微摆了摆手。"不用了。"他说,"他是我儿子,死了。"

在简短的对话中,这个男子告诉我们,他叫程林祥,家在离映秀镇大约25公里的水磨镇上。他背上的人,是他的大儿子程磊,在映秀镇漩口中学读高一。地震后,程林祥赶到学校,扒开废墟,找到了程磊的尸体。于是,他决定把儿子背回去,让他在家里最后过一夜。

紧跟程林祥的,是他的妻子刘志珍。她不知从什么地方捡来两根树干,用力地拿石头砸掉树干上的枝杈,然后往上缠布条,制造出一个简陋的担架。在整个过程中,她始终一言不发,只是有时候略显暴躁地骂自己的丈夫:"说什么说!快过来帮忙!"

担架整理好后,夫妻俩把程磊的遗体放了上去。可担架太沉,他们抬不上肩膀,我们赶紧上去帮忙。

"谢谢你。"她看了看我,轻声说道。原本生硬的眼神,突然间闪现出一丝柔软。

在那一刻,我的心像被什么东西狠狠揪了一下。

因为急着往映秀镇赶,我不能和他们过多交流。望着夫妻二人抬着担架,深一脚浅一脚离去的背影,想到这一带危机四伏的山路,我决定,从映秀镇回来后，就去找他们。

……

7 在采访中，我问了程林祥一个很无力的问题："你想过吗？回去的路上会有多危险？"

"我要带儿子回家，不能把他丢在废墟里。"这个原本貌不惊人的男子身上，突然间散发出一种平静的力量，"我只想，我每走一步，他就离家近一步。"

可那时走过映秀镇山路的人都知道，沿途的山上，会不时滚下碎石，余震不断，路滑，脚边就是湍急的江水，正常人走路都很艰难，而程林祥的背上，还背着近一百斤的儿子。

正在长身体的程磊，身高1.65米，已经比父亲高出了2厘米。趴在父亲的背上，他的双脚不时摩擦着地面，每走几步，程林祥就要停下来，把儿子往上掂一掂。刘志珍在丈夫身后，托着儿子的身体，帮助他分担一些重量。

程林祥把儿子的双手绕过脖子，轻放在自己的身前。一边走，程林祥一边和儿子说话："幺儿，爸爸带你回家了。你趴稳了，莫动弹啊。"

儿子的身体在背上起伏着，带出的一丝丝风响，像是一声声呼吸，掠在程林祥的脖颈上。有那么一瞬间，他甚至觉得儿子还活着，还像小时候那样，骑在爸爸的身上，搂着爸爸的脖子。

程林祥的力气原本不大，在工地上，别人一次能背二十块砖头，可他只能背十多块。可此时，他似乎觉得"身上有使不完的力气"，背着儿子一步步地往前走。

在路上，有好几次，他都险些被山上滚下的石头砸中。但那些石头只是擦身而过，落进下面的江水里，发出沉闷的声响。

"我知道，幺儿一定会在天上保佑着我，让我们安全到家。"程林祥心中默默想着。

那天早上，在遇见我们后，刘志珍制造了一副简陋的担架。在比较平缓的路段，她就和丈夫一起抬着儿子走，当担架无法通过时，程林祥依旧把儿子背在背上，一步步爬过那些巨大的石块。

一路上，程林祥常常滑倒，程磊的遗体摔到了地上。他一边和儿子道歉，一边把他重新背起。

　　许多迎面而来的救援者，在遇见这对带儿子回家的夫妻后，都向他们伸出了援手。有几个士兵帮助他们，把担架抬过了最危险的一个路段，还有人给了他们一瓶水，但程林祥并没有收下，他瘦弱的身躯，再也无法承受多一斤的重量。

　　此时，通往映秀镇的水路已经打通，人们可以坐着冲锋舟，在都江堰的紫坪铺水库和映秀镇外五公里的汶川铝厂码头来往。渡口上有很多等船的灾民，但当知道程林祥背上背的是死去的儿子时，人们默默地为他们让出了一条路。

　　冲锋舟溅起的水花，不断打在程磊的身上，细心的母亲连忙为他擦去水渍，船上的人们也默默地看着他们。

　　晚上8点，程林祥夫妻带着儿子，终于回到了水磨镇。闻讯赶来的邻居们从他们肩上接过了担架，那一刻，夫妻俩突然间觉得身上的力气消失得干干净净，他们一下瘫软在地上。

　　他们的肩膀，已经被树干上未除干净的分叉，扎出了一个个血洞，但那时，他们察觉不出一丝的疼痛。一路上，也自始至终没有掉过一滴眼泪。

　　……

　　10　程磊的坟，就在家后面几十米的山坡上。

　　这是一块几十平方米比较平缓的空地，一面朝着山下，边上有条小河，风景很好。坟边的树林里，有鸟儿在枝间跳动，发出清脆的鸣叫。

　　程家在这里有几亩田地，离家的前一天，程磊还在这里帮着奶奶收割油菜。小时候，他很喜欢和小伙伴在这儿玩耍，吹吹风，钓钓鱼，偶尔抓住一只小鸟，他会把鸟儿喂饱，然后放走。

　　但现在，这里只有一座用石头垒起的小小的新坟。坟前没有墓碑，只插着几束已经熄灭的香。地震后，家中找不到完整的容器，父亲找到一个缺了大半个角的白瓷盘，上面放着两块芒果味的威化饼干，当作祭品。

程磊并不爱吃这些零食,但地震后,路断了,食品供应上不来,找不到他生前最爱吃的苹果和橘子。这让家人们觉得心里很不安。

"会慢慢给他补上的。"刘志珍说,"以后,我们一边种田,一边陪着他。一家人还是在一起。"

离坟不远,就是程家住的救灾帐篷。通讯中断后,他们只能通过一台小收音机,来了解外面的信息。5月19日的全国哀悼日,一家人觉得也应该做点什么。

村子里找不到旗杆,也没有国旗,他们便在帐篷边竖起一根竹竿,在竹竿的中部捆上一块红布,就算是下半旗了。每天下午的2时28分,这户农民就在旗杆下站上一会儿,用自己的方式,来表达对死难者的哀悼。

偶尔有微风吹来,这块微微抖动的红布,和天蓝色的帐篷布,构成了山坡上的一缕亮色。

这天傍晚6时半,在这根竹子制成的旗杆下,摄影记者贺延光为这个大家庭,拍下了灾后的第一张全家合影。除了被亲戚接去外地避难的二儿子程勇外,这个家庭的成员——曾祖母、祖父、祖母和程林祥夫妇,全部在场。

程磊也没有缺席,母亲一直捧着那个土黄色的镜框。在母亲的怀里,他面对着镜头,依旧露出发黄而羞涩的微笑。

5月11日的那个上午,这个懂事的大男孩洗掉了家里所有的脏衣服。吃过午饭后,他从父亲那儿接过100元钱生活费,叮嘱正在院子里学骑摩托车的弟弟注意安全,然后挥手微笑着和母亲作别,跳上了前往学校的汽车。

一天后,突如其来的大地震,把他淹没在倒塌的教学楼里。

四、从"小人物"看"大世界"

人物刻画是深度社会新闻写作的一个重要方面。在许多新闻报道中,"人"才是新闻事件的灵魂。新闻写作,就是讲述具体的、鲜活的、有血有肉的人物故事,透过"小人物"的世界,映射出深层次的社会现象和社会问题。李希光老师曾经指出，新闻的力量和冲击力在于其个人化，"所谓新闻的个人化，就是通过人们的个人故事、体验为切入点和线索来报道一个重大的新闻事件，或解释新出台的法规政策等。"① 因此，在新闻报道中要努力发掘新闻事实里具有人情、人性的因素，通过个人生存境遇的描述，展示新闻主题，弘扬文章的主旋律。

具体而言，在新闻写作中要突出"人"，首先就要用以人为主的视角来叙事，通过人物的真情实感，以及个性化的语言和动作，塑造鲜活的人物形象，淋漓尽致地刻画人物的性格特征。此外，写人离不开写事，要善于发现真人真事，抓住反映人物内心世界的事实进行刻画描写，用人物自己的语言、行为、活动来表现人物，展现人物真实的音容笑貌和内心活动，彰显浓浓的人情味。其中，直接引语是人物性格特征和内心活动的直接表露，使用得当的话，可以增强文章的贴近性和亲和力，为原本枯燥生硬的内容赋予人性化的色彩，让人物形象栩栩如生，让新闻主题得以升华。

需要指出的是，社会新闻报道中的人物并非都是知名人物，更多的时候反而是一些普普通通的平凡人物，通过讲述新闻事件中普通人的故事，拉近报道同读者的距离，让人们感同身受，从中看清事件的本质和影响。只有从普通民众的视角出发，讲述老百姓自己的故事，才更能展现新闻事件同广大民众生活和情感的关联性，让人们更加真切地体会到事件的深远意义。

如 2015 年 9 月 30 日《眉山日报》第 6 版的《听一听，"国庆"们的国庆故事》一文，就通过三位"国庆"的真实人生经历，描绘出随着时代的发展和变化，祖国日益繁荣昌盛的美好图景，将普通人的命运同共和国的成长联系在一起，通过一个个"小人物"之口，展现出宏大的新闻主题，应时应景，触动人心。以下是这篇报道的原文：

---

① 李希光，《新闻学核心》，广州：南方日报出版社，2002 年版，第 130 页。

听一听，"国庆"们的国庆故事

10月1日，新中国迎来65周年华诞，亿万华夏儿女共同祝福祖国繁荣昌盛。而有这么一群人，对国庆，他们有着更深刻的体会、更朴实的情感、更多的荣耀与自豪，因为，他们有共同的名字——"国庆"。

近日，丹棱几位名叫"国庆"的市民讲述了他们与国庆节的渊源，以及他们所见证的祖国的发展和变化。

朱国庆：同呼吸共命运　学会感恩社会
本报记者　李泓莹

国庆节出生，取名叫国庆，既是对时间的纪念，也是家人赋予他的深情祝福与殷切期盼。被称呼为"国庆"32年，他觉得自己拥有"生逢其时"的幸运。

1982年的国庆节，朱国庆出生在巴中通江。"名字是家里长辈共同取的。"朱国庆说，巴中是革命老区、红军之乡，是一片对新中国充满热爱的土地。恰逢他在国庆节出生，于是长辈就给他取名"国庆"，"我很喜欢这个名字，被人呼唤起总有一种说不出来的自豪感。"

朱国庆记得，因为名字特别，小时候总能获得同学的赞美，生日也从来不会被忘记。祖父祖母总会早早地准备好鸡蛋，告诉他："你和国家生日是同一天，是幸运的孩子，要学会感恩。"在这样的熏陶下，朱国庆便牢牢地记着，自己的出生日与国家的喜庆日紧紧相连。

儿时的记忆，美好又深刻。"祖父祖母离世后，每每别人叫起我的名字，特别是生日这一天，会更加思念他们。"名字，同样承载了对逝去的长辈的怀念。"子欲养而亲不待，让我更珍惜如今的生活。"朱国庆说。

在红色巴中出生长大，在科技城绵阳求学，如今在中国大雅城——丹棱工作生活，越是成长，朱国庆越发觉得名为"国庆"是多么幸运可贵，"与国家同呼吸共命运的感觉，让我比常人多了许多不一样的体会，这是发自内心的。"

如今，朱国庆到丹棱工作已经8年了。在大雅堂纪念性恢复重建时，丹棱对大雅文化追根溯源，朱国庆作为宣传战线的一员参与其中。"这些年来，丹棱的变化非常大，楼越来越高，道路越来越宽阔。荣幸的是，在丹棱发展的历史进程中，我贡献了微薄之力。"朱国庆笑着说道。

而有了小家后，朱国庆对"国庆"二字的情感也更加深刻。"没有国哪有家，我更加理解了长辈的教诲，懂得要学会感恩，感恩他人及社会。"

年年"十一"，岁岁国庆，从咿呀学步到成家立业，朱国庆见证了国家的繁荣昌盛，而新中国同样陪同着他成长变化。"我想，这就是同呼吸共命运。"他说，"祝新中国和自己生日快乐。"

姚国庆：和祖国同过生　见证时代发展
本报记者　赵娜娜

"我从来没有给自己好好过过生日，因为生在国庆节，每年祖国华诞，全中国的老百姓都在为祖国庆祝，也算是为我过了生日吧！"姚国庆说。

1960年10月1日，姚国庆出生于辽宁省某部队家属区。"当时我父亲在部队服役，母亲是随军家属。"姚国庆说。后来，随着父亲转业到仁美镇，姚国庆也随之来到仁美生活、读书，随后成家立业。

"小时候，因为我叫国庆，小伙伴很容易便记住了我的名字。"姚国庆说，生在国庆节，名字叫国庆，这让他倍感自豪。

1977年，高中毕业的姚国庆响应祖国号召，到仁美镇中心村当知青。1978年12月，他应征入伍，当了一名解放军战士，部队的生活和教育，让他更深刻地感受到名字的内涵。

1981年，姚国庆退伍后到当时的仁美供销社当销售员，一干就是18年。1999年，供销社解体后，他便在仁美镇开了一家百货店，从此，每年的国庆节，姚国庆都在自己的店铺里度过，而妻子为他买的新衣、侄女的祝福短信、女儿的生日祝福，这些，都让姚国庆深感幸福。

以前，每逢赶集日，一名王姓村民便到姚国庆的店前摆摊，为乡亲做衣服。通常，这种情况是该收摊位费的，而体谅对方是残疾人，姚国庆没有收一分钱。对此，每年国庆节，该村民会给姚国庆送只鸭子表示感谢，对姚国庆而言，这是一份独特的生日礼物。

对姚国庆的名字，顾客们都觉得挺有意思，"我们都知道他叫国庆，他卖的鞋子我们都叫国庆牌。"在姚国庆店内购物的一对中年夫妻说。

而从幼童到中年，从住平房到住楼房，从骑自行车到坐小汽车，姚国庆说，自己和祖国一起，见证了时代的变化和发展。

李国庆：用双手和勤劳　向国庆节献礼

本报记者　彭林

李国庆是丹棱县张场镇峨山村4组的一名农民。"作为农民，没更好的东西表达对祖国的敬意，唯有好好劳动，用双手和勤劳向国庆节献礼。"正用竹篾编织背篓的李国庆说。

为什么叫国庆？"一个男孩子，叫国庆更大气。"李国庆回忆着爷爷取名的理由。"年轻时候生活艰苦，只有靠双手打拼维持生计。"李国庆说，自己十几岁就加入到生产队的劳动行列，插秧打谷样样都来。累是累了点，但不乏让他印象深刻的事情，那就是每年的收获季节，生产队里的劳动力都集中在金色田野里，热火朝天地收割小麦、掰玉米、割稻子，比拼谁的动作快，气氛愉快，非常热闹，"尤其是每年秋收时节，大家干起农活特别带劲，一心想用粮食和丰收为国庆节献礼！"

1984年，李国庆买了一台黑白电视机，从未出过远门的他，终于可以看看外面的世界了，更重要的是他期待着这一年的国庆节。那一年国庆节前几天，李国庆逢人就邀请到他家看电视，看新中国成立35周年的盛大阅兵式。当天，村里人放下锄头，搁下手中的活儿，齐聚在李国庆家的院坝里看电视。阅兵式一开始，所有人都欢呼雀跃。"自豪啊！当时大伙儿的激动之情，让我永生难忘。"李国庆说。

如今李国庆年过六旬，儿孙满堂，也没有闲下来安享晚年，"劳动是最美的，在我能动之时，我愿意多做些事情，为祖国的繁荣昌盛作一点点贡献。"

对现在的生活，李国庆觉得很满意，吃穿不愁，快乐幸福。他说："今年国庆节，要和家人一起吃饭，一起看电视，高兴高兴！"

五、系列报道的策划与写作

所谓系列报道，就是指围绕同一新闻主题从不同侧面、不同角度展开的多次、连续的报道。它是深度社会新闻报道的一个重要形式，由同一主题下的多个独立报道组合而成，每篇报道之间没有外在的时态连续，却有内在的逻辑联系，旨在系统、全面、深度地展示、解析新闻主题。

系列报道不同于连续报道。连续报道是针对正在发生并持续发展的同一新闻事件，依照时间顺序展开报道，每篇报道之间存在着时间上的连续性，前后呼应，承上启下，共同记录事态发展的全过程；系列报道是针对同一新闻主题展开，报道内容不一定是正在发生的新闻事件，各个报道之间是相对独立的，通常不具有时间上的连续性。连续报道的题材主要是事件性新闻；系列报道的题材多是非事件性新闻。连续报道主要强调新闻的广度，即延展性；系列报道主要强调新闻的深度，即可开掘性。

系列报道的基本特点包括：1.主题明确，各篇报道均围绕同一主题展开，集中用力，环环相扣；2.选材广泛，从多侧面、多角度展开报道，内容博而不散，信息量较大；3.内容深刻，对新闻主题的来龙去脉、背景信息、社会影响等各个方面展开详细具体、层次分明的阐释，力求做出思辨性的剖析，得出规律性的认识，给读者以深入启发。从整体上看，系列报道针对的多是重大题材，内容深刻，形式多样，气势恢宏，具有很强的舆论导向作用。在当前的媒介环境下，它是纸媒以内容取胜的一个重要选择。

系列报道的策划与写作要尽量做到理性、深入、透彻。具体而言，包括以下几个方面：1.周密策划，在确定新闻主题后，要对系列报道的文章篇数，以及每篇文章的标题拟定、内容定位、采访目标、分工合作等进行细致周密的策划；2.精心设计，记者分到具体篇目后，要对文章题目、行文架构、导语写作、段落布局，以及采访对象、采访问题等进行精心设计，并且设计得越细致越好；3.灵活写作，要尽量做到微观切入、宏观展开，根据实际情况调整写作策略，选定合适的切入点，由点及面，逐步过渡，将每篇报道写得立体、厚重、有思想、有亮点。

以第24届中国新闻奖文字系列类一等奖获奖作品"'探析PX之惑'

系列报道"为例,这组报道刊载于2013年7月30日至8月2日《人民日报》第4版的"求证"栏目,是策划长达一年之久的一组系列报道,一共包括《PX产业,我们可以不发展吗》《日本PX工厂如何保障安全》《韩国PX积极扩容增产》《PX如何走出困境》四篇文章。报道团队通过在宁波、昆明、日本川崎、韩国蔚山等地扎实深入、认真严谨的调查采访,从不同角度切入,还原了PX项目的本来面貌,介绍了国内、国外PX产业的发展现状,解答了民众对于PX项目的困惑,澄清了国内对于PX产业发展的一些错误认知和片面观点,并对PX产业规划与发展提出建议,探讨走出困境的有效途径。

从内容上看,这组报道态度平和,立场客观,建言理性,体现了党报的担当。7月30日的首篇报道《PX产业,我们可以不发展吗》回答了PX项目为何仍要上马、不发展PX产业会怎样、PX是不是被欧美淘汰的落后产业、PX生产是否安全等问题,文章基调平和,通过问答的形式,对PX项目的作用和价值,及其安全性和可行性进行了分析,在析事明理中解答了民众的疑问。随后的两篇文章《日本PX工厂如何保障安全》(7月31日)和《韩国PX积极扩容增产》(8月1日)均为驻外记者采写的报道,通过实地调查,走访国外PX企业和周边居民,采访国外政府部门官员、业内人士、行业协会专家等,对公众关注的安全生产如何实现、在PX工厂工作危险吗、民众害怕PX工厂吗、PX工厂周边环境怎样、PX项目如何监管等问题做出回应,从外部视角解读PX项目的安全性,介绍监管经验和管理思路。8月2日的最后一篇报道《PX如何走出困境》,通过实地走访,探寻国内民众"PX焦虑"的核心内容、问题根源和破解之道,既从民众角度思考他们的顾虑和担忧,又从专家角度提出有针对性的对策建议,对于缓解焦虑、重建信心具有一定帮助。这种内外联动的报道手法,拓宽了报道视野,增强了报道的说服力,是策划、写作系列报道时值得借鉴的一种组稿形式。

从形式上看,这组报道积极实践数据可视化,使关键信息一目了然。其中《PX产业,我们可以不发展吗》一文通过三个图表,分别介绍了近年中国PX供需情况、近年PX平均价格和中国进口PX产地分布情况;《韩国 PX 积极扩容增产》一文通过图表介绍了韩国 PX 项目环境影响评价流程，以及韩国出口中国的 PX 情况；《PX 如何走出困境》一文配发的两个图表，集中体现了这组报道的问题焦点，展示了"PX 焦虑"的核心内容和根本原因，对 PX 发展给出了"十不"建言。运用图表这种简洁醒目的表达方式，能够强化读者的图形认知和记忆，实现良好的传播效果。以下是这组系列报道的最后一篇文章《PX 如何走出困境》（2013 年 8 月 2 日《人民日报》第 4 版）的配图和文字内容：

PX 如何走出困境

本报记者　沈小根　李永宁　肖潘潘　郭万盛

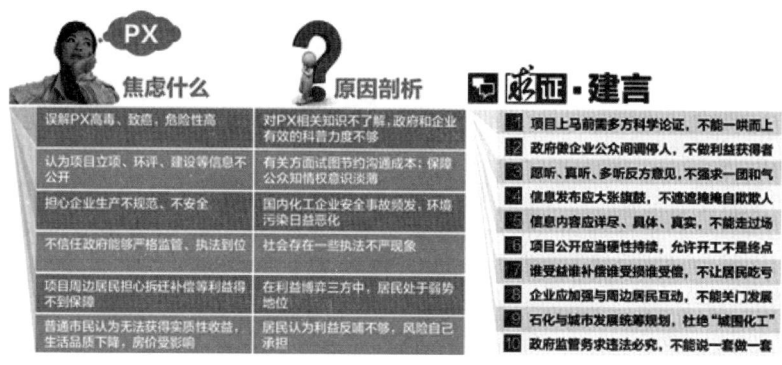

资料整理：肖潘潘　沈小根　制图：蔡华伟

这几年，因为各种原因，一些 PX 项目陷入困局。其中的根源是什么？PX 如何走出困境？人民日报"求证"栏目记者调研了几地 PX 事件，并与当地居民、网友和学界、业界专家一起探讨。

PX 项目中，各方有何焦虑

公众担心环境污染以及监管不力；政府承受多方压力，担心富民项目变"包袱"；企业担心投资打水漂，利益受损

针对 PX 项目，谁在焦虑？焦虑什么？反对声音从哪里来？

2012 年宁波 PX 事件期间，记者在镇海当地了解到，其间掺杂诸多利益纠葛。前期以南洪村等项目周边村民要求将村庄拆迁、反映情况为

主；后期则以城区居民反对PX项目建设为主。

镇海区蛟川街道南洪村76岁村民马有福说，开始村民并非因反对PX项目而聚集，而是由于村庄未能纳入整体搬迁计划。在区里同意拆迁后，他们"已经不闹了"。

事件转折点出现在镇海区政府发布炼化一体化项目说明后，"PX"这个敏感词刺激了居民的情绪。镇海是浙江重点化工基地，化工企业的污染排放和安全生产一直备受居民关注。镇海招宝山街道后大街社区居民吴嘉芬说，"以前镇海山清水秀，现在被工业区包围，空气都有味道。"招宝山街道西门社区的叶楚明也认为，政府应加强生态建设，别再上新的化工项目。

今年5月，云南昆明市民质疑安宁炼油项目，矛头直指传闻要上马的PX项目。昆明市长李文荣开通微博，表示"广泛听取各方意见和建议"，并承诺"项目将坚持环保一票否决制，整个过程邀请公众参与"。从网友评论和建议可以看出，民众关注的焦点集中在信息公开、环境污染以及监督监管等方面。

记者5月底在昆明市官渡区一个社区，看到居民已拿到炼化项目宣传手册和印着PX科普知识的扇子，经营花店的宋女士说，"我现在知道PX是低毒物质，不会对人有什么影响，但我想在安宁买房，项目上马后企业能保证不污染环境？"安宁一名教育工作者告诉记者，"安宁其实已是工业区，我不认为反对能改变结果，我之所以反对，是希望政府加大对企业的监管。"

陷入焦虑的，并非只有市民。

在采访过程中，有政府部门工作人员表示，引进大型化工项目并非易事，如果不能落地或开工，好不容易争取来的富民项目就变"大包袱"，"公共设施建设要花钱，本地就业需要企业吸纳，如果项目终止，老百姓受损失，政府公信力也被削弱。"

一家石化央企内部人士透露，大型石化项目投资以十亿百亿元计，但比利润更重要的是，央企上马PX项目，更有降低对外依赖、保障经济安全的战略考虑。

"PX焦虑"根源是什么

项目决策程序不够透明；公众对环评、安全、监管不太信任，容易相信网络不实传言

上网查询PX，称其"高毒、致癌"的网帖随处可见。北大文科研一学生小韩告诉记者，原先她也相信这类网帖内容，但在深入了解PX之后，她说，"我被危言耸听的网文给忽悠了。"

"公众误以为PX高毒高风险，错误消息才会疯传。我们对PX科学知识的普及还不够。"北京化工大学教授汪文川说。

中山大学政治与公共事务管理学院教授何艳玲则分析，"PX项目决策程序透明度有限，所以公众有被蒙在鼓里的感觉；有关信息和知识公众不了解，项目带来的风险对公众来说具有较强的不确定性。"人们的恐惧易被放大，谣言乘虚而入，久而久之就演变成恐慌。

香港城市大学公共管治学教授李万新长期研究环境保护和社会发展关系。她认为，内地PX项目的成本和收益分配不均衡：政府推动化工项目，项目收益主要是企业和政府获得，环境风险却由当地居民承担。民众看到成本收益不均衡，就会反对。

香港恒生管理学院商学院院长苏伟文表示，内地有些地方政府引入化工项目主要考量是经济效益，却忽略了对居民环境风险成本的考虑。加上化工项目牵涉公众利益，如果缺乏必要的社会咨询和沟通，民众不了解项目具体情况，极易受蛊惑性信息的诱导。

香港岭南大学政治学教授张泊汇分析，居民容易受蛊惑性信息误导，原因在于民众对政府的信任度不足。由于不信任生产者的管理和政府的监督，当地人当然不愿为后续的社会成本埋单。

一位不愿透露姓名的专家指出，对待PX项目，公众情绪存在一定程度的理性缺失，但冰冻三尺非一日之寒，公众对PX敏感主要是担心企业安全生产管理和政府安全监管的缺失。

如何破解困局

应加强管理，确保生产安全，重建民众信心；引入公众监督和独立的专业评估；项目信息公开科学；建立利益补偿机制

政府决策、产业发展、公众意见如何更好地统一？

李万新说，由于考虑的角度和利益不同，公众意见和政府规划有时难免会不契合。面对这种情况，政府作为决策者应以尊重科学为首要考量；同时，在决策上也要兼顾反对者的意见。

记者看到一个网帖，表达了居民对项目的疑问：项目立项时，有没有充分论证厂址和布局，加强科学规划？有没有尊重公众的知情权与参与权？如何保障企业安全生产？对于可能出现的生活品质下降，有没有考虑过对市民进行补偿？PX项目除了增加地方税收，拉动产业链之外，能为当地民众带来什么？

对此，专家们认为，要破解困局，首先应该加强信息公开。

苏伟文认为，必须在政府决策中引入公众咨询。李万新认为，地方政府应当把公众咨询作为制度加以规范，同时，应该把项目全程信息公开。

汪文川则强调信息公开的科学性。"包括PX在内的石化产品风险和危险的评估，国内外都有一套严格标准。"政府部门应"按照标准程序走、用科学数据说话、让专业人士解释"。

中国环境资源法学会副会长曹明德表示，信息公开要采取切实有效的方式。要准确说明排放污染物的种类、浓度、数量等，对环境会有哪些影响，采取了哪些措施减缓这些影响。

中国石油和化学工业联合会副会长李润生认为，要进行充分的环境影响评估和社会风险评估，政府应将规划和所涉及的环评信息向社会公开。

其次，要以规范的制度、严格的监管保障企业安全生产，使民众重建信心。

专家认为，管理监督到位非常重要，当前我国化工行业安全管理制度相对滞后，在作业许可证制度、员工培训制度、安全标志制度等方面严密性和可操作性不够，还有诸多漏洞亟待改进和细化。实现石化项目的真正安全，是化解"谈化色变"、增强民众信心的根本。

第三，专家表示，应当切实提高公众参与度，引入独立第三方机构加强监督。

苏伟文认为，公平独立的专业评估更能让民众信服。香港特区政府在做类似项目时，往往要外聘独立的机构、大学做顾问报告，目的就是增加公信力。

昆明市社科院原院长龙东林建议，可请第三方调查机构、媒体等，多形式、多渠道进行项目调查。

李润生认为，应建立公众参与机制，从立项、评估、审批到建设全过程实行信息公开；建立项目决策和处置的制度性规范，包括决策制度、听证制度、仲裁制度。

第四，应建立合理的补偿机制。何艳玲认为，PX项目建设应获得附近居民同意，并建立"谁受益谁补偿、谁受损谁受偿"的利益补偿平衡机制；政府不要作PX项目的决策主体，而是企业和公众之间的调停者。

此外，对于PX项目的选址，李润生认为，需要严密的科学论证，综合考量资源能力、环境容量和市场需求，把大型石化基地规划与城市发展规划统筹衔接，杜绝"城围化工"现象。他强调，应当以法规形式对布局规划进行必要的约束。

第九章
社会新闻写作的伦理与道德

第九章 社会新闻写作的伦理与道德

第一节 社会新闻要体现人文关怀

一、深切体恤民情，关怀"弱势群体"

弱势群体（social vulnerable groups），也叫社会脆弱群体，是指在社会生产生活中由于群体力量相对较弱、社会权力分配不公、社会结构不合理、信息不对称、能力不对称等原因，导致在获取社会地位、社会资源、社会财富时处于弱势地位，被边缘化甚至受到社会排斥的一类人群，主要包括失学儿童、留守儿童、孤寡老人、残障人士、下岗职工、失业者、贫困者、农民工、非正规就业者、灾难中的受救助者，以及在劳动关系中处于弱势地位的人。从构成上看，弱势群体大体可分为生理性弱势群体和社会性弱势群体，生理性弱势群体有着明显的生理原因，如年龄、疾病等；社会性弱势群体主要是由社会原因造成的，如下岗、失业、社会歧视等。

在我国，社会性弱势群体所占比重较大，对于这类人群的社会关注和社会支持显得尤为重要。帮助弱势群体获得公共表达的机会和空间，倾听他们的利益诉求，是促进弱势群体与社会有机融合，保障社会和谐发展的重要前提条件。媒体作为社会公器，有能力也有责任对民生、民意、民情加以关照，在发出主流声音的同时，也反映社会弱势群体的呼声。特别是以社会生活为主要报道对象的社会新闻，更是肩负着关注民生、反映民情、疏通民愤、化解民怨、关怀民间疾苦、体恤弱势群体的重要社会责任。

首先，在选题上要反映民生问题，关照弱势群体。作为一种制度性的利益表达渠道，媒体对弱势群体问题的关注具有极为重要的现实政治意义和社会意义。记者要深入到民众当中，倾听他们的利益诉求，让弱势群体有充分的表达机会，使其生存状态和基本诉求为社会和政府所知晓；要关注那些涉及社会公平正义的问题，努力架起社会弱势群体和爱心人士之间的桥梁，在呼唤真情、激发爱心上做文章，营造良好的社会氛围；要通过社会性热点的制造，有效地聚合民意，提升民众对弱势群体的关注意识，增强民众对社会文明进步的信心和动力，维护社会稳定，避免社会动荡和危机。

其次，在表达上要客观中立，避免语言歧视。经济地位低下常常导致弱势群体的媒介失语，一些媒体的报道甚至或隐或显地流露出对弱势群体的歧视，如对弱势群体的"歪曲""利用"和"轻视"等。对此，社会新闻记者要树立正确的价值观，秉持公平正义原则，努力消除对社会弱势群体的"传媒歧视"。所谓"传媒歧视"，是指媒体未能平等对待分布于不同社会地位维度上的人群，歧视因政治、经济、文化地位的不同而处于阶层底端或社会边缘位置的人群。要克服这种"传媒歧视"，一方面，要以平等的身份、设身处地的情感报道弱势群体的生存现状，避免居高临下地对民众的疾苦和忧患进行煽情报道，杜绝对弱势群体和边缘群体的妖魔化、戏说化倾向，要注意把个别问题同他们的整体状况区分开来，不要在报道中进一步加剧他们的边缘化；另一方面，在遣词造句中要慎用贬义词汇，不要一味地传递冷漠、不屑、轻视等负面情感，要从对弱势群体的负面报道中跳脱出来，展示他们吃苦耐劳的品质以及他们为城市建设和经济发展所做出的贡献，切实关注他们的生存处境，唤起民众对弱势群体的温暖和善意。

大众传媒作为连接政治体系和社会公众的重要中介因素，是确保民主政治正常运转不可或缺的环节。大众传媒对民意的关注以及对民生问题的报道，可能影响公共利益的选择。对于社会弱势群体，媒体应该更多地提供舆论支持、精神激励、信息共享等方面的援助，帮助他们实现自立自强，以此推进相关社会问题的解决以及和谐社会的建设，提升新闻媒体自身的公信力，保障大众传媒的品牌建设与维护。

二、切勿"揭伤疤",照顾被访者情绪

社会新闻报道需要接触各种类型的采访对象,在此之中可能遇到不同的情绪类型。在一些灾难报道或是负面报道中,被访者的情绪常常会有较大的波动,甚至对记者的采访产生抵触和愤怒情绪。此时,记者要充分发挥专业精神,本着以人为本的原则,尊重被访者的人格尊严,照顾被访者的情绪,切勿做出一些火上浇油的行为。

在被访者不愿意接受采访,但其又是非常重要的信息源的情况下,记者要尽量换位思考,体谅对方的处境和难处,从对方的情感需求和利益诉求入手,与被访者进行心平气和的沟通。可以先以闲谈的方式切入,倾听对方的声音,了解对方的隐忧,而不要直奔主题,抱着非常明确的采访目的进行交谈。要知道,采访是记者与被访者双方需求的共振,只有让对方看到自己的善意,明白记者的采访报道可能会对事件的真相披露和问题的妥善解决产生帮助,才可能消除对方的戒备心理甚至是敌意,让对方从消极抵抗转变为积极配合。

例如,在悲剧性事件的报道中,常常需要对其中的受害者及其家属进行采访,而在灾祸发生的当下,当事人在生理上和精神上都受到了较大的伤害,此时记者如果为了获取信息,对被访者提出一些敏感问题,容易对其造成不必要的二次伤害。对此,记者要保持耐心,用时间和真诚去赢得被访者的信任,使彼此的沟通更加融洽,相互之间达成理解和共识。同时,记者要注重采访技巧,通过和被访者的深入交谈,挖掘悲剧性事件中具有代表性的人物故事。

可以说,真诚是打开被访者心门的一把钥匙,只有你对他人真诚,他人才能回报你以真诚。在常人看来,经历重大灾难打击的人会自我封闭,不愿与他人提及自己的悲伤。但其实面对突如其来的灾难,人们的内心往往是非常脆弱的,他们希望找到一个愿意安静倾听他们心声的人,为自己的情绪和愿望找到一个出口。此时,要想打开对方心扉需要注意的不是方法问题,而是态度问题。如果记者采访时抱着很功利的心态,而不是真诚地去了解对方的需求和感受,他们可能就无法信任你,进而

关闭对话的通道。只有当他们觉得你能读懂他们的痛苦时，才会比较愿意和你交谈。由此看来，学会倾听也是一个非常重要的采访技巧。

此外，在灾难事故的采访中，人文关怀同样是一名记者需要具备的素养。记者赵涵漠曾经做过一个采访，是关于湖北京山一名22岁大学生的故事。男孩家境贫困，车祸去世后，他父母却要把孩子的器官和一大块皮肤捐献出来救人。当时有当地记者去采访，结果闪光灯一亮就被男孩的家人轰出去了。赵涵漠去了以后，他们同样不肯接受采访。后来她就发了一条短信给男孩的父亲，让他们好好照顾自己，如果有困难可以找她帮忙，就是这一举动让她成为第一个采访到男孩父母的人。因此，当采访受阻时，不要轻易放弃，不妨转换一下身份，以普通人的方式对当事人进行关怀体恤，也许就能敲开对方的心门。

当然，无论与被访者的关系如何亲近，都不能影响记者客观中立的立场。记者在写作时务必保持旁观者和记录者的身份，保持头脑清晰冷静，切勿把自己带入到当事人的角色和情绪当中，要始终以记者的专业态度进行写作，保证新闻作品的真实、客观、公正，不要过度煽情，也不要主观臆断。

三、切忌妄下结论，避免"语言暴力"

语言暴力，是指使用谩骂、诋毁、蔑视、嘲笑等侮辱歧视性的语言，致使他人在精神上和心理上遭到侵犯和损害的不当行为。大众媒体是主流话语的制造者和传播者，在大众媒体上频繁出现的词语，其意义会被固定，进而转化成民间话语。特别是在新媒体时代，通过广泛连接的互联网，某一词语或表达方式能够在短时间内迅速传播，继而为大多数民众所知晓，而媒体对于某一新闻事件或新闻人物的倾向性报道，也常常成为影响人们价值判断的重要因素，甚至会形成"语言暴力"，对新闻当事人的人格、精神、心灵等造成伤害，对其生活造成困扰。

对此，记者要时刻保持客观中立的报道态度，不要使用带有强烈感情色彩的词汇，不要轻易对报道对象做出价值判断，更不要随意对其"贴标签"。对于新闻事件，记者只是一个记录者的角色，不要试图以己之力对事件妄下结论，或是凭借自身的认知对其展开推测，也不要在报道中诱导读者做出某种具有倾向性的判断。要知道，记者报道倾向的一点小偏差，常常会造成读者的误读，再经由人们的二次传播，很容易对报道对象产生不必要的伤害，甚至导致侵权行为的发生。

值得注意的是，媒体上对于某类事物带有倾向性的报道如果反复累加，容易制造一种不公正的信息环境，导致民众对某类人群或某种现象形成"刻板印象"或"固定成见"，即对特定事物持有一种与其代表的真实情况不完全相符的固定化、简单化的观念和印象，它通常伴随着对该事物的价值评价以及主观好恶。比如民众抱持着"为富不仁"的观念，对富二代、官二代产生仇视，继而对新闻报道中出现的这类人产生偏见，对新闻事件进行有失偏颇的主观判断，产生"一边倒"的舆论倾向。

又比如，进城务工的农民工作为一个数量庞大的社会群体，他们以自己的辛勤劳动为城市发展做出了贡献，理应得到新闻媒体的尊重和关注。但在城市中他们常常被视为"外来者"，在一些媒体的报道中，他们被打上了低素质、没文化、野蛮、愚昧、落后等标签，关于农民工偷盗、嫖娼、斗殴、为讨薪跳楼自杀等负面新闻常常见诸报端，其中充斥着大量诸如"无业游民""社会闲杂""盲流""打工妹""打工仔"等明显带有身份歧视的词语。这种对农民工负面形象的过度渲染，容易给人造成一种定向的思维模式，使人们对农民工产生偏见。因此，要消除公众对于农民工群体的漠视、歧视甚至是敌对情绪，媒体从业人员首先要摒弃自身的偏见和错误观点，严格恪守客观性原则，在遣词造句上更加平和、理性、公正、严谨。

如今，随着媒介环境的变化，语言暴力逐渐发展为污言秽语、谩骂攻击、人肉搜索、道德审判等多种形式，对新闻当事人造成极大的困扰，影响甚至改变新闻事件的发展走向。对此，媒体工作者要增强专业意识和道德意识，将自身情感和价值判断从报道中抽离出来，审慎对待自己笔下的新闻人物，合理归因，慎作评判，引导民众进行理性的思考和讨论，营造健康有序的舆论环境。

四、彰显人性真善美，提升社会正能量

媒体具有一定的社会教化功能，其强大的社会影响力能够引导民众形成社会共识和社会认同，在一定程度上保证社会的安全稳定运行。作为同民众生活息息相关的社会新闻报道，要努力彰显人性的"真善美"，弘扬积极向上的价值观，提升社会正能量，为良好社会风气和社会面貌的塑造发挥作用。

当前，由于媒介竞争的加剧，许多媒体为了抢占市场，过度追求经济效益和"眼球效应"，忘记了自身所承载的社会责任，一味热衷于报道低俗、犯罪、血腥、暴力、惊悚等容易吸引读者注意的内容，导致各类负面社会新闻充斥于报纸的版面和网站的页面。一些关于道德沦丧、人性丑恶的内容被大量转载和讨论，其中的出发点并非是出于社会监督，而是出于一种猎奇和审丑心理。特别是一些民生新闻，把婆媳矛盾、夫妻矛盾、邻里纠纷、街头闹剧等无限放大，导致传媒资源越来越向着那些无益于社会文明进步的内容倾斜，而对于助人为乐、与人为善、扶困济贫、舍己为人等承载社会正能量的选题却常常不予着墨。

要知道，并不是所有和百姓生活相关的内容都适合作为社会新闻选题，对于其中负面新闻报道的量和度，需要记者和编辑进行严格把关。社会新闻不是"市侩新闻"，它的关注点不应该仅仅停留在打架斗殴、跳楼自杀、出轨不忠等浅层次的社会问题和社会矛盾上，不能仅仅局限于用个别事例孤立、片面甚至不健康地反映社会生活，而应该有一种深入观察社会的眼光和长远守望社会的胸怀，通过对具有代表性、象征性、典型性、普遍性的社会选题的报道和开掘，深刻揭露社会本质，为消除社会情绪、化解社会矛盾、制造社会共识、强化社会信任、维护社会稳定发挥积极作用。

由于媒体具有影响公众行为认知、培养社会道德共识的作用，因此，在道德滑坡加剧、人心日渐浮躁的当下，媒体应该用更加积极的视角去发掘社会生活中体现道德良善的新闻选题，站在更高远的位置引导社会良性运转，引领人们形成良好的社会风气。记者应该从选题立意、选材角度、文章措辞等方面进行斟酌筛选，通过对普通人的小善之举进行报

道，激发起广大民众内心积极、正向的情感，进而强化民众的社会认同感，达到净化社会风气、扶正社会心态的效果。

我们知道，在信息传播过程中，如果媒介话语对于积极的事物持有一种正面评价，就会使这种积极的情绪升华为情操；反之，如果媒介话语错误地给出了负面评价，就会对社会公众的情感倾向和行为导向产生误导。也就是说，媒体语言对于公众的社会心理、文化观念、思维方式、表达方式、行为习惯以及对事物的判断等都会产生一定的影响，这种影响可能不会在一时表现出来，却可能潜移默化地改变社会关系的基本形态。媒体虽然不能直接对个人的行为和想法进行监测和调节，但却可以通过自身的报道与倾向，让公众领会各类社会情感，在人们心中描绘出一种"象征性现实"，最终通过长期的培养过程，达到格伯纳所说的"涵化效果"。因此，通过正面选题的报道，对公众进行正向的情感培养，是社会新闻记者彰显社会责任、发挥积极社会影响的一个重要途径。

第二节 厘清道德与法律的边界

一、依法进行监督报道

新闻监督是指对社会上某些组织或个人的违法、违纪等不良现象及行为，通过媒体报道进行曝光和揭露，以达到抨击时弊、抑恶扬善的目的。在社会新闻中，有相当一部分是以揭露、批评为主的报道，而它所揭露与批评的重点往往是同百姓生活密切相关的现象和问题，特别是一些社会不公正现象。这类监督报道不仅更真实、更全面、更深入地反映了社会现实和民情民意，有助于社会问题的及时解决，同时对于民众来说也是一种情绪宣泄的渠道，在一定程度上起到了"排气阀"的作用，有利于缓解社会矛盾，维护社会稳定。某些久拖不决或处理不公的严重违法犯罪案件，一旦在新闻媒体中予以曝光，往往能够迅速引起有关部门的重视，乃至全社会的关注，从而使问题得到较快较好的解决。

然而，新闻监督是一把双刃剑，如果运用不当，容易产生一些负面影响，特别是对于涉警涉案新闻的监督报道，如果尺度把握不当，很容易产生越界行为，甚至造成不必要的权益侵害。对此，社会新闻记者要时刻保持高度的社会责任感，秉持公平正义原则，深入社会基层，直面复杂、多变的社会生活，关注各类社会人群的生存状态，关注可能引发冲突的社会关系和社会矛盾，对社会舆论中的热点、难点问题，以及触及某些敏感区域的社会问题，勇于进行揭露，努力还原真相。同时，记者要掌握充分、翔实的第一手材料，反复核实信息，比对事实之间的因果关系，悉心梳理，认真筛选，坚持用事实说话。特别要注意的是，由于在监督报道的采访过程中，记者接触到的大多是负面情况，听到的往往是沉重的呼声，因此容易受到现场情绪的感染。在这种情况下，记者一定要保持审慎的态度，牢记自己的职业身份，冷静、客观地对事物进行分析，如实反映民意民情，切不可感情用事，在报道中过度渲染、煽情，违背新闻报道的基本原则。

在现代社会，大众传媒的社会影响力及其社会监督功能，常常使得它在民众心中成为一种伸张正义、维护社会公正的化身，成为市民社会的"包青天"。当社会成员遭遇不公正对待而求助无门时，往往会把诉诸媒体当作最后一丝希望，甚至形成一种"找媒体比找职能部门更有效"的心态。然而，媒体毕竟只是一个传播讯息的机构，并不具备行政和司法的职能，当它在进行新闻监督的时候，一定要明确自身的角色定位，把握正确合理的尺度，从客观公正的立场出发，揭露事件的真实面目，呼吁相关方对事件进行彻底调查和妥善解决，切不可越俎代庖，对职能部门和司法部门施加不必要的压力，甚至干预司法，产生侵权行为。媒体要恰到好处地发挥监督的力量，让新闻监督成为社会良性运转的保障，而不是激化社会矛盾、加剧社会不公的导火索。

二、避免"媒介审判"

"媒介审判"是指新闻媒介超越正常的司法程序对被报道对象所做的

一种先在性的"审判预设"。从法理学的视角看,"媒介审判"损害了媒体作为社会公器的形象,是新闻媒体的职能错位,它使得司法独立和新闻自由的天平过分倾斜,有悖于法治精神。

由于社会新闻报道常常涉及一些社会纠纷以及违法现象,报道内容有时已经进入司法程序。因此,媒体在报道过程中既要保障公民的知情权,充分发挥舆论监督功能,又要严格恪守职业规范,把握报道的"度",切不可发生媒体干预司法的行为。具体而言,要尽量保持客观中立的态度,给涉事各方一个平等发言的机会;不要对还未做出判决的案件进行提前预判,也不要对事件进行过分的情绪渲染;不要以第一人称的身份发表带有主观色彩的导向性言论,不要肆意煽动舆论;保证当事人的合法权利,不要对一些不宜提前披露的案件细节进行公开;保护当事人的人格尊严,不要随意披露与案件无关的个人信息和个人隐私;尊重涉案人员亲属及友人的合法权利,不要干扰他人生活。

近年来,涉嫌"媒介审判"的案例层出不穷,不仅给涉事人员造成了不必要的困扰和影响,干扰了司法的独立性,还影响了正常的社会运行机制,加深了民众的不安全感以及对公权力的不信任。例如,在一些交通肇事案件、未成年人违法犯罪案件、特殊群体违法犯罪案件、涉及民众切身利益的案件、涉及道德风尚和公序良俗的案件的报道中,有些媒体为了抓人眼球,扮演起了福尔摩斯的角色,甚至在案件审理过程中公开组织公民进行所谓的"独立调查",通过各种方式搜集线索,对案件进行预判,有时这些报道会对民众造成一定的误导,影响舆论的走向,给案件的侦查和审理工作增添不必要的压力,甚至损害法律的权威和尊严。

对此,社会新闻记者要增强法律意识,在报道中明确媒体的功能和定位,在法律允许的范围内披露真实准确、没有异议的事实性信息,不要发布一些未经核实、模棱两可的信息,不要刻意制造带有争议性的话题以引发民众的猜测和质疑。在涉案新闻报道中,媒体要做的是信息公开,保障公民合法的知情权,而不是判案断案,充当法官的角色。面对一些敏感性强、社会影响大、公众关注度高的案件,媒体应该确保报道客观公正，防止出现背离事实真相的不当炒作；要进行舆情追踪，当出现偏离事实真相的舆情时，要及时加以引导，在条件允许的情况下，主动披露事实信息，掌握话语主动权；要注重司法裁判对社会主流道德取向的引导作用，把正确的价值判断和社会主流价值观有机地融入司法裁判当中，实现案件法律效果与社会效果的统一。

三、防止侵权报道

所谓新闻侵权，是指行为人通过新闻媒体（包括通讯社、报刊杂志、广播电视、公共新闻网站等）向社会公众传播不实信息或法律禁止传播的事实信息，从而侵害他人的合法民事权利，依法应当承担法律后果的行为。导致新闻侵权的直接原因及其外部特征，是新闻媒体刊播了含有侵害他人权利内容的新闻作品，诸如新闻报道失实、新闻评论有失客观公正、盗用他人肖像、传播他人隐私、损害他人名誉等。

在社会新闻报道特别是调查性报道当中，由于涉及对社会问题和社会现象的追踪调查，因此容易触及一些敏感问题或个人隐私，并涉及对人对事的是非判断。此时，记者一定要掌握好报道的"度"，严格恪守职业准则，不越轨，不越界，避免新闻侵权行为的发生，这既是对报道对象的尊重，同时也是记者自我保护的一个重要手段。下面介绍几种常见的新闻侵权行为：

1. 侵犯肖像权

肖像权是指个人对自己的肖像享有再现、使用并排斥他人侵害的权利，它是自然人所享有的以自身肖像上所体现的人格利益为内容的一种人格权。我国《民法通则》第一百条规定，公民享有肖像权，未经本人同意，不得以营利为目的使用公民肖像。关于新闻报道中对公民肖像的使用，我国法律规定，为了维护社会利益的需要、为了司法活动的需要、为了科学文化教育卫生等公益事业的需要等，未经本人同意而在新闻报道中擅自使用肖像权人的肖像可以不认定为是对肖像权的侵害。

尽管如此，记者在新闻报道活动中，依然要从伦理和道德的角度考量,合理、合法使用公民肖像。在有关战争、车祸、矿难、爆炸、凶杀等灾难或事故的报道中,要尊重死者和伤者的肖像权和人格尊严,避免刊登过于血腥的照片;对敏感话题中的新闻人物,如同性恋、变性人、艾滋病人及其亲属等,要审慎使用其肖像,不要为了制造"噱头"而逾越道德伦理的边界;要关爱和保护未成年人,慎重使用未成年人特别是不幸或贫困儿童的肖像,不要利用未成年人进行煽情和炒作;在隐性采访和调查性报道中,要酌情对人物肖像进行技术处理,避免引起法律纠纷;对肖像添加马赛克时,马赛克的面积应该而且必须达到能够完全遮饰肖像的程度;对一些具有争议性的报道,如非必要,可以采用其他象征性的图像替代人物肖像。

当然,从伦理道德角度考量,涉及肖像权保护的情况还有很多,如对弱势群体的肖像权保护、对公众人物在私人空间的肖像权保护等。无论何种情况,新闻报道都应该注重人文关怀,对公民肖像的使用不应该仅以法律上的强制规定为限,还应该恪守道德伦理的底线,因为对人和人性的尊重才是新闻报道最应该彰显的。

2. 侵犯隐私权

隐私是指个人与社会公共生活无关而不愿为他人知悉或者受他人干扰的私人事项。隐私权就是个人有依照法律规定保护自己的隐私不受侵害的权利,它包括两个方面:一是公民对于自己与社会公共生活无关的私人事项,有权要求他人不打听、不搜集、不传播,也有权要求新闻媒介不报道、不评论以及不非法获得;二是公民对于自己与社会公共生活无关的私生活,有权要求他人不得任意干扰,包括自己的身体不受搜查,自己的住宅和其他私生活区域不受侵入、窥探。

新闻报道涉及信息的采集、发布与传播,因此容易牵涉到同公民隐私相关的事项。对此,记者要绷紧保护公民隐私权的神经,不要为了获取写作素材而随意侵入他人住宅,窥探他人隐私;在涉及某些特殊人群以及敏感话题的报道中,不要泄露受访者的个人信息和个人肖像;对于涉及未成年人的新闻事件,在报道过程中要从维护未成人身心健康发展的角度考虑,适时、适度地披露相关信息,必要时需使用化名。《中华人民共和国未成年人保护法》第三十条规定,"任何组织和个人不得披露未成年的个人隐私。"因此,记者在报道相关事件时,要本着呼吁全社会共同关注和保护未成年人健康成长的目的,为未成年人营造良好的社会环境和舆论环境,不要为了制造轰动效应,将未成年人的隐私公之于众,对已经遭受伤害的未成年人造成二次伤害,甚至使他们形成心理阴影。总之,对于涉及公民个人隐私的报道,记者要从以人为本的角度出发,在公开和保护之间找到平衡,切不可为了制造"卖点",肆意窥探和曝光他人隐私。

3. 侵犯名誉权

名誉是指社会上人们对于公民或法人的品德、才干、声望、信誉和形象等各方面的综合评价。我国《民法通则》第一百零一条规定,公民、法人享有名誉权,公民的人格尊严受法律保护,禁止用侮辱、诽谤等方式损害公民、法人的名誉。其中侮辱是指用语言(包括书面和口头)或行动,公然损害他人人格、毁坏他人名誉的行为,诽谤是指捏造并散布某些虚假事实,破坏他人名誉的行为。

任何媒体在对真人真事进行报道、评论、传播时都不得与事实不符,影响公民原有的社会评价。要防止名誉侵权,最好的方法就是坚持用事实说话,避免主观评价新闻人物和新闻事件。在具有争议性的新闻事件中,记者一定要明确自身的记录者角色,保持客观中立的立场,如实反映事件各方的声音和情况;在从被访者处获得采访素材后,一定要进行反复核实,对其中的存疑之处加以多方求证;对于在报道中需要使用的素材,要取得被访者的确认与同意;凡是涉及人物评价的内容,一定要从不同角度进行考量,防止片面性。

四、杜绝新闻寻租

新闻寻租是指媒介机构及其从业人员利用掌握的新闻报道权利,为自身谋取不正当的政治、经济利益的行为。新闻媒体作为"第四权力"的象征,具有监督社会、引导舆论的作用,如果记者自身的职业素养不高、自律意识不强,就容易为一些别有用心之人所利用,成为新闻寻租的对象。

当前,最为普遍的一类新闻寻租行为是媒介机构被商业组织收买,为这些商业组织发布变相的"有偿新闻",如为企业和机构进行夸大性质的不实宣传,或对其竞争对手进行不当打压。另一种典型的新闻寻租行为就是收受和索要"封口费",特别是在调查性、监督性报道中,记者可能会面对涉事方主动提供的"封口费",或是其他具有诱惑性的交换条件,此时记者如果自我约束意识薄弱,就容易做出违反职业操守的行为。此外,一些媒体在采访到对某些商业机构不利的负面新闻后,为了追求经济利益,会主动对该商业机构进行要挟,要求对方给予一定的经济补偿来换取信息的不发布。更有甚者,一些媒体会主动寻找目标对象,要求其支付一定数额的合作费用或是所谓的"保护费",否则就会发布与其相关的负面报道,甚至通过夸大其词、虚张声势、无中生有的手法,对负面消息进行大肆渲染。

众所周知,新闻媒体应该是社会发展进步的守护者、监督者,新闻记者应该拥有"铁肩担道义,妙手著文章"的理想和胸怀。早期报人"不党、不卖、不私、不盲"的主张,在各类压力和诱惑层出不穷的今天,对新闻从业者来讲不失为一个很好的提点和警示。新闻寻租行为不仅有违新闻职业道德,而且严重损害了媒体的公信力,破坏了正常的市场秩序,理应杜绝。对于新闻从业者个人而言,如果不能慎重地对待和珍惜手中的新闻报道权利,而是用这种权利去交换不当利益,那么损失的不仅是信誉,甚至会葬送整个职业生涯。

五、慎用隐性采访

隐性采访又称暗访,是指在采访对象不知情的情况下,通过偷拍、偷录等方式,或是隐瞒记者的身份和采访目的,以体验等方式获取新闻素材的采访形式。简而言之,隐性采访是通过暗中调查以寻求有效信息的一种采访手段,记者需要隐藏身份,通过秘密手段获得新闻事实。它是与显性采访相对而言的，其优点在于不会因为记者的采访而改变采访对象活动的原貌。具体来讲，隐性采访又分为介入式（假扮某种身份）和非介入式（作为旁观者）两种。

  作为一种特殊的采访手段，隐性采访的使用需要非常谨慎，并且只适用于某些特殊场合、特殊题材或特殊采访对象。通常来讲，只有在事实信息无法通过正常采访手段获得，并且相关信息对于事实真相的披露十分重要时，才能考虑采用隐性采访。隐性采访的对象一般正在从事有悖于道德和法律的行为，如果采访对象知道自己的行为正处于新闻记者的关注之下，他们很有可能会采取某些规避自己错误言行的方法，给记者提供虚假信息，或是以"无可奉告"的态度拒绝接受采访，甚至会同记者产生对立情绪，爆发肢体冲突。此时，通过显性采访手段，记者无法从中看到事件的原貌，获取所需的新闻素材，达到预先设定的采访目的，而只有隐去真实身份，才能获得有价值的新闻线索和新闻素材。

  在社会新闻报道领域，也时常需要运用到隐性采访的手段，特别是在社会监督报道中，如揭露社会不正之风以及各类违法违纪行为等。它是在采访对象不配合的情况下获取第一手资料，探究事件真相的重要手段。在采访前，记者要进行周密的准备工作，从采访计划的设定，到采访设备的调试，都要认真对待，做到有备无患。在现场，记者要灵活应对各类突发状况，注意保障自己的人身安全。可以说，隐性采访能否顺利完成，十分考验记者的采访功力。通常情况下，记者需要改变提问的语气、方法以及角度，甚至要改变自己的体貌特征、表情动作等，以隐藏自己的真实身份和真实意图。此外，技术的支持也十分重要，要熟练使用偷拍、偷录设备，避免穿帮，否则会导致徒劳无功，甚至会危及自身安全。

  在具体的采访实践中，记者需要针对不同的人物和事件，以不同的身份进行采访，如假扮病人，到医院门口调查"医托"现象。这一社会现象严重影响了正常的医疗秩序，损害了患者的切身利益，但如果记者亮明身份直接进行采访，是难以获知事件真相的。而通过介入式的隐性采访手段，不仅能够真实地还原整个地下产业链的全部流程和细节，让读者看到表象背后隐藏的秘密，还可以引起有关部门乃至全社会对这一问题的关注，进而对其进行整治和查处。

当然，尽管隐性采访能够有效排除干扰和阻力，获取有价值的新闻信息，但其合法性与合理性，一直以来都是法学界和新闻界争论的问题。在采用隐性采访作为报道手段时，务必把握好采访的"度"，具体操作一定要控制在法律和道德允许的范围之内。具体而言，记者需要遵循以下报道原则：1.采访内容必须涉及公共利益，而不是个人私事；2.尊重采访对象的人格尊严，保护其基本权利诉求，不得随意泄露其个人隐私；3.客观记录新闻事实的全过程，不得断章取义，片面报道；4.不得用言行诱导采访对象，干预事件发展进程；5.尽量采用观察的方式，减少记者对事件的介入程度；6.适当尝试电话暗访等介入程度较低的采访形式；7.慎重对待隐性采访中出现的未成年人，对其隐私和个人信息予以特别保护；8.对一般性违法行为的当事人，其肖像、姓名等需做技术处理；9.对被害人、目击者以及新闻线索提供者的肖像、姓名等需做技术处理。

第十章
新媒体环境下的社会新闻写作

第一节　新媒体对社会新闻写作的影响

一、"公民新闻"写作兴起

"公民新闻"产生于20世纪90年代的美国，伴随着Web2.0时代的到来而兴盛。它是指公民（非专业新闻工作者）通过大众传播媒介和个人摄录、通信工具（如移动电话、数码相机、数码摄像机、计算机网络等）向社会发布和传播新闻信息，又被称为"来自业余新闻工作者的第一手新闻报道"。"公民新闻"从采访、写作到编辑、发布，完全由普通民众独立完成，这些发布新闻的人又被称为"公民记者"。例如，当你将突发事故现场的见闻发布到微博上的时候，你正在扮演的就是一个"公民记者"的角色，而你所发布的微博就是"公民新闻"。

随着智能手机以及各类社会化媒体应用的普及，"公民新闻"的发展获得了前所未有的技术支持，人们可以更加快速、便捷地将自己在新闻现场获取的信息传播出去。这一新闻发布、传播模式打破了只有新闻专业人员才能进行新闻传播的传统格局，促使公民以一种更加积极、主动的姿态参与到新闻信息的传播过程当中，在一定程度上打破了新闻同质化趋势，同时也对专业记者的工作起到了监督和促进作用，使得新闻媒体在报道的真实性、客观性、时效性上面临更大的压力和挑战。此外，传统主流媒体对公众的议程设置功能也受到了冲击。"公民新闻"的出现，打破了过去"媒体报道什么，公众就注意什么，媒体重视什么，公众就关心什么"的传统格局，越来越多来自民间的议题开始为人们所注意，并成为社会热点议题，人们不再是被动地接收新闻，而是主动地搜寻、发布以及传播新闻。

　　作为一种公众参与的新闻，"公民新闻"追求以人为本的价值理念，其职责不应该仅仅停留在监督和报道层面，而应该把公众利益特别是弱势群体的利益放在首位，致力于提高普通民众对信息的接收和处理能力，以及对公共事务的批判意识和解决能力。在具体操作中，由于"公民新闻"主要由非专业新闻工作者采写完成，因此需要特别注意对新闻报道原则的遵守，如确保信息的准确性、避免新闻侵权等。此外，对"公民记者"基本媒介素养和社会责任意识的培养也必不可少，要增强民众的参与意识和思考公共问题的能力，在面对纷繁复杂的社会环境时能够明辨是非，善用手中的传播工具，对发布的内容主动进行自我审查，不造谣，不传谣，为自己的传播行为和观点言论负责。

小贴士 快速掌握新闻导语、主体、背景和结尾的写作要诀

● 新闻导语即新闻的开头，它以简明扼要的文字，提示新闻要旨，突出最重要、最新鲜、最精彩的事实信息，以达到提纲挈领、吸引读者的目的，包括概述式、评论式、提问式、描写式、引语式等常见形式。导语写作一定要简短，注意用词的直接、准确，少用或尽量不用被动语态，具体写作技巧有开门见山、先声夺人、欲擒故纵、设置悬念、化静为动、以小见大、自问自答、引经据典、拟人修辞、数字对比等。

● 新闻主体即新闻的"躯干"，是在新闻结构中处于导语之后、结尾之前的那部分内容，是发挥与表现新闻主题的关键部分。它承接导语，阐述导语所揭示的主题，回答导语所提出的问题，对导语中已披露的新闻要素做进一步的解释和补充，对新闻事实做具体的叙述和展开。主体写作要注意以下几点：1. 紧扣主题，主干突出：要选择典型材料，与主题无关的内容要舍弃，次要材料要简略；2. 内容充实，言之有物：内容必须具体、充实，用事实信息阐释新闻主题，切忌泛泛而谈，空洞无物，捕风捉影，人云亦云；3. 结构严谨，层次分明：要合理划分段落，用时间顺序、逻辑顺序等组织材料，条分缕析地展开叙述。

● 新闻背景即新闻的"零部件"材料，是与新闻事实有关的历史条

件、社会环境、政治缘由、地理特征、科学知识等内容，它可以出现在新闻作品的任何部位。新闻背景能够丰富新闻内容，深化新闻主题，阐释新闻意义，增加知识性、趣味性和可读性，对新闻事实起到解释说明、概括补充、对比衬托的作用，有利于读者了解新闻发生发展的来龙去脉，加深对新闻的认识和理解，令新闻通俗易懂，同时还可以通过背景材料的介绍，表达某种不便言明的观点。在背景写作中，要紧扣主题，言简意赅，合理布局，过渡自然，言之有物，生动活泼。

● 新闻结尾在新闻作品中具有卒章见义、点化主题、托物寄情、阐明意义、拾遗补阙、画龙点睛的作用。一个好的结尾，能够为新闻作品增光添彩，让人读后留有余韵。新闻结尾的写作要紧扣主题，以叙事为主，力求简洁，不重复，不拖沓，切忌空谈和空喊口号，可用富有哲理或幽默感的语言收尾。具体写作形式包括归纳式、评论式、寄语式、呼吁式、启发式、感叹式、展望式、联想式、隐喻式、悬念式、对比式、反问式等。

二、新闻时效性面临挑战

相较于传统新闻，新媒体时代的新闻报道在时效性上取得了更大的突破，几乎可以实现新闻的"零时差播报"。特别是"公民新闻"的出现，使得第一时间在突发新闻现场的实时报道成为可能。由于"公民记者"遍布社会生活的各个角落，他们有条件接触到丰富的"第一手"新闻素材，并有机会成为某些突发事件的现场亲历者或目击者，加上新媒体信息发布平台的普遍应用，因此在一些突发新闻事件中，他们常常是"第一时间"深入"第一现场"的最有发言权的"记者"。

如今，许多突发新闻的最初消息都是由现场目击者通过新媒体平台第一时间发出的，有时可能就是一条短短几十字的微博，或是一幅随手拍下的现场图片。这些消息虽然不像传统新闻一样具备完整的新闻要素，但是却能在第一时间将新闻事件的关键信息发布出去。如在甬温线动车事故中，第一条消息就是由车厢内的乘客"袁小芫"通过微博发出的：

"D301在温州出事了，突然紧急停车了，有很强烈的撞击。还撞了两次！全部停电了！！！我在最后一节车厢。保佑没事！！现在太恐怖了！！"这条微博发布于2011年7月23日20点38分，距离事故发生仅仅4分钟的时间，这一速度是传统媒体所无法比拟的。虽然该微博内容并没有包含事件的全部要素，并且带有强烈的主观情绪，但是却将事故现场的基本情形呈现在人们眼前。

在上海外滩踩踏事件中，新媒体平台再次彰显了其在信息发布时效性上的优势。2014年12月31日23时30分，网友"Direction"发布微博称："外滩发生踩踏事故了，太恐怖了。"这条微博成为此次事件最早的曝光源之一。2015年1月1日零时31分，上海市公安局官方微博发文称："小编刚才在市公安局指挥中心看到，有游客摔倒后，执勤民警立即赶到围成环岛，引导客流绕行。"这则微博被新浪、搜狐、网易等门户网站迅速转载。随后，1时26分，搜狐发布新闻《网传上海外滩发生踩踏事故 警方回复》，这也成为此次事件的第一条报道。可以说，新媒体平台拉开了此次突发事件的传播大幕，成为事件重要的传播源。

面对新媒体在传播时效性上的显著优势，传统媒体从业者在面对突发事件时，一方面要快速启动，迅速赶赴现场，争取在最短的时间内发出消息；另一方面应该充分发挥自身的专业优势和资源优势，在新闻的深度上进行开掘，为广大民众呈现出更为真实、客观、权威的报道；此外，要积极尝试运用微博、微信、客户端等新媒体平台发布信息，努力提升报道的时效性，增强自身竞争力。

三、消息来源错综复杂

在新媒体时代，以P2P（Peer-to-Peer）技术为基础的社会化媒体迅猛发展，传统的传受关系被打破，每个人都是一个传播媒介，媒体用户之间存在的是一种对等的信息交互关系，他们逐渐从被动的收受者、消费者，转变为主动的搜寻者、浏览者、对话者、生产者、传播者。在"去中心化"的传播模式下，身份各异、规模浩大的互联网用户通过贡献内容深度参与到社会化网络的建设中，由此拉开了"用户生成内容"（UGC，user-generated-content）的大幕。

基于这样的背景，新闻信息的来源变得更加错综复杂。以往由专业媒体机构发布和传播新闻的传统模式被打破，广大民众无论年龄、地域、种族、职业、教育背景，只要能够连接互联网，都可能成为新闻信息的生产者和传播者。这种越来越广泛，并且带有不确定性的消息来源，使得新闻的真实性和客观性面临前所未有的挑战。如今，人们发布新闻的心态各不相同，从信息分享到情绪抒发，从寄希望于解决问题到带有某种特殊目的的炒作，通过新媒体所提供的更为便捷的传播渠道，不同的人怀抱着不同的心理预期。这种多元化的传播心态加上非专业的身份属性，使得许多似是而非的讯息被广泛传播。

对此，专业的媒体工作者要增强自身的舆论引导力，把握新闻报道的主导权，提升在热点新闻事件中的话语权和影响力，树立专业权威，及时澄清谣言，尽可能快速、全面地披露"第一手"的事实真相。同时，要全面提升民众的媒介素养，引导他们正确合理地使用新媒体，增强明辨是非的能力，不要成为谣言传播的助力者。

四、新闻选题日趋多元

随着互联网应用的不断推广普及，广大民众对于"自媒体"的使用越来越熟练，论坛、贴吧、博客、微博、微信的言论风气越来越活跃，各类社会议题特别是负面议题逐渐脱离了国家和大众传媒的控制，开始大量呈现在公众的视野中。如今，各类社会议题的生成模式发生了显著的变化，人们的议题选择标准变得越来越多元，一些过去不为人们所注意的选题如今成为热门话题。反观当前的社会热点议题，主要呈现出"新异性""贴近性""争议性""冲突性""批判性""民族性"等特征。

首先，具有"新异性"的选题往往能够引起人们的关注，如"虎妈""狼爸"式教育，坐飞机的"最潮乞丐"，武汉大学的29岁年轻女教授等。其次，同民众生活息息相关的选题经常引发热议，如涉"地沟油"

犯罪最高可判死刑，以及频频发生的校车事故等。而具有"争议性"的选题引发舆论风波的概率也越来越高，如陈光标"高调慈善"事件、崔方转基因之争等。此外，"冲突性"也是人们关注的一个对象，如产生道德冲突的"小悦悦"事件等。同时，一些带有揭黑、曝光性质的选题演变为热点议题的可能性增大，如"高铁天价采购"事件，以及各类"网络举报"事件等。除此之外，涉及"民族性"的议题在当前也有所呈现，如"名古屋市长否认南京大屠杀"事件等。

从宏观角度看，这些多元化的社会热点议题反映了中国社会结构转型期的特点，越是具有矛盾冲突，越是接近人们的生活实际，就越能引发人们的关注。人们关注的焦点开始逐渐回归本原，更加贴近自己的日常生活和周遭环境，更加关注那些反映社会民生的选题，那种大而化之的选题正越来越失去吸引力。此外，新媒体平台也越来越成为网络举报、网络舆论监督的阵地。

面对这一现状，传统媒体特别是主流媒体的从业者应该改变以往的工作模式，主动吸纳其中的重要选题，用媒体人的视角展开进一步报道。对于涉及民众利益的社会性选题，要唤起有关部门的重视，敦促事件的真相公布和解决查处，并将事件的处置结果公之于众。

五、新闻失实现象频发

在当前的媒介环境下，新闻报道面临的另一个问题和挑战就是网络传播使得新闻失实现象出现的频率大幅上升，这其中有相当一部分涉及社会新闻选题。为了追求报道的时效性，有些媒体记者和编辑放松了"把关人"的职责，对于来自民间或是别家媒体的新闻线索未经核实就进行发布，造成以讹传讹的严重后果。如之前网上传得沸沸扬扬的"南召晚秋黄梨销售难，果农忍痛喂猪"一事，最后被证实只是一场"乌龙"，真正被拿去喂猪的都是一些坏梨烂梨。这一真相的披露不免令人大跌眼镜，而类似的一幕幕在互联网上已经无数次上演。

在人人手握麦克风的网络时代，"全民记者"成为可能。虽然以"自媒体"为名，但当个人通过网络向公众发布信息时，其所承担的责任与传统媒体并无二致，真实和客观永远是无法逾越的底线。然而，由于认知能力、传播心态以及综合素养等多方面的原因，许多信息发布者未能守住这样的底线。更为值得注意的是，在事件的后续报道中，一些传统媒体同样未能严格把关，导致一些失实新闻被迅速传播。特别是一些媒体"官博"的推波助澜，使得许多最终被证伪的新闻话题得以持续发酵，广大民众在人声鼎沸中丧失了自我思考，纷纷通过手中的自媒体将信息二次传播，导致事态进一步扩大化。

在新媒体时代，面对鱼龙混杂的网络讯息，大众传播媒介的从业人员应该时刻保持审慎的态度，用专业的眼光考量每一条讯息，切不可为了追求速度与效率，放弃调查求证，不假思索地照搬网络信息。因为每一次虚假新闻的曝光，都会导致媒体公信力的贬损。特别是对于主流媒体开辟的新媒体平台，民众的信任度通常较高，如果说他们对于"自媒体"上的讯息尚且能够保留几分警惕的话，面对"官博""官微"则很容易基于信任而放弃思考求证。对此，新闻媒体的从业者要珍视手中的报道权利，认真对待自己的职业行为。对于社会新闻记者而言，要勇于直面纷繁复杂的社会现象和社会问题，以维护社会的健康有序发展为己任，严肃对待每一篇报道，学会为社会把脉，透视深层次问题，给读者以理性的启迪，不要为了追求"卖点"而刊发浮夸媚俗、哗众取宠的报道。

此外，要防止道听途说和东拼西凑。由于社会新闻的报道对象常常是百姓热议的话题，因此社会上往往会有许多相关的传闻，加上社会新闻取材面广，接触对象多元，记者在采访过程中需要投入相当多的精力，如果此时记者在"抢时效"的压力下投机取巧，以道听途说代替实地采访，或者从见诸报端、见诸网络的第二手、第三手资料中获取写作素材，就很容易导致片面乃至失实新闻的出现。当然，防止片面、偏激也是杜绝新闻失实的一个重要方面。特别是对于一些批评性、揭露性的社会新闻报道，记者接触到的大多是负面情况，听到的往往是沉重的呼声，因此很容易受到现场情绪的感染。在这种情况下，如果不能跳出来，以一个新闻记者应有的审慎、冷静、客观的态度对事件进行分析，就可能在行文中有失偏颇，或是过度煽情，这些都不利于新闻事实的真实呈现。

第二节 社会新闻如何"突出重围"

一、坚持"内容为王"

在新媒体时代，特别是移动互联时代，公众对于信息的获取逐渐脱离了由传统媒介介质属性设定的时间和空间的局限，传统的"受众"开始成为"信息自助超市"中具有挑选资格的"用户"，随时随地都能在物品"供大于求"的"超市货架"上，选择自己所需要或是感兴趣的"信息产品"。基于这样的用户行为特征，媒介传播内容的开发和维护就显得尤为重要。保证新闻报道的内容品质，提升媒体不可替代的内容竞争力，延续传统媒体机构的内容优势，成为广大媒体记者需要用心对待的工作重点。

在任何传播介质建构的传播范式之中，基于专业知识的内容生产，一直都是过剩信息中的稀缺产品。新媒体传播内容虽然具有信息量丰富、呈现方式多样、传播速度快等优势，但同时也存在着庞杂、泛化、浅薄等缺点。同时，新媒体从业人员由于从业时间、自身知识积累的欠缺和不足，在面对大量信息时可能处理失当，从而误导民众，甚至产生严重的负面影响。此外，由于新媒体的开放性，每一个人都有可能成为新闻的发布者和传播者，因此新媒体上新闻源的可靠性常常受到质疑。

相比之下，传统媒体在新闻采编、制作、发行等方面积累了大量的资源和经验，每一环节的专业化程度都相当高，其完备精良的专业人才链也是新媒体在短时间内无法与之匹敌的。正因如此，传统媒体特别是传统纸质媒体只有利用其宝贵的专业优势，坚持"内容为王"的根本原则，报道大量鲜活生动的新闻事实，以健康向上且具有深度的新闻内容去引导人、激励人、鼓舞人，坚守舆论阵地，才能从激烈的媒介竞争中突出重围，在信息市场中占有一席之地。

对此，传统纸媒的从业者应该不断加强知识储备，开拓思维的广度和深度，广泛涉猎政治、经济、文学、艺术和自然科学等领域的知识，培养深厚的文字功底和娴熟的写作技巧，同时增强专业素养，在报道中明辨是非，确保新闻写作的公正与客观，为人们带来更加专业权威的报道。在此之中，坚持报道的"深度开掘"也是坚持"内容为王"的一大要义。具体而言，记者可以在对单一个案、单一事件进行报道的基础上，展开层层深入、抽丝剥茧的深度调查报道；在热点事件的报道中，应该第一时间提供深入浅出、满足公众信息需求的解释性报道；在典型个案的报道中，可以利用媒体的资源优势，完成具有故事性的人物报道；在重大事件的报道中，可以通过深入采访和专业写作，为读者呈现具有深度和洞见的特稿类报道。

当前，媒介市场上的大多数精品内容依然出自传统媒体之手，以传统媒体为主要载体的专业新闻制作模式依然是权威新闻内容的基本生产框架。尤其值得欣慰的是，在这样一个强调轻质化阅读的分享时代，带有厚重感和思想张力的深度报道依然具有强大的生命力。无论以何种传播渠道抵达的信息，优质的内容依然是最具竞争力和稀缺性的核心资源。作为传统媒体的从业者，只有在报道中叙述好新闻故事、刻画好新闻人物、解释好新闻背景，产出具有质感的新闻内容，才能在未来的媒介竞争中立于不败之地。

二、增强信息整合能力

针对新媒体环境下层出不穷、纷繁复杂的各类信息，增强信息的辨别、甄选和整合能力，成为媒体记者需要具备的一个重要素养。特别是对于网络上由不同信源所提供的信息，专业新闻工作者需要做到去伪存真、去粗取精，从中挑选最有报道价值和传播效应的内容进行重新编排与整合，用专业的写作手法加以呈现。此外，对于不同平台、不同渠道、不同表现形式所展现的信息，要具备搜集和筛选的能力，通过内容再造，为读者提供全方位、多角度的专业新闻报道。

如今，在数字时代，特别是大数据的背景下，对于数据的全面搜集和有效运用成为新闻报道的一个全新切入点。媒体记者要学会运用快速便捷的移动互联网络，获取各个媒体和各个渠道提供的资讯和数据，充分进行信息整合。对于调查型记者来说，要注意日常积累，储备不同门类的电子数据库资源，并学会在海量数据里寻找新闻线索和新闻素材，求证关键信息，快速、准确、有效地进行数据查阅和整理。针对读图时代的阅读特征，记者要熟练运用包括数据检索、图表制作等工具，利用图形、图像处理、计算机视觉以及用户界面等工具，对数据加以可视化处理，采用更为形象生动的表现手法完成新闻报道，增强文章的可读性和亲和力，同时也用科学的数据增强报道的说服力。

具体来说，与此相关的报道模式主要有精确新闻、数字新闻和数据新闻等。其中，精确新闻是由美国学者、新闻记者菲利普·迈耶在20世纪60年代提出的，它是指记者在采访新闻时运用调查、实验和内容分析等社会科学研究方法来收集资料、查证事实，从而报道新闻，它的特点是用精确的数据分析新闻事件，以此避免主观的、人为的错误。而数字新闻，则是指以数字、公式、字母等静态形式来辅助文字报道。

近年来，随着互联网应用的兴起，新闻报道在精确新闻和数字新闻的基础上，又出现了一种新的报道形式，即数据新闻，又被称为数据驱动新闻。它是一种基于数据的抓取、挖掘、统计、分析和可视化呈现的新型新闻报道方式，其中最为常见的就是在大数据的技术背景下产生的大数据新闻。它的出现在一定程度上改变了传统的新闻生产流程，通过对大数据的挖掘与处理，以及图片和视频的制作，实现新闻的交互式、动态化展现。比如在关于"两会"、春运、旅游"黄金周"等重大新闻事件的报道中，就出现了数据新闻这一全新报道样式。需要注意的是，无论是精确新闻、数字新闻还是数据新闻，都要避免出现数据简单堆砌的情况，不要将文章写得晦涩难懂、枯燥乏味。

目前，国内一些媒体已经开始尝试通过数据新闻制作工具，运用可视化数据图等多媒体形式展示新闻信息，给用户提供多元化的新闻资讯。这种表现形式既形象生动，又便于理解，如新华网的"数据新闻"栏目，就是一个通过信息和数据整合，运用图表形式对新近发生的热点新闻事件进行报道和解析的栏目。这种新闻报道理念呈现在纸媒上，常常表现为运用社会调查以及社会实验等方式报道新闻。例如，《中国青年报》的"青年调查"栏目，就是一个典型的运用实验、深访、问卷调查和内容分析等社会科学研究方法进行资料收集、事实查证，进而报道新闻的栏目。我们来看一下该栏目在"全国爱牙日"推出的这组报道，其中就通过问卷调查的方式，辅以专家采访，为读者展示了当前我国民众的牙齿护理观念，给广大民众进行了一次爱牙保健的健康科普。

62.4% 受访者表示不会正确护理牙齿

50% 受访者在牙齿出现问题时才会去相关机构做护理

本报记者　杜园春　王品芝

9月20日是全国爱牙日。牙齿是人体的一个关键器官，但是很多人只有在牙齿出现问题时才意识到牙齿护理的重要性。日前，中国青年报通过问卷网对2002人的调查显示，50%的受访者表示牙齿出现问题才去相关机构做牙齿护理，62.4%的受访者认为不注重牙齿护理是由于不知道保护牙齿的正确方式。

本次调查中，00后占比1.4%，90后占比30.5%，80后占比45.9%，70后占比16.6%，60后占比4.8%，60前占比0.8%。

42.8% 受访者觉得周围人对牙齿保护的重视程度一般

王姗姗今年21岁，她与牙医有关的回忆仅是小时候的一次拔蛀牙和前不久的一次拔智齿。"每天都在用牙齿，但我平时几乎没有关注过牙齿健康的问题，偶尔牙齿不舒服了也不会去看医生，认为过一段时间就好了"。

在某汽车企业工作的周王说："我一般护理牙齿的方式是早晚刷牙，因为工作需要，经常约见客户，所以包里常备口香糖。"

调查显示，24.3%的受访者自认为平时非常注重保护牙齿，48.9%的受访者比较注重，23.2%的受访者回答一般，3.2%的受访者不太注重，

0.4%的受访者不注重。在护理牙齿的方式上，84.1%的受访者采取早晚刷牙的办法，32.4%的受访者会用漱口水清洁口腔，22.7%的受访者饭后咀嚼口香糖，19.2%的受访者使用牙线，14.5%的受访者定期洗牙，12.9%的受访者定期做口腔检查，5.9%的受访者平时不怎么做口腔护理。

第三次全国口腔健康流行病学抽样调查结果显示，我国5岁儿童乳牙龋病的患病率为66.0%，12岁儿童恒牙龋病的患病率为28.9%，35～44岁中年人龋病患病率为88.1%，65～74岁老年人龋病患病率为98.4%。更严重的是，97%的5岁儿童龋齿未经治疗，12岁组这一比例为89%；中老年人群的患龋的牙齿中有78.9%～91.7%未治疗。全国35～44岁中年人的牙周健康率为14.5%，65～74岁老年人的牙周健康率为14.1%。上述数据显示了我国居民牙齿患病状况的不容乐观，而现实中，有牙病又有治疗意识的人也非常少，这使得我国牙齿护理的事业任重而道远。

杭州口腔医院牙周黏膜科医生王晶认为，国人不够重视牙齿健康，与口腔健康科普工作开展不够有很大关系。同时，由于医疗保险对口腔治疗覆盖率低，一些患者由于经济原因也会选择放弃治疗。

中山大学附属口腔医院口腔颌面外科博士朱王勇认为，目前国人的口腔健康意识还普遍薄弱。由于牙齿疾病发生过程的特殊性，不少人始终错误地认为疼痛忍一忍就会"痊愈"，于是错失了治疗的最佳时机，导致病情继续进展；而且，因为28颗牙齿在咀嚼功能上存在代偿性，故少数牙齿缺失时，咀嚼在短时间内并不会受太大影响，这往往也令工作繁忙或畏惧牙科的人们忽视口腔问题，纵容了病情加重。

50%受访者牙齿出现问题才去相关机构护理牙齿

谈及是否会去相关机构护理牙齿，周王表示，为了牙齿的整洁美观，曾有一次洗牙经历。"但从没做过口腔检查，我的牙齿挺健康的，自小到大没出现过问题，牙齿不疼不痒的，我认为是多此一举"。

调查显示，50.0%的受访者在牙齿出现问题时才去相关机构做牙齿护理，21.5%的受访者定期做护理，16.3%的受访者从未去过，11.5%的受访者想起来就去。

在护理牙齿的不当行为中，横向刷牙、刷牙时间短在受访者中最普遍，占55.6%；42.5%的受访者除了正当刷牙，不会采取其他护理措施；37.4%的受访者不做牙齿健康检查；33.3%的受访者有不按时刷牙、用其他行为代替刷牙的情况；29.3%的受访者对蛀牙放任不管。

"我有时工作到深夜，这时候就会象征性地刷两下牙。有时特别困，还会加大力道，想着'速战速决'。结果几次之后发现一来刷不干净，二来牙床会肿。"王珊珊说，牙床出现问题时，往往过几天就会好了，她从来没想过去做检查。

为什么很多人不注重牙齿护理？调查显示，不知道保护牙齿的正确方式（62.4%）是最普遍原因，其他原因还有缺乏了解牙齿护理的渠道（55.7%）、不了解牙齿对个人形象、健康等的重要性（47.9%）。

王姗姗说，她平时很少看见与牙齿护理有关的宣传，没有外部因素的提醒是她不重视、不懂如何护理牙齿的一个原因。"很多人富裕起来后都不会有健康意识，或是只关注如心脏、肝之类的器官，对于牙齿护理的觉悟还是靠后的"。

很多人在牙齿护理方面存在误区。王晶指出，有的人认为乳牙早晚会换，坏了不用补。但是乳牙龋坏，会降低咀嚼功能，继发根尖周炎者，还可导致恒牙发育不良。乳牙感染还可能扩散到如肾脏、关节等其他器官，引起器官病变。因此发现龋坏应当及时治疗。还有人认为刷牙出血不是问题，用药物牙膏即可。而这种状况多是牙周炎症的早期表现，用某些所谓药物牙膏只会掩盖症状，正确的做法是去正规医疗机构就诊，寻求医生的帮助。另外，很多中老年人有叩齿的习惯，而且力量很大，认为可坚固牙齿。事实上，长期叩齿会加速牙周组织的破坏，导致牙齿松动。

"牙齿具有咀嚼、辅助发音和保持面部正常形态的功能，充分发挥咀嚼功能可促进消化和吸收。"王晶提醒说，在牙齿健康问题上，预防胜于治疗。科学的护牙方法应包括平时自我口腔卫生维护和定期口腔检查。推荐使用软毛小头牙刷或电动牙刷，一天刷两次牙，一天至少使用一次牙线。对于口腔健康人群，每半年至一年进行口腔检查并洗牙；对于口腔疾病患者，复查间隔需遵医嘱。

朱王勇表示，牙齿护理需从小做起。一般幼儿在半岁时开始长牙，进食后需漱口，平时父母以擦牙的形式为幼儿清理口腔；2岁小孩可学习用牙刷刷牙；4岁开始用含氟牙膏；6~8岁做窝沟封闭保护六龄牙，期间应每半年到一年去儿童口腔科做定期检查，烂牙早补；成年后学习巴氏刷牙法，每年洁牙、体检，有小问题尽早处理。

(2015年9月14日《中国青年报》第7版)

三、善用新媒体工具

随着媒介技术和传媒应用的不断推陈出新，新兴媒介的传播效力也在不断提升。在新媒体时代，传统媒体遇到了前所未有的挑战，想要单纯依靠一种传播模式在激烈的媒介竞争中生存下来，已经变得越来越困难。如今，报纸推出了电子版，电视台开到了网上，广播加强了网络互动，媒体微博、微信、客户端如雨后春笋般涌现，越来越多的传统媒体开始组建传媒集团，向全媒体进军，加入数字出版的行列。各种形态的传统媒体正在通过不同的途径，加速推进渠道整合，将互联网的传播优势吸纳进自身的传播体系当中，并且通过加强内容建设和观点互动，增强自身在"全媒体时代"的信息传播力和舆论影响力。

当前，对各类传播渠道的整合已经成为传统媒体和新媒体共同努力的方向，并且产生了"1+1>2"的传播效果。与此同时，由于各类传播渠道有着自身不同的特点以及传播优势，因此扬长避短，形成差异化的发展模式，依然是各类媒介需要重视的问题。如报纸、杂志、电视、广播等传统媒体应该继续发挥其深度性、权威性、专业性的优势；网络论坛、贴吧、新闻留言板等继续秉持其"公共广场"的宗旨；博客、微博、微信等自媒体继续保持其"私人会客厅"的性质。通过这些不同性质的媒体之间相互配合、相互助力，促成高效、有序的传播环境的构建，最终聚合成为一个"数字化的跨平台、跨语言、跨应用的泛传播方式"。

在此背景下，传统媒体应该积极通过资源整合，寻求在数字时代的立身之本。以报纸为例，要将读者、信息、版面栏目、品牌形象、传播渠道等资源进行整合，形成合力。同时，传统媒体应该逐步克服旧有传播渠道交互性弱的缺陷，不断突破传播载体的局限，持续开发和利用多媒体平台，寻找互联网资源同传统媒体，乃至移动新媒体资源的最佳契合点。需要注意的是，这种"合"不是简单的加法，而是在知己知彼的基础上，最大限度地发挥自身优势，汲取对方精华，借力于新媒体的思路、视野和平台，为传统媒体注入新的血液，让传统媒体由内而外焕发新生。

具体到操作层面，媒体记者要努力使自己成为"全能型记者"，熟练掌握各类新媒体应用，增强数字时代的报道技能，实现新闻生产流程再造；要学会利用各类媒体平台，多方搜集、整合信息，积极吸纳新媒体平台上发布的议题和新闻素材，多渠道跟进事件最新进展；要拓宽信息发布渠道，通过微博、微信、客户端等新媒体平台第一时间滚动发布信息，突破报道的时间和地域限制；要加强传统媒体与新媒体的互动，开辟新闻留言板，开展网络话题征集和讨论，观察舆论动向，及时加以引导；要掌握网络传播规律，充分吸纳新兴的网络语言，使报道更加生动活泼，通俗易懂；要充分发挥专业精神，避免跟风报道，在内容的准确性和客观性上加强把关，把媒体网站特别是主流媒体网站打造成为权威信息的发布源，为热点新闻事件提供准确、详尽的事实基础。

总之，传统媒体从业者的观念、思路和手段需要更新，新媒体从业者需要借鉴传统媒体的经验和资源，二者之间既是竞争又是合作的关系。传统媒体只有结合自身优势，兼收并蓄，充分吸收、借鉴新媒体的特点，不断加强创新、融合与互动，持续拓展产业发展空间，通过与电信运营商的合作，打造数字时代的新纸媒，成为多元化的新闻信息提供商，才能在不断变化的媒介环境下占有一席之地。

小贴士 如何"织网"？

- 选题标准：直面社会热点、贴近百姓生活、关注人情冷暖、网罗世间万象

- 文本特征：语言简洁精练、事实清晰准确、内容重点突出、坚持一事一报
- 结构样式：段落层次分明、节奏利落明快、借鉴网络体例、突破体裁限制
- 栏目设计：打造明星栏目、突出媒体特色、挖掘奇闻异事、推进编读互动
- 发布时间：寻找独家新闻、直播突发事件、要闻定时推送、坚持常态播报
- 操作流程：打造专职队伍、内容分享互通、尝试新兴应用、推进媒体融合

四、变"新闻快餐"为"新闻大餐"

在新媒体时代，人们的阅读方式越来越"快餐化"，新闻"碎片化"趋势愈加明显。作为传统媒体，应该秉持着一份社会责任意识，引导人们阅读有分量、有深度、有内涵的报道，深入观察和反思社会现象和社会问题，在新闻的快与准、时效与深度之间找到平衡，增加报道的厚重感、系统性和权威性，把这份"新闻快餐"做成"新闻大餐"。

具体来说，要想让新闻慢下来，破除新闻的易碎性，一方面应该把网络的时效性、互动性和纸媒的深入性、权威性相结合，真正做到"加强深度报道，以应对网络信息的浅显性特征；强调精选原则，以应对网络信息的宽泛特征"[1]；另一方面应该实现新闻的滚动发布、连续报道和追踪采访，随着事态的发生发展进程展开报道，为读者呈现有头有尾的新闻事实，避免"烂尾新闻"的出现。

在移动互联网时代，由于信息的爆炸和井喷，人们对于深度阅读的

---

[1] 齐爱军、彭金凤，《应对网络媒体，报纸寻求新的报道模式》，《新闻记者》，2002年第12期。

注意力"门槛"在不断提高，他们的注意力比以往任何时候都更加容易聚焦到某件热点新闻事件上来，也比以往任何时候都更加容易被另一件热点新闻事件所转移。对此，媒体记者应该保持清醒冷静的头脑，不要被层出不穷的网络信息所左右，要从新闻报道规律和报道原则出发，追踪事件的前因后果，探究事件的来龙去脉，学会跳出单一个案，从事件报道上升到现象剖析，完成对新闻事件层层推进、抽丝剥茧的深入报道。

如今，媒介融合不断加剧，关于传统媒体是否会被削弱和取代的争论不绝于耳，许多学者对传统媒体的现状和未来表示出了深刻的担忧。然而，在当前我们依然能够看到传统媒体所不可取代的权威性、专业性以及深度性。在发挥权威信息源和主流观点源的作用方面，传统媒体依然有着自身独特的优势和地位。特别是在一些重大新闻事件发生的时候，面对着错综复杂的各类关系，以及杂乱无章的各种观点，传统媒体的引导和整合作用依然显得尤为重要。

在具体的传媒实践中，我们依然能够看到传统媒体特别是传统主流媒体在议程设置和观点引导上的巨大影响力。传统媒体发出的一些声音，往往成为其他媒体选题的重要参照，同时也成为其他群体讨论的依据来源。特别是主流媒体上发布的一些信息动态和观点走向，常常能够引发其他各个媒体和各类社会群体的高度关注和争相讨论。传统媒体的报道和评论在情绪调动、思想触发、言论引导方面依然具有难以替代的作用，尤其是在一些上升到国家层面，有关社会发展动向的议题和观点的发布上，传统媒体往往成为众目聚焦的权威载体。

可以说，无论是在议题引导、观点发布还是谣言澄清上，传统媒体的作用都不容忽视。通过媒体的权威信息发布，激发、引导和整合各方言论，营造出一个开放、活跃并且健康的传播环境，是当前各类报纸期刊、广播电视，以及各大通讯社需要努力的方向和不可推卸的责任。

后　　记

媒介环境的变化带来了新闻生产流程的转变,"公民新闻"诞生,传播主体位移,"传播者"与"受众"之间的传统界限被打破,新闻不再是几家媒体的发言,而是全社会共同的声音。

在民众参与新闻报道协同生产的过程中,社会新闻成为最早的一个突破口和试水区。本书从社会新闻写作的基本理念和操作技巧入手,结合当前的媒介环境,希望能够对全民专业报道提供一定的参考和帮助。

诚然,新闻写作功底需要时间的积累和历练,任何操作指南都不足以让人一劳永逸。在此之中,记者的使命感和责任感理应成为业者笔耕不辍的动力和支点。

媒体作为人们了解社会的窗口,引领着人们的目光去看世间百态。而作为一名社会新闻记者,更是需要时刻牢记自己的责任与使命,对社会现象和社会问题保持高度的新闻敏感,发掘社会生活中的真善美,揭露社会现象中的假恶丑,依法行使自己的采访权,保障公众的知情权,努力实践媒体推动社会进步的职能,真正做到用新闻呈现事实,用笔触挖掘情感,用思考探索未来。

以上碎言,亦作自勉。

本书最终得以出版,要感谢丛书主编刘建华的邀约与信任,感谢他以极大的耐心宽容我的怠惰!感谢人民日报出版社的编辑所付出的努力!本书写作过程中参考、引用了诸多专业文献和媒体报道,在此一并致谢!

媒体行业不乏妙笔生花之人,作为一名从事新闻教学与科研工作的青年学者，着手写作实操性如此之强的一本书，心中难免惭愧。望笔下所及能给诸位读者一些启发和助益。书中的局限与不足，敬请各位读者及同人批评指正。

吴惠凡

2016 年仲夏于燕园